U0582100

国家社会科学基金（教育科学）规划课题研究成果

现 代 职 业 教 育 教 学 理 论 与 实 践 系 列

中等职业教育专业教学整体解决方案研究与实践

（第一册）

邓泽民 徐 东 主编

单慧芳 邓金强 黎玉珊 副主编

科 学 出 版 社

北 京

内 容 简 介

本书介绍了数控技术应用、汽车运用与维修、计算机网络技术、空间数据处理、电子与信息技术、输配电、机械制造技术、物业管理、酒店服务与管理和动画设计与制作10个专业的教学整体解决方案研究与实践，是我国职业教育战线从产业升级对技能型人才职业特质的要求入手，研究职业教育不同专业教学整体解决方案问题的首次尝试。本书首先对不同技能型人才的职业特质进行研究，然后研究设计出适合这种技能型人才职业特质和职业能力形成的教学整体解决方案，包括问题的提出、研究内容与方法、专业人才职业特质研究、教学整体解决方案设计和实施及实践结论等。

本书既可作为职业院校行政和教学管理人员、广大教师的参考用书，也可供职业教育研究人员、研究生参考使用。

图书在版编目(CIP)数据

中等职业教育专业教学整体解决方案研究与实践·第一册/邓泽民，徐东主编.—北京：科学出版社，2017.11

（国家社会科学基金（教育科学）规划课题研究成果·现代职业教育教学理论与实践系列）

ISBN 978-7-03-055496-3

Ⅰ. ①中… Ⅱ. ①邓… ②徐… Ⅲ. ①中等专业学校-教学研究 Ⅳ. ①G718.3

中国版本图书馆CIP数据核字（2017）第285312号

责任编辑：王 钰 / 责任校对：陶丽荣

责任印制：吕春珉 / 封面设计：耕者设计工作室

科学出版社 出版

北京东黄城根北街16号

邮政编码：100717

http://www.sciencep.com

北京中科印刷有限公司印刷

科学出版社发行 各地新华书店经销

*

2017年11月第 一 版 开本：B5（720×1000）

2017年11月第一次印刷 印张：21 1/4

字数：405 600

定价：120.00元

（如有印装质量问题，我社负责调换〈中科〉）

销售部电话 010-62136230 编辑部电话 010-62135319-2028

总　　序

《职业教育教学论》《高等职业教育专业教学整体解决方案研究与实践》（第一、二册）、《中等职业教育专业教学整体解决方案研究与实践》（第一、二册）是国家社会科学基金“十一五”规划（教育科学）“以就业为导向的职业教育教学理论与实践研究”课题的研究成果。《职业教育教学论》是编者从事职业教育研究 20 多年对职业教育教学实践的认识。

第一，职业教育教学活动追求的价值，不仅是使学生掌握系统的知识、练就熟练的技能、养成端正的态度、完成自己的工作，还是使学生具备从事某种职业所需要的思维、行为、语言、情感等职业特质。课题调查发现：职业卓越者之所以卓越，不是因为他们知晓或能做，而是因为他们把握了从事职业的价值，并具备了实现这种价值的职业特质。第二，职业特质的重要性体现在职业特质是职业教育教学活动的价值追求，因此职业教育教学基本原则确定的价值指向，必然促进这种职业特质的形成。课题研究发现：从事制造、服务、艺术的技能型人才的思维、行为、情感、语言等职业特质迥异，为此，职业教育教学应依据其职业活动的特点，分别遵循过程、情景、效果导向的行动教学原则。第三，职业教育教学目标和基本原则的确立，为职业教育教学内容确定、教学情景设计、教学过程优化、教学媒体采用、教学方法开发、教学组织管理、教学风格设定、教学设计评价等教学基本问题研究提供了前提和准则。

《高等职业教育专业教学整体解决方案研究与实践》（第一、二册）和《中等职业教育专业教学整体解决方案研究与实践》（第一、二册）是参加课题的 30 所高职学校、50 多所中职学校和 300 多家企业经过 4 年多的实践研究形成的成果。

第一，采用专业教学整体解决方案方式开展职业教育教学实践研究的原因在于职业教育的教学理论是专业教学理论，而不是学科教学理论。学科教学理论关注一门学科的教学规律，教学目标是学科结构，教学内容是概念、原理、公式等。职业教育教学理论显然不是关注一门学科的教学规律，而是专业的教学规律，是一个专业的整体教学活动促进学生职业特质的形成。第二，各专业教学整体解决方案首先对不同技能型人才的职业特质进行研究，其次研究设计出适合这种技能型人才职业特质和职业能力形成的教学整体解决方案。各专业教学整体解决方案包括专业的职业面向分析、就业证书需求的分析、专业培养目标的确定、专业课程体系的构建、专业教学策略的研究、专业教师团队的配备、专业实训条件的配备等。第三，各实验学校都通过“教师把握整体解决方案，教师必备教学能力培训，设施、材料与教材准备，方案实施的评价与激励，方案实施效果调查分析”等环节实施专业教学整体解决方案，探索不同专业的教学理论。

《职业教育教学论》对职业教育教学理论的教学目标等16个基本问题的阐述，从理论层面上解决了“校企合作、工学结合”职业教育教学改革中遇到的一些基本问题；《高等职业教育专业教学整体解决方案研究与实践》（第一、二册）和《中等职业教育专业教学整体解决方案研究与实践》（第一、二册）提供的50多个典型案例，可为职业院校专业教学改革提供有益的参考。

在课题研究过程中，编者得到了邢台职业技术学院等100多所国家级示范校、骨干校，渝北职教中心等200多所国家级重点校和首旅集团等300多家企业的大力支持，积极参加课题开展实践研究。在此，对上述单位和个人表示衷心的感谢。

尽管本课题对职业教育教学理论与实践研究持续了6年多，但由于人们对这一领域的研究较少，可供参考的文献较少，加之编者水平有限，对很多问题研究得不系统、不深入。希望本书的出版，能引起社会各界对职业教育教学理论研究的关注，本书不足之处敬请广大读者批评指正。

邓泽民

2017年9月

于北京

前　言

本书是课题组围绕国家社会科学基金“十一五”规划（教育科学）“以就业为导向的职业教育教学理论与实践研究”课题，采取行动研究法，带领参加课题的职业院校和合作企业经过3年研究形成的成果。

产业升级要求人才具有职业特质。随着我国经济发展方式的转变，产业升级加快，对技能型人才提出了更高的要求。高端制造业，如飞机、动车和汽车等高端产品的制造，要求从事的技术类技能型人才树立崇拜精度、尊重规范的思想，并用过程导向的思维、规范的行为、准确的语言和严肃的态度等保证产品的安全。现代服务业，如金融、保险等，要求从事的服务类技能型人才树立个性化服务理念，并用情景导向的思维、恰当的行为、礼貌的语言和热情的态度等为人们提供满意甚至惊喜的服务。文化艺术产业，如动漫、服装和表演等，要求从事的艺术类技能型人才树立效果就是价值的思想，并用效果导向的思维、夸张的行为、富有情感的语言和负责的态度等为人们带来美的享受。

从事不同职业的人，具有的不同思维、行为、语言和情感等就是职业特质。职业特质是一般技能型人才与卓越技能型人才在深层面的差异体现。当我国产业发展到一定水平后，对这种职业特质的要求就更加迫切。

职业特质呼唤专业教学理论。职业特质的形成对职业教育专业教学理论提出了迫切的要求。为了探索追求职业特质和职业能力形成的职业教育专业教学理论，课题组带领参加课题的职业院校，采用行动研究的方法，制订了这些专业的教学整体解决方案。首先，各个方案研究行业发展的趋势和行业发展对技能型人才的需要；其次，研究此行业发展对从事此行业的技能型人才职业活动特点的要求；再次，从行业发展要求的职业活动特点中分析界定其职业特质的内涵；最后，根据职业特质的内涵和职业能力要求，设计出专业教学整体解决方案。

这些专业教学整体解决方案包括专业的职业面向分析、就业证书需求的分析、专业培养目标的确定、专业课程体系的构建、专业教学策略的研究、专业教师团队的建设、专业教材的设计编写和专业实训条件的配备。

在这些专业教学整体解决方案的研究和整理过程中，北京师范大学的姚梅林教授，河北科技师范学院的陈庆合教授、侯金柱教授和刘京文副教授，教育部职业技术教育中心研究所的郭君助理研究员、涂三广助理研究员和宫雪助理研究员，河北科技师范学院的研究生张馨等参与了研究和指导，在此一并表示衷心的感谢。

邓泽民

2017 年 9 月

目　　录

总序

前言

方案一　数控技术应用专业教学整体解决方案研究与实践……1

一、问题的提出……1

（一）我国制造业的发展趋势……1

（二）行业发展对数控技术应用技能型人才的要求……1

二、研究内容与方法……2

（一）研究内容……2

（二）研究方法……2

三、数控技术应用技能型人才职业特质研究……3

（一）数控技术应用技能型人才职业活动调查……3

（二）数控技术应用技能型人才职业活动特点……6

（三）数控技术应用技能型人才职业特质内涵……6

四、数控技术应用专业教学整体解决方案设计……7

（一）专业的职业面向分析……7

（二）就业证书需求的分析……7

（三）专业培养目标的确定……8

（四）专业课程体系的构建……8

（五）专业教学策略的研究……14

（六）专业教师团队的建设……15

（七）专业实训条件的配备……16

五、数控技术应用专业教学整体解决方案实施……17

（一）教师把握整体解决方案……17

（二）教师必备教学能力培训……18

（三）设施、材料与教材准备……18

（四）方案实施评价与激励……18

（五）方案实施效果调查分析……18

六、实践结论……19

方案二　汽车运用与维修专业教学整体解决方案研究与实践 …… 20

一、问题的提出 …… 20

（一）我国汽车业发展趋势 …… 20

（二）汽车业发展对汽车运用与维修技能型人才的要求 …… 21

二、研究内容与方法 …… 22

（一）研究内容 …… 22

（二）研究方法 …… 22

三、汽车运用与维修技能型人才职业特质研究 …… 23

（一）汽车运用与维修技能型人才职业活动调查 …… 23

（二）汽车运用与维修技能型人才职业活动特点 …… 27

（三）汽车运用与维修技能型人才职业特质内涵 …… 28

四、汽车运用与维修专业教学整体解决方案设计 …… 28

（一）专业的职业面向分析 …… 28

（二）就业证书需求的分析 …… 29

（三）专业培养目标的确定 …… 29

（四）专业课程体系的构建 …… 30

（五）专业教学策略的研究 …… 31

（六）专业教师团队的建设 …… 34

（七）专业实训条件的配备 …… 34

五、汽车运用与维修专业教学整体解决方案实施 …… 35

（一）教师把握整体解决方案 …… 35

（二）教师必备教学能力培训 …… 35

（三）设施、材料与教材准备 …… 36

（四）方案实施的评价与激励 …… 36

（五）方案实施效果调查分析 …… 36

六、实践结论 …… 37

方案三　计算机网络技术专业教学整体解决方案研究与实践 …… 38

一、问题的提出 …… 38

（一）计算机网络技术行业发展的趋势 …… 38

（二）计算机网络技术行业发展对技能型人才的要求 …… 39

二、研究内容与方法 …… 39

（一）研究内容 …… 39

（二）研究方法 …… 40

三、计算机网络技术技能型人才职业特质研究 …… 40
（一）计算机网络技术技能型人才职业活动调查 …… 40
（二）计算机网络技术技能型人才职业活动特点 …… 44
（三）计算机网络技术技能型人才职业特质内涵 …… 44
四、计算机网络技术专业教学整体解决方案设计 …… 45
（一）专业职业面向的分析 …… 45
（二）就业证书需求的分析 …… 45
（三）专业培养目标的确定 …… 45
（四）专业课程体系的构建 …… 47
（五）专业教学策略的研究 …… 74
（六）专业教师团队的建设 …… 79
（七）专业实训条件的配备 …… 80
五、计算机网络技术专业教学整体解决方案实施 …… 82
（一）教师把握整体解决方案 …… 82
（二）教师必备教学能力培训 …… 82
（三）设施、材料与教材准备 …… 82
（四）方案实施评价与激励 …… 83
（五）方案实施效果调查分析 …… 83
六、实践结论 …… 84

方案四　空间数据处理专业教学整体解决方案研究与实践 …… 85

一、问题的提出 …… 85
（一）地理信息产业发展的趋势 …… 85
（二）我国地理信息产业对职业技能从业人员的要求 …… 85
二、研究内容与方法 …… 86
（一）研究内容 …… 86
（二）研究方法 …… 86
三、空间数据处理技能型人才职业特质研究 …… 86
（一）空间数据处理技能型人才职业活动调查 …… 87
（二）空间数据处理技能型人才职业活动特点 …… 89
（三）空间数据处理技能型人才职业特质内涵 …… 89
四、空间数据处理专业教学整体解决方案设计 …… 90
（一）专业的职业面向分析 …… 90
（二）就业证书需求的分析 …… 90

（三）专业培养目标的确定……91
（四）专业课程体系的构建……91
（五）专业教学策略的研究……93
（六）专业教师团队的建设……94
（七）专业实训条件的配备……95
五、空间数据处理专业教学整体解决方案实施……96
（一）教师把握整体解决方案……96
（二）教师必备教学能力培训……96
（三）设施、材料与教材准备……97
（四）方案实施的评价与激励……97
（五）方案实施效果调查分析……98
六、实践结论……98

方案五　电子与信息技术专业教学整体解决方案研究与实践……99

一、问题的提出……99
（一）电子与信息技术相关行业发展的趋势……99
（二）行业发展对电子与信息技术技能型人才的要求……99
二、研究内容与方法……100
（一）研究内容……100
（二）研究方法……100
三、电子与信息技术技能型人才职业特质研究……100
（一）电子与信息技术技能型人才职业活动调查……101
（二）电子与信息技术技能型人才职业活动特点……103
（三）电子与信息技术技能型人才职业特质内涵……103
四、电子与信息技术专业教学整体解决方案设计……104
（一）专业的职业面向分析……104
（二）就业证书需求的分析……105
（三）专业培养目标的确定……105
（四）专业课程体系的构建……106
（五）专业教学策略的研究……163
（六）专业教师团队的建设……163
（七）专业实训条件的配备……165

五、电子与信息技术专业教学整体解决方案实施……167
（一）教师把握整体解决方案……167
（二）教师必备教学能力培训……168
（三）设施、材料与教材准备……168
（四）方案实施的评价与激励……168
（五）方案实施效果调查分析……168
六、实践结论……169

方案六　输配电专业教学整体解决方案研究与实践……171

一、问题的提出……171
（一）电力行业发展的趋势……171
（二）电力行业发展对输配电技能型人才的要求……171
二、研究内容与方法……172
（一）研究内容……172
（二）研究方法……172
三、输配电技能型人才职业特质研究……173
（一）输配电技能型人才职业活动调查……173
（二）输配电技能型人才职业活动特点分析……176
（三）输配电技能型人才职业特质内涵……177
四、中等职业教育输配电专业教学整体解决方案设计……177
（一）专业的职业面向分析……178
（二）就业证书需求的分析……178
（三）专业培养目标的确定……178
（四）专业课程体系的构建……178
（五）专业教学策略的研究……215
（六）专业教师团队的建设……216
（七）专业实训条件的配备……217
五、输配电专业教学整体解决方案实施……219
（一）教师把握整体解决方案……220
（二）教师必备教学能力培训……220
（三）设施、材料与教材准备……220
（四）方案实施的评价与激励……220
（五）方案实施效果调查分析……221
六、实践结论……221

方案七　机械制造技术专业教学整体解决方案研究与实践……223

一、问题的提出……223

（一）机械制造业发展的趋势……223

（二）机械制造业发展对技能型人才的要求……223

二、研究内容与方法……224

（一）研究内容……224

（二）研究方法……224

三、机械制造技术技能型人才职业特质研究……224

（一）机械制造技术专业职业活动调查……224

（二）机械制造技术技能型人才职业活动特点……226

（三）机械制造技术技能型人才职业特质内涵……227

四、机械制造技术专业教学整体解决方案设计……227

（一）专业的职业面向分析……227

（二）就业证书需求的分析……227

（三）专业培养目标的确定……228

（四）专业课程体系的构建……228

（五）专业教学策略的研究……230

（六）专业教师团队的建设……230

（七）专业实训条件的配备……231

五、机械制造技术专业教学整体解决方案实施……232

（一）教师把握整体解决方案……233

（二）教师必备教学能力培训……233

（三）设施、材料与教材准备……233

（四）方案实施的评价与激励……233

（五）方案实施效果调查分析……234

六、实践结论……234

方案八　物业管理专业教学整体解决方案研究与实践……235

一、问题的提出……235

（一）物业管理行业发展状况……235

（二）行业发展对物业管理技能型人才的要求……238

二、研究内容与方法……238

（一）研究内容……238

（二）研究方法……238
三、物业管理技能型人才职业特质研究……239
（一）物业管理技能型人才职业活动调查……239
（二）物业管理技能型人才职业活动特点……259
（三）物业管理技能型人才职业特质内涵……260
四、物业管理专业教学整体解决方案设计……260
（一）专业的职业面向分析……260
（二）就业证书需求的分析……260
（三）专业培养目标的确定……261
（四）专业课程体系的构建……261
（五）专业教学策略的研究……283
（六）专业教师团队的建设……284
（七）专业实训条件的配备……284
五、物业管理专业教学整体解决方案实施……285
（一）教师把握整体解决方案……285
（二）教师必备教学能力培训……285
（三）设施、材料与教材准备……285
（四）方案实施的评价与激励……286
（五）方案实施效果调查分析……286
六、实践结论……287

方案九　酒店服务与管理专业教学整体解决方案研究与实践……288

一、问题的提出……288
（一）酒店业发展的趋势……288
（二）酒店业发展对酒店服务与管理技能型人才的要求……288
二、研究内容与方法……289
（一）研究内容……289
（二）研究方法……289
三、酒店服务与管理技能型人才职业特质研究……289
（一）酒店服务与管理技能型人才职业活动调查……290
（二）酒店服务与管理技能型人才职业活动特点……292
（三）酒店服务与管理技能型人才职业特质内涵……293
四、酒店服务与管理专业教学整体解决方案设计……294
（一）专业的职业面向分析……294

（二）就业证书需求的分析……294
（三）专业培养目标的确定……294
（四）专业课程体系的构建……295
（五）专业教学策略的研究……299
（六）专业教材的设计编写……299
（七）专业实训条件的配备……300
五、酒店服务与管理专业教学整体解决方案实施……300
（一）教师把握整体解决方案……301
（二）教师必备教学能力培训……301
（三）设施、材料与教材准备……301
（四）方案实施的评价与激励……301
（五）方案实施效果调查分析……301
六、实践结论……302

方案十　动画设计与制作专业教学整体解决方案研究与实践……303

一、问题的提出……303
（一）动画行业发展的趋势……303
（二）动画行业发展对动画设计与制作技能型人才的要求……304
二、研究内容与方法……304
（一）研究内容……304
（二）研究方法……305
三、动画设计与制作技能型人才职业特质研究……305
（一）动画设计与制作技能型人才职业活动调查……305
（二）动画设计与制作技能型人才职业活动特点……308
（三）动画设计与制作技能型人才职业特质内涵……309
四、动画设计与制作专业教学整体解决方案设计……309
（一）专业的职业面向分析……309
（二）就业证书需求的分析……309
（三）专业培养目标的确定……310
（四）专业课程体系的构建……310
（五）专业教学策略的研究……318
（六）专业教师团队的建设……318
（七）专业实训条件的配备……318

五、动画设计与制作专业教学整体解决方案实施 …… 318
（一）教师把握整体解决方案 …… 318
（二）教师必备教学能力培训 …… 319
（三）设施、材料与教材准备 …… 319
（四）方案实施的评价与激励 …… 319
（五）方案实施效果调查分析 …… 319
六、实践结论 …… 320

主要参考文献 …… 321

方案一

数控技术应用专业教学整体解决方案研究与实践

课题编号：BJA060049-ZZKT001

一、问题的提出

（一）我国制造业的发展趋势

在我国逐步成为“世界制造中心”的过程中，为了增强国际竞争力，我国制造业广泛使用先进的数控技术。数控技术是制造业实现自动化、柔性化和集成化生产的基础，是发展现代制造业的关键。随着科学技术的不断发展，各种数控机床朝着高性能、高精度、高速度、高柔性化和模块化方向发展。

（二）行业发展对数控技术应用技能型人才的要求

数控技术的广泛应用大大提高了我国制造业的产品质量和生产效率。但我国数控技术应用高技能型人才的缺乏也逐渐成为制造业发展的瓶颈，在一定程度上制约了我国制造业的高速发展。

2009 年，机械工业教育发展中心和华中科技大学国家数控系统工程技术研究中心接受中华人民共和国教育部（以下简称教育部）职业教育与成人教育司、高等教育司的委托，在承担的“关于数控人才需求与数控教育改革”的调研中发现：①数控技术应用人才分为蓝领层、灰领层和金领层三个层次。蓝领层是指在生产岗位上承担数控机床的具体操作及日常简单维护工作的技术工人，在企业数控技术岗位中占 70.2%，是需求量最大的数控技术人才。灰领层是指在生产岗位上承担数控编程的工艺人员和数控机床维护、维修人员，这类人员在企业数控技术岗位中占 25.0%，其中数控编程工艺人员在企业数控技术岗位中占 12.6%，数控机床维护、维修人员在企业数控技术岗位中占 12.4%。金领层人员具备并精通数控操作、数控工艺编程和数控机床维护、维修所需要的综合知识，并在实际工作中积累了大量实际经验，知识面很广；精通数控机床的机械结构设计和数控系统的电气设计，掌握数控机床的机电联调；能自行完成数控系统的选型，数控机床的安装、调试、维修和精度优化；能独立完成机床的数控化改造；适合担任企业的技术负责人或机床厂数控机床产品开发的机电设计主管。②数控技术应用人才学历分布较为集中。59.1%的数控技术人才为中专及以下学历，31.2%为大专学历，仅有 8.6%为本科学历，本科以上学历仅占 1.1%。可以看出，中等和高等职业教育在数控技术人才培养方面所起的作用较大。③数控技术应用人才培养针对性不强。很多院校把实训重点放在数控机床简单操作上，而对数控加工工艺（如工艺路线选择、刀具选择和切削用量设置等），模具设计，CAD/CAM 与数控自动编程，数控机床机电设计与联调技术和数控机床的维护、维修等专业技术能力训练不够。

本课题通过对北京、天津和河北等地企业的调研还发现：企业认为职业学校毕业生的质量意识、成本意识、工期意识和安全意识差，缺乏吃苦耐劳精神，尤其缺乏对产品加工精度的价值追求，缺乏时技术标准、操作规范等的深刻理解和准确把握等技术类技能型人才的特质。

二、研究内容与方法

（一）研究内容

为解决制造业提出的数控技术应用专业毕业生缺乏对产品加工精度的价值追求，缺乏对技术标准、操作规范等的深刻理解和准确把握等技术类技能型人才的特质问题，并加强对数控加工工艺（如工艺路线选择、刀具选择和切削用量设置等），模具设计，CAD/CAM 与数控自动编程，数控机床机电设计与联调技术和数控机床的维护、维修等专业技术能力的培养，本课题将首先对数控技术应用技能型人才的职业特质进行研究，然后设计出适合数控技术应用技能型人才职业特质和职业能力形成的教学整体解决方案，并通过教学整体解决方案的实施，探索数控技术应用专业的教学理论。

（二）研究方法

1）调查法。用现代职业分析方法对数控技术应用技能型人才的职业活动进行调查，并在此基础上分析数控技术应用技能型人才职业活动的特点，提出数控技术应用技能型人才职业特质的基本内涵。

2）文献法、总结法。对职业学校数控技术应用专业教学和企业生产经营进行研究和总结，充分发挥学校和企业的优势，校企合作、工学结合，研究设计适合数控技术应用技能型人才职业特质和职业能力形成的教学整体解决方案。

3）实验法。通过实施适合数控技术应用技能型人才职业特质形成的教学整体解决方案，对建立在数控技术应用技能型人才特质基础上的中等职业教育数控技术应用专业教学方案进行验证，探索数控技术应用专业的教学理论方法。

三、数控技术应用技能型人才职业特质研究

职业特质是指从事不同职业的人所特有的职业素质，是能将工作中成就卓越与成就一般的人区别开的深层特征①。总课题对于职业特质的研究，提出可以从两个方向开展研究，一是在同一职业中发现成就卓越者，通过调查分析方法，研究他们与成就一般者不同的深层特征；二是通过分析职业活动，研究取得职业活动卓越效果的人具备的职业素质。本课题采用第二种方法。

（一）数控技术应用技能型人才职业活动调查

1. 职业面向的调查

本研究通过对北方机电工业学校、张家口机械工业学校、张家口学院和华北机电学校4所学校的3000余名毕业生就业岗位调查发现，中等职业学校数控技术应用专业毕业生就业岗位有7个，职业生涯发展领域有8个。

就业岗位：数控车床操作员、数控铣床操作员、加工中心操作员、数控程序员、数控工艺员、CAD绘图员、数控机床装调维修工。

职业生涯发展领域：一是发展数控车床操作技能，考取二、三级职业资格证书，成为企业数控车床操作骨干；二是进入管理岗位，成为数控加工小组的班（组）长、数控车间主管技术的副主任或主任；三是创办、经营自己的加工企业；四是成为企业数控程序员，甚至是高级数控程序员；五是成为企业数控工艺员，甚至是高级数控工艺员；六是成为机械CAD绘图员，甚至是高级机械CAD绘图员；七是成为数控机床装调维修员，甚至是高级数控机床装调维修员；八是成为企业数控设备营销员，甚至是高级数控设备营销员。

2. 职业活动的分析

为了客观地掌握数控技术应用专业毕业生工作中的职业活动，本课题邀请10位企业相关专家，应用现代职业分析方法②，对数控技术应用技能型人才职业活动进行分析，提出了数控技术应用技能型人才职业活动表，如表1.1所示。

---

① 邓泽民，2012．职业教育教学论[M]．4版．北京：中国铁道出版社．

② 邓泽民，郑予捷，2009．现代职业分析手册[M]．北京：中国铁道出版社．

表 1.1　数控技术应用技能型人才职业活动表

职业活动领域	任务	
数控车床操作	产品加工任务获得	获得产品图纸
		制定加工价格
	产品图纸分析	分析产品图纸结构类型
		分析产品精度
		分析加工可行性
	产品加工工艺分析	分析产品工艺性
		分析加工所用设备及工装
		制订加工方案
		制订产品加工工艺
	刀具、量具准备	准备所用刀具并刃磨
		确定刀具类型
		准备所用量具
	加工产品装夹	安装工装夹具
		安装工件
		找正夹紧
	加工程序输入	编写加工程序
		程序检查
		输入程序
		程序校对
	加工程序检查	图形模拟
		单段运行
		程序试运行
	产品加工	试切削加工
		试切件检查
		产品加工
		清理去毛刺
	加工产品检验	检测各处加工精度
		检测外观与表面几何形状精度
数控铣床操作	产品加工任务获得	获得产品图纸
		制订加工价格
	产品图纸分析	分析产品图纸结构类型
		分析产品精度
		分析加工可行性
	产品加工工艺分析	分析产品工艺性 分析加工所用设备及工装
		制订加工方案
		制订产品加工工艺
	刀具、量具准备	准备所用刀具并刃磨
		确定刀具类型
		准备所用量具

续表

职业活动领域	任务	
	加工产品装夹	安装工装夹具
		安装工件
		找正夹紧
	加工程序输入	编写加工程序
		检查程序
		输入程序
		校对程序
	加工程序检查	图形模拟
		单段运行
		程序试运行
	产品加工	试切削加工
		试切件检查
		产品加工
		清理去毛刺
	加工产品检验	检测各处加工精度
		检查外观与表面几何形状精度
加工中心操作	产品加工任务获得	获得产品图纸
		制订加工价格
	产品图纸分析	分析产品图纸结构类型
		分析产品精度
		分析加工可行性
	产品加工工艺分析	分析产品工艺性
		分析加工所用设备及工装
		制订加工方案
		制订产品加工工艺
	刀具、量具准备	准备所用刀具并刃磨
		准备所用量具
	加工产品装夹	安装工装夹具
		安装工件
		找正夹紧
	加工程序输入	编写加工程序
		程序检查
		输入程序
		程序校对
	加工程序检查	图形模拟
		单段运行 程序试运行
	产品加工	试切削加工
		试切件检查

续表

职业活动领域	任务	
	产品加工	产品加工
		清理去毛刺
	加工产品检验	检测各处加工精度
		检查外观与表面几何形状精度
数控机床装调维修	数控机床原始资料研究	阅读机床说明书
		查阅机床相关资料
	数控机床故障了解	初步了解故障发生的时间、操作人员和当时机床的状态等
	故障原因分析和判断	分析故障源的可能性
		划分故障类型
	数控机床故障排除	逐一排除故障源
		确定唯一故障原因
		排除故障
	数控机床验证	检验机床功能是否恢复

（二）数控技术应用技能型人才职业活动特点

通过分析数控技术应用技能型人才职业活动发现，数控技术应用技能型人才职业活动都是严格按照机床操作规程、零件加工顺序展开的，如图 1.1 所示。

	过程阶段1	过程阶段2	过程阶段3	……
任务A	活动A1	活动A2	活动A3	……
任务B	活动B1	活动B2	活动B3	……
任务C	活动C1	活动C2	活动C3	……
⋮	⋮	⋮	⋮	

图 1.1　数控技术应用技能型人才职业活动过程导向示意图

从图 1.1 中可以看出，数控技术应用技能型人才采取什么行动，取决于任务的不同和所处的过程阶段的变化。任务一旦确定，操作过程和规范标准就确定了。数控技术应用技能型人才职业活动受过程支配，具有典型的过程导向特点①。

（三）数控技术应用技能型人才职业特质内涵

从中国知网进行文献检索，没有发现有关数控技术应用技能型人才职业特质研究的文献，也没有发现相关研究的文献。但在国家职业资格标准中，将数控技

① 邓泽民，2016．职业教育教学设计[M]．4 版．北京：中国铁道出版社．

术应用技能型人才职业能力特征描述为严格执行工作程序、工作规范、工艺文件和安全操作规程，具有高度的责任心，团结协作，爱护设备及工具、夹具、刀具和量具。

那么，具有什么职业特质的人才能在工作中表现出上述职业胜任特征？本课题依据数控技术应用技能型人才职业活动具有典型的过程导向特点分析提出数控技术应用技能型人才职业特质的内涵。

国家职业资格标准对数控技术应用技能型人才职业能力特征的描述虽然由多个特征单元构成，但其核心是严格执行工作程序、工作规范、工艺文件和安全操作规程。只有做到这一点，才能保证工作安全，保证零件加工、数控机床维护达到要求的标准。因此，数控技术应用技能型人才的职业特质被定义为依据任务严格把握并执行工作程序、工作规范、工艺文件和安全操作规程，做到用严格的工作程序、工作规范和操作标准，保证产品的加工精度和质量的意识与素质。

四、数控技术应用专业教学整体解决方案设计

职业特质的形成取决于专业教学的各个方面和各个环节，为了发挥教学系统整体突现性原理的作用，本课题对数控技术应用专业教学进行整体解决方案设计。目前，有企业办学校、学校办企业及学校和企业合作三种办学形式，我国少数学校采用学校办企业的形式，而大多数学校采用企业办学校、和企业合作的办学形式。参加本课题研究的学校大多采用第三种办学形式，因此数控技术应用专业教学整体解决方案设计基于该种形式。

（一）专业的职业面向分析

根据《中等职业学校专业目录》（2010 年修订），中等职业学校数控技术应用专业技能方向是数控车削加工、数控铣削加工、加工中心加工、数控机床装调与维护和数控编程，对应的职业工种是数控车工、数控铣工、加工中心操作工、数控机床装调维修工和数控程序员。

（二）就业证书需求的分析

根据《中等职业学校专业目录》（2010 年修订），中等职业学校数控技术应用专业对应的职业资格证书是四级数控车工、四级数控铣工、四级加工中心操作工、四级数控机床装调维修工和四级数控程序员证书。

数控技术应用专业的学生毕业时，可获得中等专业学校毕业证书，经国家职业技能鉴定考试合格者获得中华人民共和国人力资源和社会保障部（以下简称人社部）颁发的数控车工、数控铣工、加工中心操作工职业资格四级证书中的任何一个证书。本专业优秀的学生还可获得普通车工、普通铣工、数控程序员、数控

工艺员、数控机床装调维修工职业资格四级证书中的任何一个证书。

（三）专业培养目标的确定

数控技术应用专业的培养目标是根据教育部教职成〔2009〕2号《教育部关于制定中等职业学校教学计划的原则意见》对中等职业教育培养人才类型的定位、国家职业资格标准及数控技术应用行业发展趋势对数控技术应用技能型人才的要求确定的。本专业培养德、智、体、美全面发展，符合数控技术应用行业发展趋势对数控技术应用技能型人才的要求，达到国家职业资格标准，具有数控技术应用技能型人才职业特质和职业能力，能够在数控技术应用一线就业并发展职业生涯的技能型人才。

（四）专业课程体系的构建

依据教育部教职成〔2009〕2号《教育部关于制定中等职业学校教学计划的原则意见》，中等职业学校的课程设置分为公共课程和专业技能课程两类①。公共课程按照国家统一要求②安排。专业技能课程按照相应职业岗位（群）的能力要求，采用基础平台加专门化方向的课程结构。专业技能课程按照数控技术应用专业毕业生就业岗位和职业生涯发展领域，形成专业技术平台加职业生涯发展方向的课程体系结构，专业技术平台课程为专业必修课程，专业方向课程为专业选修课程。课程体系结构如图 1.2 所示。为了保证数控技术应用技能型人才职业特质和职业能力的形成，专业必修课程和专业选修课程类型以职业活动课程为主，辅以知识课程和技术课程③。

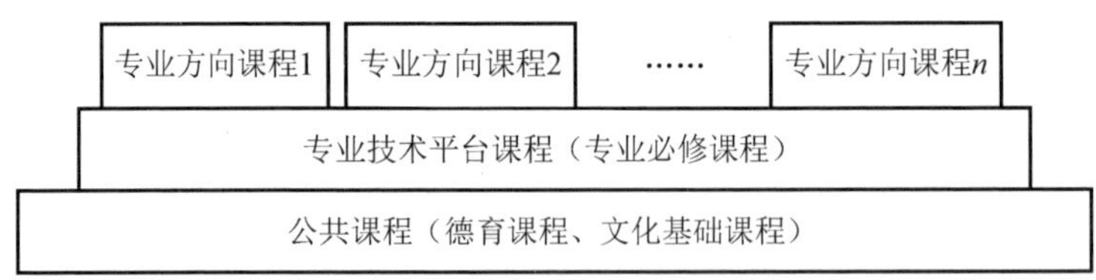

图 1.2　数控技术应用专业课程体系结构示意图

1. 专业必修课程

依据由企业提出的数控技术应用专业职业活动和国家颁布的相关职业资格标

① 教职成〔2009〕2号《教育部关于制定中等职业学校教学计划的原则意见》.

② 教职成〔2008〕6号《教育部关于中等职业学校德育课课程设置与教学安排的意见》.

③ 邓泽民，陈庆合，2011. 职业教育课程设计[M]. 2版. 北京：中国铁道出版社.

准，形成知识课程、技术课程和职业活动课程，如表 1.2 所示。

表 1.2　数控技术应用专业必修课程

任务		知识/技术课程	职业活动课程
数控车床操作	获得产品加工任务	机械基础、机械制图、金属材料及热处理基础、公差配合与技术测量基础、电工与电子技术基础、数控专业英语、数控机床、液压传动与气动技术、机床夹具、CAD/CAM 技术、数控机床电气与PLC、职业生涯设计和企业生产技术与管理	普通车床操作、数控车床操作
	产品图纸分析		
	分析产品加工工艺		
	刀具、量具准备		
	加工产品装夹		
	输入加工程序		
	检查加工程序		
	产品加工		
	加工产品检验		
数控铣床操作	获得产品加工任务	机械基础、机械制图、金属材料及热处理基础、公差配合与技术测量基础、电工与电子技术基础、数控专业英语、数控机床、液压传动与气动技术、机床夹具、CAD/CAM 技术、数控机床电气与PLC、职业生涯设计和企业生产技术与管理	普通铣床操作、数控铣床操作
	产品图纸分析		
	分析产品加工工艺		
	刀具、量具准备		
	加工产品装夹		
	输入加工程序		
	检查加工程序		
	产品加工		
	加工产品检验		
加工中心操作	获得产品加工任务	机械基础、机械制图、金属材料及热处理基础、公差配合与技术测量基础、电工与电子技术基础、数控专业英语、数控机床、液压传动与气动技术、机床夹具、CAD/CAM 技术、数控机床电气与 PLC、职业生涯设计和企业生产技术与管理	普通铣床操作、数控加工中心操作
	产品图纸分析		
	分析产品加工工艺		
	刀具、量具准备		
	加工产品装夹		
	输入加工程序		
	检查加工程序		
	产品加工		
	加工产品检验		
数控机床装调维修	研究数控机床原始资料	机械基础、机械制图、金属材料及热处理基础、公差配合与技术测量基础、电工与电子技术基础、数控专业英语、数控机床、液压传动与气动技术、机床夹具、CAD/CAM 技术、数控机床电气与PLC、职业生涯设计和企业生产技术与管理	机械装配、电气维修、数控机床装调维修
	了解数控机床故障		
	分析判断故障原因		
	数控机床故障排除		
	验证数控机床		

2. 专业选修课程

根据学生职业生涯发展的不同方向，设置特型零件加工与编程实例、微机原理与单片机技术和市场营销作为专业选修课程。

3. 专业课程安排

根据教育部教职成〔2009〕2 号《教育部关于制定中等职业学校教学计划的原则意见》要求，按每学年为 52 周，其中教学时间 40 周（含 2 周复习考试），假期 12 周，周学时一般为 28～30 学时，3 年总学时为 3000～3420 学时。公共基础课程、知识/技术专业课程学时一般占总学时的三分之一，共计 40 周；职业活动课程学时一般占总学时的三分之一，共计 40 周；顶岗实习学时占总学时的三分之一，共计 40 周。

4. 专业教育教学的阶段目标与专业教育教学进程计划

专业课程内容的纵向组织形成专业教育教学的阶段目标（表 1.3）与专业教育教学进程计划（表 1.4～表 1.15）。

表 1.3 专业教育教学的阶段目标

序号	阶段	目标	内容
1	入学教育阶段	明确位置、目标和任务	面对的时代与人生规划，专业目标与职业生涯设计，任务与学习、生活、自我管理
2	在校学习阶段	职业生涯素质准备	基本素质与课程活动、关键能力与课程活动、专业能力与课程活动
3	企业顶岗实习阶段毕业教育阶段	明确位置、目标和任务	社会环境与职业发展、组织环境与职业发展、职业发展模式与人职匹配原理
4	就业阶段	就业、创业	择业、求职、创业

表 1.4 第一学年第一学期教学进程计划（数控车工、数控铣工、加工中心和数控机床装调维修）

分类	序号	课程名称	学期学时数		周学时数
			理论教学	实验实训	
必修课程	1	法律基础	40		2
	2	体育	40		2
	3	数学	80		4

续表

分类	序号	课程名称	学期学时数		周学时数
			理论教学	实验实训	
	4	语文	80		4
	5	英语	80		4
	6	计算机应用	80		4
	7	机械制图	120		6
	8	电工与电子技术基础	40		4
选修课程	1	礼仪教育	20		1
	2				

表 1.5　第一学年第二学期教学进程计划（数控车工）

分类	序号	课程名称	学期学时数		周学时数
			理论教学	实验实训	
必修课程	1	德育	20		2
	2	体育	20		2
	3	机械制图	60		6
	4	机械基础	60		6
	5	公差配合与技术测量基础	60		6
	6	金属材料	60		6
	7	普通车实训		300	30
选修课程	1	心理健康教育	20		1
	2				

表 1.6　第一学年第二学期教学进程计划（数控铣工、加工中心）

分类	序号	课程名称	学期学时数		周学时数
			理论教学	实验实训	
必修课程	1	德育	20		2
	2	体育	20		2
	3	机械制图	60		6
	4	机械基础	60		6
	5	公差配合与技术测量基础	60		6
	6	金属材料	60		6
	7	普通铣实训		300	30
选修课程	1	心理健康教育	20		1
	2				

表 1.7　第一学年第二学期教学进程计划（数控机床装调维修）

分类	序号	课程名称	学期学时数		周学时数
			理论教学	实验实训	
必修课程	1	德育	20		2
	2	体育	20		2
	3	机械制图	60		6
	4	机械基础	60		6
	5	公差配合与技术测量基础	60		6
	6	金属材料	60		6
	7	机修钳工实训		300	30
选修课程	1	心理健康教育	20		1
	2				

表 1.8　第二学年第一学期教学进程计划（数控车工）

分类	序号	课程名称	学期学时数		周学时数
			理论教学	实验实训	
必修课程	1	专业英语	40		4
	2	液压传动与气动技术	40		4
	3	数控机床	60		6
	4	机床夹具	40		4
	5	CAD/CAM 技术	60		6
	6	数控机床电气与 PLC	60		6
	7	普通车实训		300	30
选修课程	1	企业生产技术与管理	20		1
	2	微机原理与单片机技术	40		2

表 1.9　第二学年第一学期教学进程计划（数控铣工、加工中心）

分类	序号	课程名称	学期学时数		周学时数
			理论教学	实验实训	
必修课程	1	专业英语	40		4
	2	液压传动与气动技术	40		4
	3	数控机床	60		6
	4	机床夹具	40		4
	5	CAD/CAM 技术	60		6
	6	数控机床电气与 PLC	60		6
	7	普通铣实训		300	30
选修课程	1	企业生产技术与管理	20		1
	2	微机原理与单片机技术	40		2

表 1.10　第二学年第一学期教学进程计划（数控机床装调维修）

分类	序号	课程名称	学期学时数		周学时数
			理论教学	实验实训	
必修课程	1	专业英语	40		4
	2	液压传动与气动技术	40		4
	3	数控机床	60		6
	4	机床夹具	40		4
	5	CAD/CAM 技术	60		6
	6	数控机床电气与 PLC	60		6
	7	电工实训		300	30
选修课程	1	企业生产技术与管理	20		1
	2	微机原理与单片机技术	40		2

表 1.11　第二学年第二学期教学进程计划（数控车工）

分类	序号	课程名称	学期学时数		周学时数
			理论教学	实验实训	
必修课程	1	数控车实训		390	30
	2	数控铣实训		150	30
	3	职业技能鉴定培训及考试		60	30
选修课程	1	特型零件加工与编程实例	40		2
	2	市场营销	20		1

表 1.12　第二学年第二学期教学进程计划（数控铣工）

分类	序号	课程名称	学期学时数		周学时数
			理论教学	实验实训	
必修课程	1	数控铣实训		390	30
	2	数控车实训		150	30
	3	职业技能鉴定培训及考试		60	30
选修课程	1	特型零件加工与编程实例	40		2
	2	市场营销	20		1

表 1.13　第二学年第二学期教学进程计划（加工中心）

分类	序号	课程名称	学期学时数		周学时数
			理论教学	实验实训	
必修课程	1	加工中心实训		390	30
	2	数控车实训		150	30
	3	职业技能鉴定培训及考试		60	30

续表

分类	序号	课程名称	学期学时数		周学时数
			理论教学	实验实训	
选修课程	1	特型零件加工与编程实例	40		2
	2	市场营销	20		1

表 1.14　第二学年第二学期教学进程计划（数控机床装调维修）

分类	序号	课程名称	学期学时数		周学时数
			理论教学	实验实训	
必修课程	1	电工实训		240	30
	2	数控机床维修实训		300	30
	3	职业技能鉴定培训及考试		60	30
选修课程	1	特型零件加工与编程实例	40		2
	2	市场营销	20		1

表 1.15　第三学年教学进程计划（数控车工、数控铣工、加工中心和数控机床装调维修）

分类	序号	课程名称	学期学时数		周学时数
			理论教学	实验实训	
必修课程		顶岗实习		1200	30
选修课程	1	企业文化	40		1
	2				

（五）专业教学策略的研究

依据总课题对于职业教育的教学理论研究，职业教育教学的目的是学生职业特质和职业能力的形成，而职业特质与职业能力的形成除教学内容外，主要取决于教学的策略。总课题研究提出了过程导向、情景导向和效果导向三种教学策略。

为了培养数控技术应用专业学生依据任务，严格把握并执行工作程序、工作规范、工艺文件和安全操作规程，用严格的工作程序、工作规范和操作标准保证操作结果质量符合要求的意识与素质，形成数控技术应用技能型人才的职业特质，根据数控技术应用技能型人才职业活动主要受过程顺序和规范支配、追求标准和质量的特点，数控技术应用专业教学策略的设计采用过程导向的教学策略。在首先把握过程的情况下，为了达到任务所期望的效果，选择适宜的工作程序、工作规范、工艺文件和安全操作规程的方式及过程。

依据总课题研究，过程导向教学策略的教学过程可以设计为任务描述、任务分析、相关知识、技能训练、态度养成、完成任务和学习评价七个环节。在这里，任务是数控技术应用技能型人才职业活动中的典型任务或者项目；任务描述是对典型任务的描述，目的是让学生进入工作角色，为实现以学生为中心的教学提供前提；任务分析是在专业教师的指导下，以学生为主体，应用相关知识对完成任务的工作程序、工作规范、工艺文件和安全操作规程进行分析，提出工作方案；相关知识、技能训练和态度养成是对任务进行分析，并完成任务的相关知识的学习、技能的训练和态度的养成的过程；完成任务是学生独立或者分组完成服务，形成严格的工作程序、工作规范和操作标准，保证操作结果符合质量要求的意识与素质的整合环节；学习评价能够使学生产生成就感，更能激发其学习的主动性和自信心。

在进行数控技术应用专业过程导向教学策略设计时，专业各课程教学团队要根据职业能力对应的典型工作任务，对项目（或任务）中的关键节点进行剖析，进行课程的总体设计和单元教学设计，采用基于工作过程的系统化教学方法，如咨询、计划、决策、实施、检测和评价等方法，并借助现代教育技术与配置的教学资源，营造一种学习情景，让学生在生动直观的教学情景中，积极思考、主动参与、动手动脑。综合实训项目开发要提炼专业面向典型工作任务，形成工学结合的实训体系，结合企业典型产品，设计层次递进的综合实训项目，主动构建工学结合的人才培养体系，真正形成行动导向的教学模式。可选用的教学方法很多，典型的有项目教学法、任务驱动教学法、思维导图法、头脑风暴法、卡片展示法和演示教学法，可以灵活使用。例如，在任务分析时，可选用头脑风暴法、思维导图法和卡片展示法等；在技能训练时，可选用演示教学法；在完成任务时，可选用项目教学法、任务驱动教学法等[①]。

（六）专业教师团队的建设

成立数控技术应用专业教学部，教学部主任要由专业学科带头人担任。每个专业方向核心课程要由教学骨干和具备双师型教师资格的人担任。学校在每个专业方向聘请企业优秀技能型人才担任兼职教师或技术顾问；鼓励教师参与校企合作，参与教学研究与科研项目，参与专业建设和教学改革；培养专业带头人；加强内外培训，提升教师的教学水平和教学能力。

1. 专业教师的结构

数控技术应用专业团队至少有一位省级以上数控技术应用专业教学名师或学科带头人。双师型教师的比例至少要达到80%。每个专业方向核心课程至少有一位骨干双师型教师。每个专业方向的企业兼职教师或技术顾问要达到2、3位。

① 邓泽民，赵沛，2009．职业教育教学设计[M]．2版．北京：中国铁道出版社．

2. 专业带头人的基本要求

专业带头人应具有双师型教师资格，具有专业发展方向的把握能力、课程开发能力、教研教改能力和组织协调能力，并能带领专业教师团队开展教学研究，学习并掌握先进职业教育理论与先进数控技术，开发、构建基于工作过程的课程体系。

3. 专任教师的配置与要求

按一个教学班配置，专任教师的配置与要求如表 1.16 所示。

表 1.16　专任教师的配置与要求

序号	学习领域名称	专任教师	
		数量/人	要求
1	专业理论课	3	双师型、理论实践一体化教学
2	专业实训课	2～4	

（七）专业实训条件的配备

根据职业教育实训设计的基本原则，运用职业教育实训设计基本模式，对本专业的实训解决方案进行设计[①]。

由于数控技术应用专业主要采用过程导向的教学策略，专业实验室与实训中心设计采用一体化的形式，专业实验室设计分为教学区、实验区和材料区三部分，实训中心设计分为教学区、实训区、质检区、材料区和产品区五部分。这样的职场环境既有利于教学的实施，又有利于学生的项目训练与综合职业能力的培养。实训中心既能承担数控技术应用专业类实训任务和职业技能鉴定任务，又能开展生产产品的加工。实验与实训设备配置要具备与综合实训项目工作过程系统化相适应的条件。校内专业实验室与实训中心的设置和配备如表 1.17 所示。

表 1.17　校内专业实验室与实训中心的设置和配备

序号	实验实训室名称	功能	设备基本配置要求	面积/m^2	备注
1	电工电子基础技能实验室	完成非电专业基础实验	电工电子试验台 20 台、各种仪器设备	100	
2	机械基础实验室	机械零件的机械结构的传动、机械零件的失效实验	机械零件传动试验台 1 台、机械零件失效标本、液压试验台 1 台	100	

① 邓泽民，韩国春，2008．职业教育实训设计[M]．北京：中国铁道出版社．

续表

序号	实验实训室名称	功能	设备基本配置要求	面积/m²	备注
3	金属材料实验室	完成各种金属材料的性能分析实验	压力机、拉伸机、剪切机，金属样本若干，显微镜 5 台	100	
4	公差测量实验室	完成形状公差及位置公差的测量	测长仪、粗糙度仪	100	
5	金属切削实训室	完成金属切削技能训练	数控车床 10 台、数控铣床 10 台、电火花机床 2 台、线切割机床 2 台	1000	数控机床培训鉴定
6	数控机床维修实验室	1. 完成数控机床电控电路实验 2. 完成数控系统参数设置实验 3. 完成数控机床 PLC 实验 4. 完成数控维修全部实验	数控综合实验台 10 台	100	数控机床维修装调工培训鉴定

由于数控专业设备种类多、投资比较大，学校应采取整体设计、分阶段逐步投入的方式，加强校内实训基地建设。开始阶段，学校以购置教学型数控设备为主，数控系统以常用系统为主；后期在扩充数控设备时，应主要购置适应生产需要的生产型数控设备。数控专业设备类型多、型号多，涉及的行业较宽，学校应以发展的眼光去建立、完善实训中心。根据培养规模考虑实训中心与实验室应有仪器设备的种类、数量、场地面积、总体布局、教学及考评配套设施等，使其既经济、合理和实用，又能与今后的发展充分接轨。

五、数控技术应用专业教学整体解决方案实施

从参加课题的各学校专业教学整体解决方案实施分析，由于有了配套教材和课件的支撑，实施新方案的阻力并没有预想的大。为了消除教师对新方案的抵制，学校采用了引导消除抵制模式（LOC 模式），分为以下五个阶段实施。

（一）教师把握整体解决方案

数控技术应用专业教学整体解决方案研究设计团队，详细地向实施的教师讲解专业教学整体解决方案，使所有成员都了解专业教学整体解决方案，并明确自己的角色，把握自己的任务。

（二）教师必备教学能力培训

专业教师的数控技术应用专业教育观念的转变和过程导向教学策略的学习运用是人员准备的主要内容。数控技术应用专业教育观念的转变主要通过专家讲座、观摩过程导向教学等形式完成；过程导向教学策略的学习运用可通过专家过程导向教学展示、教师过程导向教学课件设计和过程导向教学比赛等形式进行。职业教育课件的设计和学习十分重要，因为课件是教师教和学生学的最直接的媒介[①]。通过教师必备教学能力培训，所有成员都应具备专业教学整体解决方案实施的专业教学能力，主要是专业实践教学能力。

（三）设施、材料与教材准备

对原有教室和实训室，按照过程导向教学的要求进行改造，形成职业情景和教学情景一体化教室；与合作企业一起，研究确定学生实习的职业岗位，形成校内外教学、实训和实习密切衔接的校企合作教学、实训和实习组合新模式。按照职业教育技术类专业教材设计的职业活动逻辑、学习动机发展逻辑和能力形成心理逻辑相结合的基本原则和模式，开发行动导向的教学教材[②]。

（四）方案实施评价与激励

对一年级新生全部采用新方案进行教学，二年级学生按原教学计划继续开展教学，但教学策略普遍采用过程导向教学策略。为了保证方案的实施，加强阶段性教学效果评价；为激发教师积极性，参加专业教学整体解决方案实施的教师，若教学符合专业教学整体解决方案的要求，则在评优、评先中优先考虑。

（五）方案实施效果调查分析

通过北方机电工业学校数控技术专业三年的教学实践，为对数控技术应用专业教学整体解决方案进行较为客观的评价，本课题分别对学生、企业和教师进行了调查。

1. 学生的评价

数控技术应用生涯设计使我们明白了职业如何成就人生，以及怎样围绕人民、

① 邓泽民，马斌，2011. 职业教育课件设计[M]. 北京：中国铁道出版社.
② 邓泽民，侯金柱，2006. 职业教育教材设计[M]. 北京：中国铁道出版社.

国家的需要和自己的潜能优势设计自己的职业生涯，我们对自己的未来充满了期待；专业选修课的开设为我们选择自己的职业生涯提供了前提；专业教材内容来自数控技术应用专业工作岗位，对我们有很强的吸引力，教材的“做中学”结构设计，使我们不再反感看书；一体化技能教室使我们身临其境，老师的过程导向教学使我们做到严格执行工作程序、工作规范、工艺文件和安全操作规程，使我们具有高度的责任心，有了成就卓越的期盼和信心；学业考核评价与职业资格标准内容结合，使我们打消了为考职业资格证书再学一次的顾虑。

2. 企业的评价

学生严格执行工作程序、工作规范、工艺文件和安全操作规程的意识明显增强；具有高度的责任心，追求标准、卓越的创新精神明显增强；职业生涯发展方向感明显增强，从事技能成就事业的信心明显增强；团结协作，爱护设备及工具、夹具、刀具和量具，对企业追求国际标准与规范带来积极影响。

3. 教师的评价

数控技术应用专业技能型人才特质内涵的提出十分关键，使我们对职业教育教学有了全新的认识；一体化技能教室的职业情景和工作过程导向的教材结构设计，使我们轻松地完成了由以教师为中心教学到以学生为中心教学的转变；学生学习的精神状态变了，他们有了方向、追求、信心，我们教学时的心情也变了；我们明显感到自己的教学效能提高了，能更积极主动地参加教研活动了。

六、实践结论

1）数控技术应用技能型人才的职业特质是我国产业结构调整升级，数控技术应用发展和实现高技术、高标准技术理念对数控技术应用技能型人才提出的必然要求。

2）中等职业教育数控技术应用专业教学要把技能型人才职业特质和职业能力的形成作为教学过程的中心。

3）职业特质的形成需要行动导向的教学策略，数控技术应用技能型人才的职业特质的形成需要过程导向的行动教学策略。

4）过程导向的行动教学策略需要过程导向行动的一体化技能教室和过程导向结构设计的教材的配合。

方案二

汽车运用与维修专业教学整体解决方案研究与实践

课题编号：BJA060049-ZZKT002

一、问题的提出

（一）我国汽车业发展趋势

近年来，国家先后出台了《国务院关于加快振兴装备制造业的若干意见》(2006年)、《汽车产业调整和振兴规划》（2009 年）、《汽车产业发展政策》（2009 年）、《节能与新能源汽车产业发展规划（2012～2020 年）》（2012 年）等产业政策，对于推进汽车结构优化升级、增强企业国际竞争力、促进相关产业和国民经济平稳较快发展，都具有重要意义。据中国汽车工业协会统计，2009～2016 年，我国乘用车销量年均增长率超 12.75%。截至 2016 年 12 月，我国乘用车累计全年生产 2442.07 万辆，同比增长 15.50%；累计销售 2437.69 万辆，同比增长 14.93%。2017 年 1～9 月，乘用车共销售 1782.60 万辆（图 2.1），同比增长 2.38%。据公安部交通管理局统计，截至 2017 年 3 月底，全国机动车保有量首次突破 3 亿辆，其中汽车达 2 亿辆。经调查显示，一辆新车从购入到汽车报废的全部花费中，购车费用只占 35%左右，而后期维修占 45%左右，并且近年来以每年 10%以上的速度递增。所以，从发展趋势看，随着机动车保有量的持续增长，汽车维修行业将是一个具有巨大市场和广阔前景的产业。

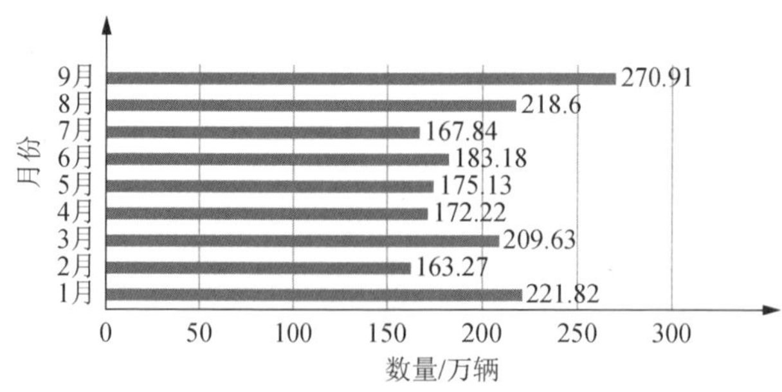

图 2.1　2017 年 1～9 月乘用车销量

（二）汽车业发展对汽车运用与维修技能型人才的要求

根据《紧缺人才报告》数据显示，截至2016年年底，我国汽车运用与维修技能型人才需求量缺口高达300万，这个数据还将随着中国汽车的普及而快速递增。人才培养要与汽车市场发展相适应，就必需通过“紧缺人才培养工程”在3年内培养专门人才141.98万人（其中本科及以上学历人员按20%计，约28.396万人；高职生按40%计，约56.792万人；中职生按40%计，约156.792万人），培养技术工人约158.02万人（其中中职生按30%计，约47.406万人；学徒按70%计，约110.614万人）。

《紧缺人才报告》称，在一、二类汽车维修企业中，以具备技术等级证书的技术工人为样本比较，初级工、中级工、高级工及以上（含技师、高级技师）所占的比例分别为30.4%、43.1%、26.5%。另外，还有相当一部分从业人员不具备任何技术等级证书。

从业人员文化水平不高、服务意识不强和专业知识匮乏的问题，已成为制约汽车维修业持续发展的主要瓶颈。作为汽车市场结构的重要一环，我国汽车维修服务业的发展仍存在不足，与国外成熟的汽车市场中汽车维修服务业占33%相比，我国汽车维修服务业只占12%，汽车维修服务业的比例过低；汽车维修服务业中人员初中及以下文化程度的为38.5%，高中文化程度的为51.5%，专科及以上文化程度的为10%，而发达国家的学历结构为2∶4∶4；具有汽车故障诊断能力的工人所占比例，我国为20%，日本为40%，美国为80%。

此外，汽车技术的发展带动维修技术的发展，现代的汽车维修工不仅要有丰富的经验，还要掌握许多现代科技知识，传统的维修方式正在发展为现代维修方式。汽车维修行业的工人岗位也在发生变化，传统汽车维修岗位在减少或消失，智能型/复合型岗位在增加，随着技术进步，汽车故障诊断检测、AT、ABS和GRS等新的专项维修岗位已经出现；随着汽车服务的延伸，销售、保险和二手车回收等岗位人员的需求量正在增大。北京市昌平职业学校曾对昌平区10家汽车维修相关单位（1个政府管理部门、1个制造业、7个维修企业和1个相关企业）进行了调研。从图2.2可以看到，企业对员工的要求，即专业技能，与领导、顾客和同事的沟通能力，责任心和诚实守信等排在了13项要求中的前几位，充分表明企业不仅看重员工的专业技能，而且对员工为人处事的能力、优良的道德品质也是十分看重的。

上述能力要求，一般学校的学生很难达到。当前存在的关键问题是学生不清楚自己将来所从事的行业是服务业，也不清楚自己将来所从事的工作具有很强的技术性。要达到上述企业的要求，学生必须明确服务和技术对汽车运用与维修技能型人才的要求，这就是汽车运用与维修技能型人才的特质。

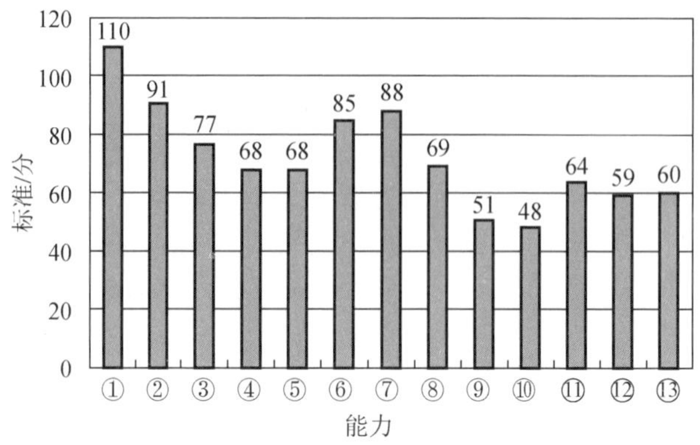

图 2.2　企业对员工的基本要求数据统计

①专业技能；②与领导、顾客和同事的沟通能力；③安全规范；④保持工作场地的整洁；⑤与人合作；⑥诚实守信；⑦有责任心；⑧独立解决问题；⑨阅读能力；⑩记录能力；⑪组织能力；⑫处理矛盾的能力；⑬协调能力

二、研究内容与方法

（一）研究内容

为解决汽车运用与维修技能型人才缺乏服务意识，缺乏对维修精度的价值追求，缺乏对技术标准、操作规范等的深刻理解和准确把握等技术类技能型人才的特质问题，本课题将首先对汽车运用与维修技能型人才的职业特质进行研究，然后设计出适合汽车运用与维修技能型人才职业特质和职业能力形成的教学整体解决方案，并通过实施该方案，探索汽车运用与维修专业的教学理论。

（二）研究方法

1）调查法。进行企业调研，了解现阶段企业对人才的需求，特别是运用现代职业分析方法对数控技术应用技能型人才的职业活动进行调查，并在此基础上分析汽车运用与维修技能型人才职业活动的特点，提出汽车运用与维修技能型人才职业特质的基本内涵。

2）文献法。对汽车运用与维修专业教学成果开展研究，重点研究多元智能的人才理论、职业活动的课程理论和行动导向的教学理论。

3）个案研究法。通过典型专业教学方案研究，探索汽车运用与维修专业的不同教学目标、教学内容和教学环节的教学规律，特别是与原来实施的专业教学方案进行比较，找出优势和差距。

4）实验法。通过适合汽车运用与维修技能型人才职业特质形成的教学整体解决方案的实施，对中等职业教育汽车运用与维修专业教学方案进行验证，探索汽车运用与维修专业的教学理论和方法。

三、汽车运用与维修技能型人才职业特质研究

职业特质是指从事不同职业的人所特有的职业素质，是能将工作中成就卓越与成就一般的人区别开的深层特征[①]。总课题对于职业特质的研究，提出了可以从两个方向开展研究，一是在同一职业中发现成就卓越者，通过调查分析方法，研究他们与成就一般者不同的深层特征；二是通过分析职业活动，研究取得职业活动卓越效果的人具备的职业素质。本课题采用第二种方法。

（一）汽车运用与维修技能型人才职业活动调查

1. 职业面向的调查

本研究通过对汽车运用与维修行业的调查发现，现阶段汽车维修行业主要设置如下岗位：大学本科学历所能胜任的岗位共有 5 个，分别为信息及策划、站长经理、总工程师、汽车金融和汽车保险；高职学生所能胜任的岗位共有 7 个，分别为汽车销售顾问、服务经理、汽车故障诊断员、技术总监、二手汽车顾问、汽车维修设备和汽车装饰顾问；中职学生所能胜任的岗位共有 6 个，分别为装饰美容工、配件销售员、前台接待员、钣金工、汽车维修工和喷漆工。

2. 职业活动的分析

为了客观地掌握汽车运用与维修专业毕业生工作中的职业活动，本课题深入企业进行调查，构建了汽车运用与维修专业能力体系及其体系阶梯图，分别如图 2.3 和图 2.4 所示。

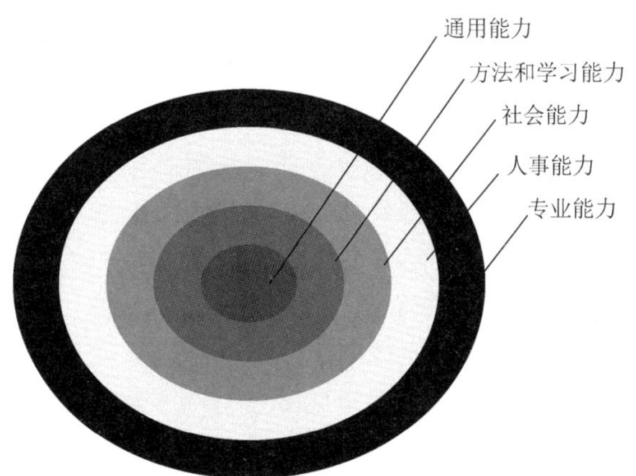

图 2.3　汽车运用与维修专业能力体系

① 邓泽民，2012．职业教育教学论[M]．4 版．北京：中国铁道出版社．

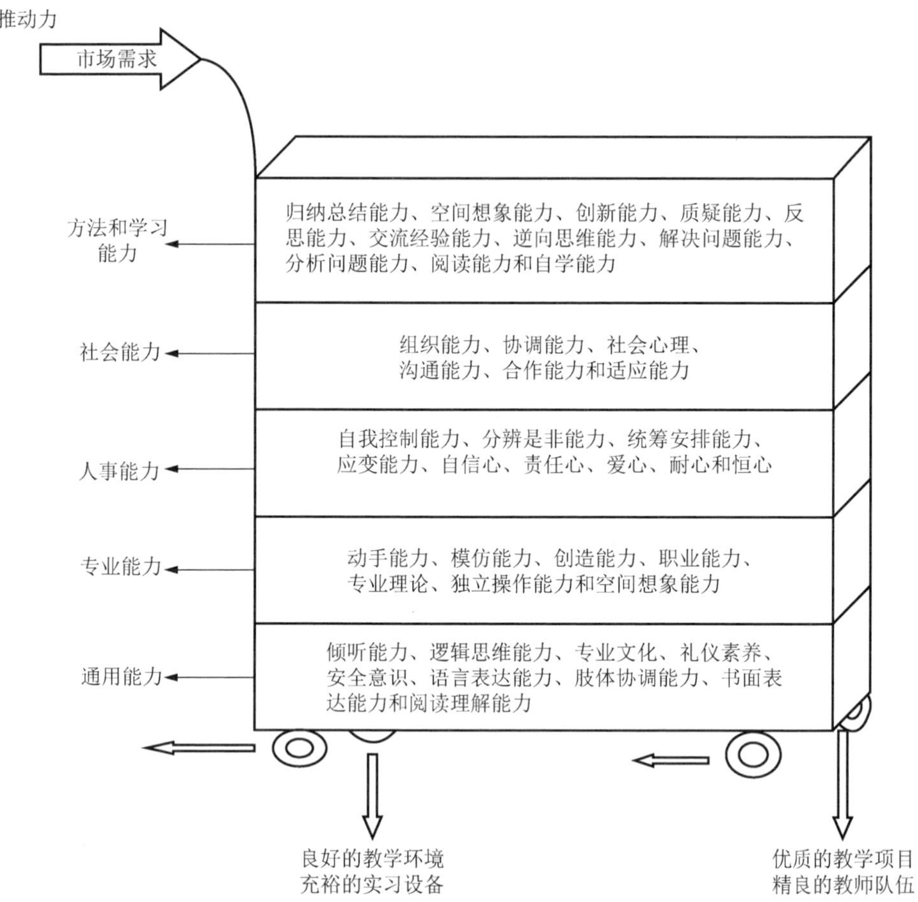

图 2.4　汽车运用与维修专业能力体系阶梯图

其中，专业能力是汽车运用与维修专业学生最基本的能力，也是最容易培养的能力，它是其他能力的基础。但是，仅有专业能力是远远不够的，还需要培养学生的人事能力、社会能力、方法和学习能力，最终达到具有完善的实践工作能力的目标。能力体系中的每一种能力都是非常重要的，缺一不可，尤其是方法和学习能力，它关系到学生一生的发展。因此，在今后的教学中，教师的主要任务不再是单纯培养学生的专业技能，而是以培养学生的专业技能为载体，让学生在学习实践中逐步学会做人及与人合作，并在此基础上具有一定的学习能力，为今后适应多变的社会生活做好充分的准备。

因此，应用现代职业分析方法，对汽车运用与维修职业活动及其工作对象、工作环境、工具方法及劳动组织进行分析，形成典型职业活动表，如表 2.1 所示。

表 2.1　汽车运用与维修专业典型职业活动表

	典型职业活动	工作流程（按工作项目展开）															
		1	2	3	4	5	6	7	8	9	10	11	12	13	14	15	16
A	发动机维护	更换机油和过滤器	清洗节气门、喷油器和进气道	火花塞与高压线的检查与更换	更换正时皮带与传动皮带	蓄电池的检查与更换											
B	发动机机械修理	发动机气门响的检查与修理	机油压力低的检查与修理	气缸压力低的检查与修理	发动机烧机油的检查与修理	发动机烧水的检查与修理	发动机漏油的处理										
C	发动机故障诊断与排除	发动机怠速不稳的诊断与排除	发动机不好起动车的诊断与排除	发动机加速不良的诊断与排除	尾气的检测与分析	发动机水温异常的诊断与排除	发电机异常的诊断与排除	起动机工作异常的诊断与排除									
D	底盘维护	更换变速器油与滤芯	底盘系统润滑作业	离合器的检查与调整	轮胎的拆装、换位和动平衡	四轮定位检测与调整	更换转向助力油及滤芯	更换制动液	更换制动片	制动器测量	驻车制动器调整	制动管路检查	底盘螺栓紧固	检查悬挂胶套			
E	底盘总成大修	更换离合器总成	更换半轴胶套	变速器大修	主减速器与差速器大修	分动器大修	更换转向器	更换减振器	更换ABS泵，制动总泵、分泵和助力器	更换悬挂组件							

续表

典型职业活动		工作流程（按工作项目展开）															
		1	2	3	4	5	6	7	8	9	10	11	12	13	14	15	16
F	底盘的故障诊断与排除	离合器打滑和分离不彻底的故障诊断与排除	自动变速器打滑、换挡冲击的故障诊断与排除	轮胎异常磨损的故障诊断与排除	行驶跑偏的故障诊断与排除	行驶时方向盘抖的故障诊断与排除	转向沉重的故障诊断与排除	转向异响的故障诊断与排除	转向盘自由行程大的故障诊断与排除	制动跑偏的故障诊断与排除	制动不灵的故障诊断与排除	制动踏板抖动的故障诊断与排除	制动时转向盘抖的故障诊断与排除	制动踏板低的故障诊断与排除	电控制动系统的故障诊断与排除	电控悬架的故障诊断与排除	电控转向助力系统的故障诊断与排除
G	电气系统维护	空调性能检查	车身电气系统性能检查	车身电气系统基础设定	空调制冷剂加注	空调系统去除异味											
H	电气系统的故障诊断与排除	空调制冷不良的故障诊断与排除	空调制冷剂泄漏的检查与修理	空调风量不足的故障诊断与排除	灯光不全的故障诊断与排除	依故障灯提示进行故障检修	中控锁失效的故障诊断与排除	电动车窗、天窗失效的故障诊断与排除	汽车防盗系统的故障诊断与排除	音响娱乐通信系统的故障诊断与排除	电控座椅系统失效的诊断与排除	座椅加热和通风系统失效的诊断与排除	数据通信系统故的障诊断与排除	驻车辅助系统的故障诊断与排除	轮胎胎压监测系统的故障诊断与排除		
I	汽车安全性能检测	车辆外观检测	轴重/制动检测	车速表检测	侧滑检测	灯光检测	底盘外观检测										

（二）汽车运用与维修技能型人才职业活动特点

汽车维修人员首先面对的是顾客，通过与顾客沟通了解顾客和汽车的情况，然后根据顾客和汽车的情况，按照技术规范提出解决方案。因此，汽车运用与维修技能型人才的职业活动首先是依据情景进行的，如图 2.5 所示。

	情景1	情景2	情景3	……
用户A	服务活动A1	服务活动A2	服务活动A3	……
用户B	服务活动B1	服务活动B2	服务活动B3	……
用户C	服务活动C1	服务活动C2	服务活动C3	……
⋮	⋮	⋮	⋮	

图 2.5　汽车运用与维修技能型人才活动情景导向示意图

从图 2.5 中可以看出，汽车运用与维修技能型人才在业务接待时采取什么活动取决于用户的不同和情景的变化，即汽车运用与维修技能型人才业务服务活动具有典型的情景导向特点。

汽车运用与维修人员必须严格按照维护维修程序、操作规程和技术规范实施维护维修工作。因此，汽车运用与维修技能型人才职业活动具有以下特点，如图 2.6 所示。

	过程阶段1	过程阶段2	过程阶段3	……
任务A	活动A1	活动A2	活动A3	……
任务B	活动B1	活动B2	活动B3	……
任务C	活动C1	活动C2	活动C3	……
⋮	⋮	⋮	⋮	

图 2.6　汽车运用与维修技能型人才职业活动过程导向示意图

从图 2.6 中可以看出，汽车运用与维修技能型人才在职业活动中采取什么行动，取决于任务的不同和所处的过程阶段的变化。任务一旦确定，操作过程和规范标准就确定了。汽车运用与维修职业活动是由过程顺序所支配的，即汽车运用与维修技能型人才职业活动具有典型的过程导向特点[①]。

---

① 邓泽民，赵沛，2009．职业教育教学设计[M]．2 版．北京：中国铁道出版社．

（三）汽车运用与维修技能型人才职业特质内涵

从职业活动的特点可以看出，汽车运用与维修技能型人才职业活动具有情景+过程导向的特点，即依据任务，要和用户建立良好的沟通关系，严格把握并执行管理流程、工作程序、工作规范和操作规程。因此，汽车运用与维修技能型人才的职业特质被定义为在进行业务接待时，依据服务情景，及时把握用户需求的心理预期，使用户满意的服务意识与素质；在从事技术工作时，依据任务，严格把握并执行工作程序、工作规范，做到用严格的工作程序、工作规范和操作标准，保证操作结果符合质量要求的意识与素质。

四、汽车运用与维修专业教学整体解决方案设计

为了实现对汽车运用与维修专业学生整体素质的全面培养，在职业教育课程设计基本原则的指导下，借鉴国内外汽车运用与维修专业整体教学方案设计的先进经验，形成汽车运用与维修专业教学整体解决方案①②。

（一）专业的职业面向分析

汽车运用与维修专业毕业生胜任的岗位主要是汽车维修工，包括保养与小修作业、总成大修与车辆大修、车辆性能检测和基本故障诊断与排除等。此外，经过职业教育和企业简单的短期培训，还可从事汽车保险理赔，客户服务，工具、资料管理，配件管理，配件采购和汽车销售等岗位。

经过在企业的不断钻研与磨炼，还可能拓展为企业各部门的重要管理人员。如果在技术上不断钻研，就可能发展为维修技师、领班、技术主管、内部培训师和服务站长等；具备较强沟通能力的维修技师也可以转到维修服务顾问岗位；个人综合素质能力较为突出，又具备组织协调能力的员工，可以进入部门经理等重要的岗位。

汽车维修行业人才需求标准如表 2.2 所示。

表 2.2　汽车维修行业人才需求标准

序号	岗位	所需标准		
		学历标准	技能标准	其他标准
1	汽车机电一体化	中职以上	高级维修工（主修）、中级维修工（辅修）	有良好的职业道德，掌握计算机基础知识，有维修经验，纪律性强，有良好的工作态度、适应能力

① 邓泽民，陈庆合，2006．职业教育课程设计[M]．北京：中国铁道出版社．

② 邓泽民，陈庆合，2011．职业教育课程设计[M]．2 版．北京：中国铁道出版社．

续表

序号	岗位	所需标准		
		学历标准	技能标准	其他标准
2	汽车钣金	中职以上	专业技能强，有汽车钣金工证书	有良好的职业道德，和客户、同事交流沟通良好
3	汽车喷漆	中职以上	汽车喷工证书	有良好的职业道德，和客户、同事交流良好，遵守工作纪律，有端正的工作态度、良好的适应能力
4	前台接待	高中以上	懂得接待艺术，熟练使用计算机	有良好的职业道德，外形条件好，和客户、同事有良好的交流沟通能力，有良好的应变能力
5	服务顾问	中职以上	中、高级工，有维修经验，懂服务流程	有良好的职业道德，有机动车驾驶证，和客户、同事交流沟通良好
6	库房管理员	中职以上	具有相应的工作能力，懂物流、仓储和汽配知识	有良好的职业道德，人品优秀，和客户、同事交流沟通良好
7	业务主管	高中以上	高级工以上，经验丰富	有良好的职业道德，有机动车驾驶证
8	业务经理	大专以上	高级工以上	有良好的职业道德，有机动车驾驶证
9	汽车美容	中职以上	汽车美容经验	有良好的职业道德，和客户、同事交流沟通良好
10	汽车销售	中职以上	具有良好的沟通能力、营销艺术	有良好的职业道德，外形条件好

（二）就业证书需求的分析

在国家职业标准《汽车修理工》（2005 年版）中对每一个技术级别都提出了明确的职业功能和工作要求。其中，中级工的职业功能和工作要求全部覆盖初级工的要求，需胜任各级别车辆维护、小修、大修和一般故障诊断与排除工作。依据国家持证上岗的相关政策，中职学校毕业生入职时持有中级工资格证书，就应该达到上述职业工作要求。

（三）专业培养目标的确定

依据教育部教职成〔2009〕2 号《教育部关于制定中等职业学校教学计划的原则意见》对中等职业教育培养人才类型的定位、国家职业资格标准及汽修业发展趋势对人才的要求，确定本专业培养目标：具有良好的职业道德和行为规范，掌握汽车维修职业岗位群必备的文化基础知识、专业知识和操作技能，具备沟通与表达能力，具备牢固的生产安全和环境保护意识，养成规范严谨的操作习惯，能够从事汽车维护、修理和检测的一线作业人员。

（四）专业课程体系的构建

依据教育部教职成〔2009〕2号《教育部关于制定中等职业学校教学计划的原则意见》，中等职业学校的课程设置分为公共基础课程和专业技能课程两类[①]。公共基础课程按照国家统一要求[②]安排。专业技能课程按照汽车运用与维修专业毕业生就业岗位和职业生涯发展领域分为专业核心课程和专业拓展课程，形成公共基础平台+职业生涯发展方向的课程体系结构，如图2.7所示。为了保证汽车运用与维修专业技能型人才职业能力的形成，专业核心课程和专业拓展课程以典型职业活动课程为主，辅以相关的理论知识体系、技术方法体系课程[③]。

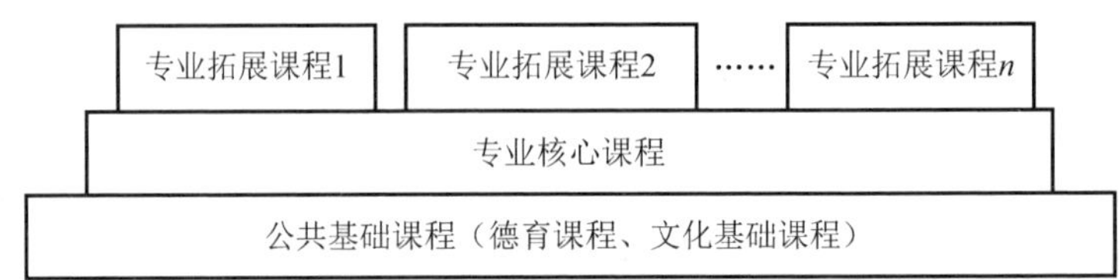

图2.7　汽车运用与维修专业课程体系结构示意图

1. 专业核心课程

依据表2.1和国家颁布的相关职业资格标准，形成基础整合课程和典型职业活动直接转换课程。汽车运用与维修专业课程名称、对应的典型职业活动及参考学时如表2.3所示。

表2.3　汽车运用与维修专业课程名称、对应的典型职业活动及参考学时

序号	课程名称	对应的典型职业活动	参考学时
1	汽车与汽车维修企业概况	基础整合课程	70
2	汽车机械基础	基础整合课程	100
3	汽车电工电子基础	基础整合课程	60
4	汽车运行材料	基础整合课程	40
5	发动机维护	发动机维护	68
6	发动机机械修理	发动机机械修理	80
7	发动机故障诊断与排除	发动机故障诊断与排除	60

① 教职成〔2009〕2号《教育部关于制定中等职业学校教学计划的原则意见》.

② 教职成〔2008〕6号《教育部关于中等职业学校德育课课程设置与教学安排的意见》.

③ 邓泽民，陈庆合，2011. 职业教育课程设计[M]. 2版. 北京：中国铁道出版社.

续表

序号	课程名称	对应的典型职业活动	参考学时
8	底盘维护	底盘维护	100
9	底盘总成大修	底盘总成大修	110
10	底盘故障诊断与排除	底盘故障诊断与排除	115
11	电气系统维护	电气系统维护	50
12	电气系统故障诊断与排除	电气系统故障诊断与排除	95
13	汽车安全性能检测	汽车安全性能检测	60
合计			1008

2. 专业拓展课程

“汽车附加系统的补充装备及其调试”“汽车网络系统的诊断和维修”课程的开设主要考虑到汽车维修行业的发展趋势，为学生的可持续发展奠定基础；“汽车维修中级工职业资格认证”课程的开设，主要是为了强化学生的考核技能，增加考证的通过率；“就业指导及心理健康”课程的开设能帮助学生树立正确的就业观，养成良好的职业心态，充分做好入职前的准备。

3. 专业课程安排

首先，安排完成各项典型职业活动必须具备的基础整合课程；其次，遵循知识和技能的难易程度，按照学生的认知规律，按照以工作过程为导向的原则，安排其他专业核心课程，并根据教育部教职成〔2009〕2 号《教育部关于制定中等职业学校教学计划的原则意见》，按每学年 52 周，其中教学时间为 40 周（含 2 周复习考试时间），假期时间为 12 周，周学时一般为 28 学时，3 年总学时数为 3000～3300 学时，公共基础课程学时一般占总学时的三分之一，专业核心课程和毕业实习环节学时数一般为总学时数的三分之二等规定，形成教学计划如表 2.4 所示。

（五）专业教学策略的研究

依据总课题对于职业教育的教学理论研究，职业教育教学的目的是学生职业特质的形成，而职业特质的形成除教学内容之外，主要取决于教学的策略[①]。

① 邓泽民，2016．职业教育教学设计[M]．4 版．北京：中国铁道出版社．

表 2.4　汽车运用与维修专业教学计划

课程性质	课程名称	课程类别	计划内学时学分数						各学期理论教学周学时						学时比例/%
			学分	总学时	讲课	实操	上机	课外学时	1 18 周	2 18 周	3 18 周	4 18 周	5 20 周	6 20 周	
德育课程	职业生涯规划	必修	2	36	√				2						30
	职业道德与法律	必修	2	36	√					2					
	经济政治与法律	必修	2	36	√						2				
	哲学与人生	必修	2	36	√							2			
文化基础课程	语文	必修	11	198	√				4	3	2	2			
	数学	必修	9	162	√				4	3	2				
	英语	必修	10	180	√				3	2	2	3			
	体育与健康	必修	8	144	√	√			2	2	2	2			
	计算机应用基础	必修	7	126	√		√		2	2	3				
专业核心课程	汽车与汽车维修企业概况	必修	4	72	√	√			6（1～12 周）						29
	汽车机修基础	必修	5	90	√				5						
	汽车电子电工基础	必修	3	55	√	√				5（1～11 周）					
	汽车运行材料	必修	2	36	√	√			6（13～18 周）						
	发动机维护	必修	4	63	√	√				9（1～7 周）					
	发动机机械修理	必修	4	80	√	√					10(1～8 周）				

续表

课程性质	课程名称	课程类别	计划内学时学分数						各学期理论教学周学时						学时比例/%
			学分	总学时	讲课	实操	上机	课外学时	1 18周	2 18周	3 18周	4 18周	5 20周	6 20周	
	发动机故障诊断与排除	必修	3	54	√	√						9（1～6周）			
	底盘维护	必修	5	92	√	√				9（8～11周） 8（12～18周）					
	底盘总成大修	必修	6	100	√	√					10（9～18周）				
	底盘故障诊断与排除	必修	6	96	√	√						8（1～12周）			
	电气系统维护	必修	2	42	√	√				6（12～18周）					
	电气系统故障诊断与排除	必修	5	90	√	√					5				
	汽车安全性能检测	必修	3	54	√	√						9（7～12周）			
专业拓展课程	汽车网络系统的诊断与维修	必修	2	35	√	√						7（13～17周）			4
	汽车附加系统的补充装备及其调试	必修	3	50	√	√						10（13～17周）			
	就业指导及心理健康	必修	2	36	√							2			
	汽车维修中级工职业资格认证	必修	1	17	√	√						17（18周）			
实践课程	生产性实习	必修	60	1200		√							30	30	37
合计			173	3216					28	28	28	28	30	30	100

汽车运用与维修专业主要遵循以情景+过程为导向的教学策略，遵照从整体到局部、从简单到复杂的认知规律，以汽车维修企业典型工作任务分析为基础进行课程的划分，以工作任务为单元进行每门课程的编排。每个学习单元都以任务、工具和项目等为载体，由维修企业的一项真实工作任务转化而来的学习任务，是一个完整的工作过程，按照"资讯→决策→计划→实施→检查→评价"重复学习和思维过程，其设计和实施完全是按照完整的工作过程展开的，即"重复的是过程，不重复的是内容"。

每一个学习单元的设计除注重传统意义上工艺与技能的学习外，还充分关注环保、安全管理、劳动组织和职业行为等内容。学生在学习中不仅能获得知识，提高技能，还能积累丰富的工作经验，形成系统化解决问题的工作思维模式，提高综合职业能力。通过在职业情景课程中模拟汽车维修企业的实际生产过程和组织运行机构，使学生对实际的工作环境不再陌生，实现学生和企业的"零"对接；通过一个个完整的学习情景的学习，使学生逐步树立认真负责的工作态度和严格遵守法律法规的意识，养成保护环境和工作场地的习惯及维护企业和顾客的利益的职业素养，形成独立工作、与人沟通顺畅、做事讲究方式方法、会记录、能归纳、勤思考、具有自我保护意识、能展示自我、具有一定创新性的独立人格，渐渐养成与人合作、善于交流、有深刻的集体荣誉感的团队精神。

（六）专业教师团队的建设

1）培养专业带头人。专业带头人要具有专业发展方向的把握能力、课程开发能力、教研教改能力和组织协调能力，并能带领专业教师团队学习先进职业教育理论与先进汽车维护维修技术，开发构建基于工作过程的课程体系，开展行动教学和教学研究工作。

2）每个专业方向的核心课程要由教学骨干和具备双师型教师资格的人担任。双师型教师的比例至少要达到80%。聘请企业优秀技能型人才担任兼职教师或技术顾问，每个专业方向的企业兼职教师或技术顾问要有2～3位。

3）要鼓励教师参与校企合作，参与教学研究与科研项目，参与专业建设和教学改革，培养专业带头人；要加强内外培训，提升教师的教学水平和教学能力。

（七）专业实训条件的配备

在实训室建设与管理上要建立与课程和教学相适应的理论实践一体化的实训环境。专业实训设计采取整体系统设计、校内校外统筹方式和职业教育实训设计的基本原则[①]进行。

1. 实训环境建设

汽车运用与维修专业实训环境要具有真实性或仿真性；场地的供电、照明、尾排与通风、消防、废物回收、实训车辆、总成、设备和工具配备等要满足专业核心课程的需要，符合国家相关法律法规的各项规定，设备数量和工具数量应满足实训分组不大于 5 人/组的基本要求。同时，还应该配备多媒体、黑板和桌椅等教学设备，满足一体化教学的需要；配备维修资料、维修手册、计算机和网络等，有利于学生养成独立学习和工作的习惯。

2. 实训环境管理

安排具有企业真实管理和工作经验的专业人员对实训室进行建设和管理；形成与课程配套的实训指导手册，明确指出实训的操作规范和评价标准；合理安排实训项目，提高设备的使用率；建立健全实训室的申请、使用、检查和评估等管理制度，节约成本，减少大量实习给实验实训设备造成的损失。

五、汽车运用与维修专业教学整体解决方案实施

从参加课题的各学校专业教学整体解决方案实施分析，由于有了配套教材和课件的支撑，实施新方案的阻力并没有预想的大。为了消除教师对新方案的抵制，学校采用了引导消除抵制模式（LOC 模式），分为以下五个阶段实施。

（一）教师把握整体解决方案

为了保证课程的顺利实施，我们形成了由项目领导小组、项目工作小组和企业专家小组组成的严密的项目实施组织机构。汽车运用与维修专业教学整体解决方案研究设计团队，详细地向实施的教师讲解专业教学整体解决方案，使所有教学团队成员都了解该方案，并明确自己的角色，把握自己的任务。

（二）教师必备教学能力培训

专业教师的汽车运用与维修专业教育观念的转变和情景+过程导向教学策略的学习运用是人员准备的主要内容。首先，采用自主学习、集中研讨的方式进行新教学整体解决方案相关文件的学习与研讨，转变自己的教学理念；其次，掌握情景导向、过程导向和效果导向的行动教学原则，根据这些教学原则设计教学课

① 邓泽民，韩国春，2008．职业教育实训设计[M]．2 版．北京：中国铁道出版社．

件[①]；最后，掌握始终与企业专家组进行关键内容的研讨，聘请资深企业专家培训教学团队的专业实践能力。

（三）设施、材料与教材准备

改造原有教室、实训中心，建设 4S 店，形成了职业情景和教学情景一体化教学和实训环境，与合作企业一起研究确定学生实习的岗位，形成校内外教学、实训和实习密切衔接的校企合作教学、实训和实习组合新模式。教学材料和学习材料的设计与编写，遵循《职业教育教材设计》提出的职业活动逻辑、学习动机发展逻辑和能力形成心理逻辑相结合的原则进行[②]。

（四）方案实施的评价与激励

对一年级新生全部采用新方案进行教学，二年级学生按原教学计划继续开展教学，但教学策略普遍采用过程导向教学策略。为保证方案的实施，加强阶段性教学效果评价；为激发教师积极性，参加专业教学整体解决方案实施的教师，若教学符合专业教学整体解决方案的要求，则在评优、评先中优先考虑。

（五）方案实施效果调查分析

通过教学实践，为验证专业教学整体解决方案是否能满足企业、学生和教师的需要，本课题分别对学生、企业和教师进行了跟踪调查。

1. 学生的评价

从第一门课程开始，我们就在老师的引导下，对自己的未来有了一个符合实际的设计与规划。在老师的帮助下，我们对课程进行了认真的学习，不仅学会了专业知识和技能，也学会了如何做一个职业人。渗入每一门课程中的安全意识、职业道德和责任心等的逐渐养成，使我们在实习岗位上工作比别人更加规范和专业。此外，在课程学习中，老师总是注意培养我们自主学习、与人交往等能力，这些都使我们在企业工作中更加游刃有余，不管是做事还是做人都更有办法、更有能力。学校不仅教会了我们技能，更教会了我们工作。

2. 企业的评价

参与实习的学生技能强、会做事，有较好的责任心；与各级部门、人员相处

① 邓泽民，马斌，2011．职业教育课件设计[M]．北京：中国铁道出版社．

② 邓泽民，侯金柱，2006．职业教育教材设计[M]．北京：中国铁道出版社．

融洽；综合素质相对较高；有较高的创新意识，工作稳定性高，值得培养。有多位顶岗实习生在实习期间得到了正式员工的待遇，使企业用人订单数量激增，出现了供不应求的良好局面。

3. 教师的评价

教学的实施，不仅使我们在教学理念、人才理念、专业技能、职业意识等方面有了长足的进步，也使我们的课堂教学生动、活泼和富有挑战性。目前，我们已经树立“为了教好我要学，学了之后有提高，提高之后教得好，为了更好还要学”的良好心态，实现了学生爱学和教师爱教的可喜局面，离真正的双师型人才已经不远了。此外，我们在课程实施的过程中，始终不忘科研引领的原则，在各级各类评比中都取得了好成绩。

六、实践结论

1）汽车运用与维修技能型人才的职业特质是我国汽车维修服务业面对高档次汽车大量增加，为实现高规格个性化服务对汽车运用与维修技能型人才提出的必然要求。

2）汽车运用与维修专业教学要把技能型人才职业特质和职业能力形成作为教学目标和专业教学整体解决方案设计的主线。

3）职业特质和职业能力的形成需要行动导向的教学策略，汽车运用与维修技能型人才的职业特质和职业能力的形成需要情景导向或过程导向的行动教学策略。

4）情景导向或过程导向的行动教学策略需要一体化技能教室、实训中心和4S店的教学、实训和实习环境，以及情景导向和过程导向结构的教材配合。

方案三

计算机网络技术专业教学整体解决方案研究与实践

课题编号：BJA060049-ZZKT003

一、问题的提出

（一）计算机网络技术行业发展的趋势

21 世纪是信息化的世纪。据中国互联网络信息中心 2017 年 8 月发布的《第 40 次中国互联网络发展状况统计报告》显示，截至 2017 年 6 月，中国网民规模达到 7.51 亿，半年共计新增网民 1992 万人。互联网普及率攀升至 54.3%，较 2016 年年底提高 1.1 个百分点。中国手机网民规模达 7.24 亿，较 2016 年年底增加 2830 万人。网民中使用手机上网的人群占比由 2016 年年底的 95.1%提升至 96.3%。中国网民中农村网民占比为 26.7%，规模为 2.01 亿。中国网民通过台式电脑和笔记本电脑接入互联网的比例分别为 55.0%和 36.5%；手机上网使用率为 96.3%，较 2016 年年底提高 1.2 个百分点；平板电脑上网使用率为 28.7%；电视上网使用率为 26.7%。在当今经济高速发展时期，网络产业的发展更是大大高于其他行业的发展速度，通信产业的发展及个人电脑普遍进入家庭是促进网络产业发展的重要因素。根据教育部关于紧缺人才的报告初步测算，在今后的 20 年中，中国从事网络服务的人员数量预计增加 30～50 倍。计算机网络技术专业被确定为全国技能型紧缺人才培养方向。

北京市经济发展速度非常快，经济的发展带动了北京的信息化建设，目前相关专业领域从业人员的计算机网络技术水平相对较低，急需专业的网络管理、网络维护和网站编程等方面的人才，计算机网络专业领域人才需求缺口很大。北京 80%以上的大中型企业、党政机关和事业单位建成了内部局域网，其中 30%的单位采用了 OA（office automation，办公自动化）系统办公，基本实现了办公自动化。随着互联网的普及，各类政府机关、服务行业、销售行业和保险行业等从业人员也必须具备相应的网络应用和管理能力。全市医疗、保险信息化也逐步兴起，金融、医院等单位普遍使用计算机网络进行业务管理。北京市人力资源和社会保障局医保中心投资十多万元建立了局域网系统，与定点医疗机构也建立了网络系统。北京市各类信息中介、信息技术服务机构、计算机公司和计算机学校等单位的信息化建设都需要一定数量的计算机网络技术专业人才，还有一些中小企业的信息化建设与改造等也需要计算机网络技术专业人才，这些单位平均每年的计算机网络技术人才需求合计在 2000 人以上。

（二）计算机网络技术行业发展对技能型人才的要求

我国计算机网络技术的飞快发展与应用决定了从事相关行业的专业人才需求呈阶梯结构，如图 3.1 所示。

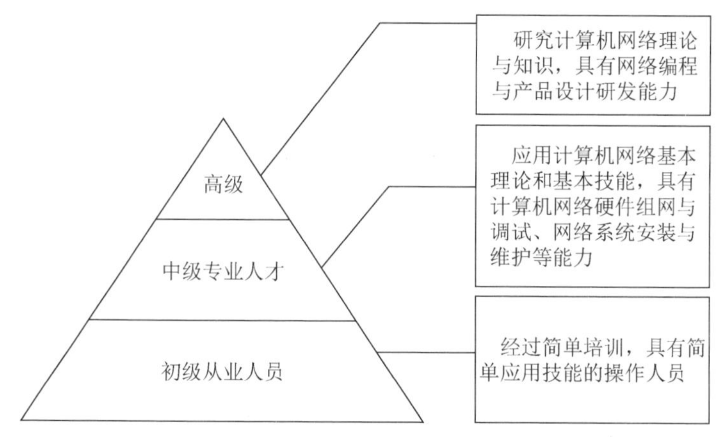

图 3.1　我国计算机网络技术专业人才结构

目前，我国各类各级计算机网络技术专业人才都十分短缺，尤其是技能型人才，不但供不应求，而且存在的质量问题更大。计算机网络技术广泛应用于我国国民经济的各个领域，服务于各个行业，而技能型人才主要从事的是信息传输服务业。因此，技能型人才的工作具有很强的专业性、技术性和服务性。但一直以来，人们对中等职业学校计算机网络技术专业毕业生的服务意识培养不够重视，忽视其职业特质和职业能力的培养。目前，计算机网络技术又是创新发展很快的一门技术，这对学生的学习能力提出了很高的要求。这就要求计算机网络技术专业课程体系要充分反映计算机网络技术体系结构，使学生具备网络技术学习的能力。计算机网络技术技能型人才的职业特质、职业能力和网络技术学习能力的缺失将直接影响我国网络产业优化和升级。

二、研究内容与方法

（一）研究内容

为解决计算机网络技术专业毕业生缺乏服务意识，缺乏对过程技术精度的价值追求，缺乏对技术标准、操作规范等的深刻理解和准确把握等技术类技能型人才的特质问题，本课题将首先对计算机网络技术技能型人才对应的岗位群及其对从业人员的素质与能力要求，以及职业资格标准要求的职业特质进行研究，然后设计出适合计算机网络技术技能型人才职业特质和职业能力形成的教学整体解决方案，并通过该方案的实施，探索计算机网络技术专业的教学理论。

（二）研究方法

1）调查法。通过对企业、网络用户等单位进行问卷调查和实地考察，了解企业的岗位设置、人员配备和工作流程，特别是了解企事业单位对计算机网络技术初、中级从业员工的职业素质与能力的要求；访谈权威性的行业专家和企业负责人，重点了解计算机网络技术专业的岗位需求、操作规程及能力标准；对毕业生进行问卷调查，了解他们在企业中的工作情形、对母校的教学建议等。在此基础上分析计算机网络技术技能型人才职业活动的特点，提出计算机网络技术技能型人才职业特质的基本内涵。

2）文献法。对计算机网络技术专业教学成果开展研究，综合分析适合计算机网络技术技能型人才职业特质和职业能力形成的教学经验。

3）实验法。通过实施适合网络技术技能型人才职业特质和职业能力形成的教学整体解决方案，对专业教学整体解决方案进行验证，探索计算机网络技术专业教学理论与方法。

三、计算机网络技术技能型人才职业特质研究

职业特质是指从事不同职业的人所特有的职业素质，是能将工作中成就卓越与成就一般的人区别开的深层特征[①]。总课题对于职业特质的研究，提出了可以从两个方向开展研究：一是在同一职业中发现成就卓越者，通过调查法，研究他们与成就一般者不同的深层特征；二是通过分析职业活动，研究取得职业活动卓越效果的人具备的职业素质。本课题采用第二种方法。

（一）计算机网络技术技能型人才职业活动调查

1. 职业面向的调查

本研究通过对合作办学单位进行调查，与相关企业负责人进行座谈研讨及对毕业生的就业单位和岗位进行调查与分析，了解到目前北京市中等职业教育计算机网络技术专业毕业生的主要就业方向有 3 个，包含就业岗位 13 个。

网络工程方向主要包含工程勘测员、布线施工员、施工工长、售后服务等岗

① 邓泽民，2012．职业教育教学论[M]．4 版．北京：中国铁道出版社．

位。网络管理与维护方向主要包含网络管理员、网络工程师等岗位。网站建设与管理方向主要包含网页制作员、网站美工、网站维护员、网站测试员和网站开发程序员等岗位。另外，中等职业教育计算机网络技术专业的职业生涯发展有三个方面：一是高技能发展，考取人社部中级及以上网络管理员职业资格证书，成为计算机网络技术专业骨干；二是管理岗位发展，成为企事业单位有关网络管理与维护方面的主管、技术总监或负责人；三是自主创业发展，创办网站或进行网络经营与技术服务。

2. 职业活动的分析

通过企业调研与职业分析[①]，提炼出计算机网络技术技能型人才职业活动表，如表 3.1 所示。

表 3.1　计算机网络技术技能型人才职业活动表

职业活动领域	任务	
网络工程勘测	信息收集	理解合同和国家标准《综合布线系统工程设计规范》（GB 50311—2016）
		沟通、洽商，进一步明确用户意图
	制订方案	收集、确认相关的工程历史资料
		抽检历史资料，确定其可靠性
		制订勘测实施方案
		三方协商，共同确定勘测实施方案；安排勘测内容、进度等
	任务实施	分工合作，按勘测方案勘测现场
		确定和标注施工关键部位，按国家标准的要求随时自检
		整理勘测数据，制作勘测文档
	验收与评估	参与三方审核，签字确认勘测文档
		规范制作勘测报告并提交
		进行自我评估与矫正
网络工程深化设计	信息收集	理解国家标准《综合布线系统工程设计规范》（GB 50311—2016）和勘测报告
		设计工程方案和系统功能
	制订方案	协助三方确认工程设计方案
		绘制项目施工平面图及信息表
	任务实施	换算各类槽、管等材料的容积
		统计材料、设备的数量
		制作材料、设备的清单
		描述系统功能，绘制系统拓扑图
		协助三方沟通，进行工程项目需求洽商，编制工程实施方案

① 邓泽民，郑予捷，2009．现代职业分析手册[M]．北京：中国铁道出版社．

续表

<table>
<tr><th>职业活动领域</th><th colspan="2">任务</th></tr>
<tr><td rowspan="3"></td><td rowspan="3">验收与评估</td><td>三方商定，签字确认工程实施方案</td></tr>
<tr><td>提交工程实施方案和材料、设备清单</td></tr>
<tr><td>进行自我评估与矫正</td></tr>
<tr><td rowspan="10">网络布线</td><td>信息收集</td><td>理解工程实施方案和国家标准《综合布线系统工程验收规范》（GB 50312—2016）</td></tr>
<tr><td rowspan="2">制订方案</td><td>制订具体布线实施方案</td></tr>
<tr><td>三方沟通，进行洽商，确定布线实施方案和材料的变更</td></tr>
<tr><td rowspan="4">任务实施</td><td>三方一同进行布线材料的进场、报验</td></tr>
<tr><td>明确布线施工内容、进度等</td></tr>
<tr><td>网络布线施工，电缆布放、光缆布放和工艺自检</td></tr>
<tr><td>随时检查工程施工安全性、施工工艺及施工质量等，及时矫正施工中不符合规范的问题</td></tr>
<tr><td rowspan="3">验收与评估</td><td>收集网络布线施工的自检及检查结果，编制布线施工过程文档</td></tr>
<tr><td>制作布线施工报告，三方商定、签字，并提交布线施工报告</td></tr>
<tr><td>进行自我评估与矫正</td></tr>
<tr><td rowspan="12">网络布线测试</td><td rowspan="2">信息收集</td><td>理解工程实施方案</td></tr>
<tr><td>掌握国家标准《综合布线系统工程验收规范》（GB 50312—2016）</td></tr>
<tr><td rowspan="2">制订方案</td><td>制订具体布线测试方案</td></tr>
<tr><td>协助三方沟通，确定布线测试方案</td></tr>
<tr><td rowspan="6">任务实施</td><td>准备相关测试工具</td></tr>
<tr><td>明确测试内容、进度等</td></tr>
<tr><td>利用测试工具进行工程线路参数测试并记录测试数据</td></tr>
<tr><td>分析测试结果，准确判断故障点</td></tr>
<tr><td>矫正不符合规范要求的布线线缆、点位，并及时进行调整；重新测试，直至合格</td></tr>
<tr><td>根据测试数据，编制网络布线测试过程文档</td></tr>
<tr><td rowspan="2">验收与评估</td><td>制作测试报告，经三方商定，确认后签字并提交</td></tr>
<tr><td>进行自我评估与矫正</td></tr>
<tr><td rowspan="10">网络设备安装与调试</td><td rowspan="2">信息收集</td><td>理解工程实施方案</td></tr>
<tr><td>掌握相关企业的安装、调试规范</td></tr>
<tr><td rowspan="4">制订方案</td><td>制订具体的网络设备安装、初调方案</td></tr>
<tr><td>协助三方洽商，确定网络设备安装、初调方案</td></tr>
<tr><td>进场、报验网络设备</td></tr>
<tr><td>明确设备安装、初调内容和进度等</td></tr>
<tr><td rowspan="4">任务实施</td><td>按网络设备安装、初调方案进行设备安装</td></tr>
<tr><td>按系统拓扑图进行设备配线、互联</td></tr>
<tr><td>检查、矫正工程施工安全，安装工艺及安装质量等</td></tr>
<tr><td>按设备安装、初调方案，进行设备的功能配置与初调</td></tr>
</table>

续表

职业活动领域	任务	
	验收与评估	收集安装、调试资料，编制网络设备安装、初调过程文档和报告
		协助三方洽商，确认设备安装、初调报告，签字并提交
		进行自我评估与矫正
终端安装与测试	信息收集	理解工程实施方案
		掌握相关企业的安装、调试规范
	制订方案	制订具体的终端设备安装、初调方案
		协助三方洽商，确定终端设备安装、初调方案
		进场报验终端设备
		明确终端安装、测试内容和进度等
	任务实施	按终端安装、测试方案进行安装
		按系统功能描述要求安装用户所需的操作系统软件及相关应用软件
		检查、矫正终端安装工艺及安装质量、安全等
		不断电热测试终端并正确分析数据、及时调整
	验收与评估	整理并编写终端安装、测试过程文档和测试报告
		协助三方洽商，确认终端安装、测试报告，签字并提交
		进行自我评估与矫正
系统调试	信息收集	理解企业相关的系统调试规范
		理解工程实施方案
	制订方案	掌握相关企业的安装、调试规范
		制订系统调试方案
	任务实施	对终端、网络进行调试
		对网络设备分部进行功能模块调试
		参与完成系统联调、系统优化调整工作
		按功能需求描述，进行系统整体测试
	验收与评估	收集、整理系统调试各阶段数据，编制系统调试过程文档和报告
		协助三方洽商，确认报告，签字并提交
		进行自我评估与矫正
网络工程售后服务	信息收集	理解企业售后服务条款、保修政策等内容
		利用专业的服务用语接待报修客户，记录客户的各种有效信息和故障现象等
	制订方案	熟悉网络工程终端安装和调试方案及系统调试情况
		判断故障的范畴与关键点
		查询项目通信录及资料，确认故障归属
		依据故障的性质，联系有关服务人员或部门，合理安排服务形式与时间
	任务实施	电话答疑排除用户故障
		上门维修设备，排除用户故障并记录服务信息

续表

职业活动领域	任务	
	验收与评估	更换故障设备及部件，当客户的面验试，直至客户满意，并记录更换信息
		为客户提供系统升级、操作手册查询等进一步的服务
		整理服务记录并归档

（二）计算机网络技术技能型人才职业活动特点

通过分析计算机网络技术技能型人才职业活动发现，其每项职业活动都是按照工作流程和操作规范进行的，如图 3.2 所示。

	过程阶段1	过程阶段2	过程阶段3	……
任务A	活动A1	活动A2	活动A3	……
任务B	活动B1	活动B2	活动B3	……
任务C	活动C1	活动C2	活动C3	……
⋮	⋮	⋮	⋮	

图 3.2　计算机网络技术技能型人才职业活动过程导向示意图

从图 3.2 中可以看出，计算机网络技术技能型人才采取什么行动，取决于任务的不同和所处的过程阶段的变化。任务一旦确定，过程和操作规范标准就确定了。计算机网络技术技能型人才职业活动受过程支配，具有典型的过程导向特点①②。

（三）计算机网络技术技能型人才职业特质内涵

国家职业资格标准中对职业能力特征的描述：严格执行工作程序、工作规范、工艺文件和安全操作规程；具有高度的责任心；团结协作；爱护设备及工具、夹具、刀具和量具。各企业对中等职业教育所培养的计算机网络技术技能型人才均有遵守职业道德，具有敬业精神和责任心、文化素养与人文知识、对企业文化的了解、独立工作的能力、协调与合作能力、人际交往能力和适应环境与解决问题的能力，以及专业技术熟练程度高，具有对实际工作流程的理解和掌握等要求。

因此，计算机网络技术技能型人才特质的职业特质被定义为依据任务，严格把握并执行工作程序、工作规范、工艺文件和安全操作规程，做到用严格的工作程序、工作规范和操作标准，保证产品的加工精度和质量的意识与素质。

① 邓泽民，赵沛，2008．职业教育教学设计[M]．北京：中国铁道出版社．

② 邓泽民，赵沛，2009．职业教育教学设计[M]．2 版．北京：中国铁道出版社．

四、计算机网络技术专业教学整体解决方案设计

职业特质的形成取决于专业教学的各个方面和各个环节，为了发挥教学系统整体突现性原理的作用，本课题对计算机网络技术专业教学进行整体解决方案设计。目前，有企业办学校、学校办企业及学校和企业合作三种办学形式，我国少数学校采用学校办企业的形式，而大多数学校采用企业办学校、和企业合作的形式。由于参加本课题研究的学校大多采用第三种办学形式，计算机网络技术专业教学整体解决方案设计基于该种形式。

（一）专业职业面向的分析

根据《中等职业学校专业目录》（2010 年修订），中等职业学校计算机网络技术专业技能方向包括综合布线设计与施工、网络设备安装与调试、无线网络测试与维护、网络管理与维护、网络产品营销和网络与信息安全。

（二）就业证书需求的分析

根据人社部 2017 年公布的《国家职业资格目录》中对技术人员职业资格的规定，中等职业学校计算机网络技术专业的学生可以考取信息通信网络机务员和信息通信网络线务员的资格证书。

（三）专业培养目标的确定

根据教育部教职成〔2009〕2 号《教育部关于制定中等职业学校教学计划的原则意见》对中等职业教育培养人才类型的定位、国家职业资格标准及计算机网络行业发展趋势对计算机网络技术专业技能型人才的要求，确定本专业培养目标：培养德、智、体、美全面发展，适应 IT 企业生产、建设、服务和管理第一线需要的，具有良好职业素养和职业能力，能够进行网络建设、管理、规划与维护和网络多媒体应用的高素质技能型专门人才。具体培养目标如表 3.2 所示。

表 3.2　计算机网络技术技能型人才职业素质培养目标

分类	素质构成	职业素质构成要素		
基础素质	A 公共素质	A01 政治素质	A02 道德品质	A03 敬业精神
		A04 身体素质	A05 心理素质	A06 守法意识
	B 人文素质	B01 文学修养	B02 艺术修养	B03 历史文化修养
		B04 地理文化修养		

续表

分类	素质构成	职业素质构成要素		
通用能力	C 交流能力	C01 语言表述能力	C02 文字表述能力	C03 外语能力
	D 运用信息能力	D01 收集信息能力	D02 整合信息能力	D03 倾听能力
		D04 数字应用能力	D05 图表模型运用能力	
	E 团结协作能力	E01 组织团队能力	E02 融入团队能力	E03 团结友爱能力
		E04 分工协作能力	E05 平等竞争能力	
	F 解决问题能力	F01 应对突发事件能力	F02 心理承受能力	F03 自我情绪调控能力
		F04 自觉守法能力	F05 依据法律维权能力	
	G 学习能力	G01 阅读能力	G02 调查研究能力	G03 自我评估能力
		G04 反思能力	G05 完善自我能力	
	H 创新能力	H01 预见能力	H02 研究能力	H03 职业发展设计规划能力
职业技能	I 工程勘测	I01 理解合同	I02 搜集、整理网络工程资料并抽检	I03 制订、商定勘测实施方案
		I04 确定并标注竖井、配线间、中心机房、主干管道和走线路由等位置	I05 整理数据、制作勘测文档	I06 提交勘测报告
	J 工程深化设计	J01 依据勘测报告，制订工程设计方案	J02 三方沟通，确定工程设计方案	J03 制作平面点位图、点位信息表
		J04 制作材料、设备的清单	J05 制作系统拓扑图	J06 制订网络工程实施方案
	K 网络布线	K01 依据材料清单、工程实施方案，制订具体布线实施方案	K02 三方沟通，确认布线实施方案；洽商，变更材料	K03 进场，报验材料
		K04 布放电缆	K05 布放光缆	K06 与监理方共同检查布线施工工艺，及时矫正
		K07 制作施工过程文档	K08 完成布线施工并提交布线施工报告	
	L 网络布线测试	L01 依据布线施工报告、工程实施方案，制订具体测试方案	L02 三方沟通，确认测试方案	L03 测试电缆记录参数
		L04 测试光缆记录参数	L05 分析数据，及时调、测、记录，直至合格	L06 制作并提交综合测试文档
	M 网络设备安装与测试	M01 制订具体设备安装、初调方案	M02 三方沟通，确认设备安装、初调方案，洽商、变更设备	M03 进场、报验网络设备

续表

分类	素质构成	职业素质构成要素		
		M04 安装设备	M05 按照系统拓扑图配线	M06 初调设备
		M07 制作设备安装、初调文档	M08 完成设备安装、初调并提交设备安装、初调报告	
	N 终端安装与测试	N01 制订具体终端安装与测试方案	N02 三方沟通，确认终端安装与测试方案，洽商，变更终端	N03 进场、报验终端
		N04 安装终端	N05 安装系统软件及应用软件	N06 终端热测试、记录并调整
		N07 制作终端安装、测试文档	N08 完成终端安装与测试并提交测试报告	
	O 系统调试	O01 制订具体系统调试方案	O02 三方沟通，确认系统调试方案	O03 调试终端、网络
		O04 调试网络设备分部	O05 系统联调	O06 系统测试、记录并优化调整
		O07 制作系统调试文档	O08 完成系统调试并提交系统调试报告	
	P 售后服务	P01 客服接待	P02 服务预处理	P03 进行电话远程服务
		P04 进行上门服务	P05 提供备件服务	P06 提供资料服务
		P07 归档服务记录		

（四）专业课程体系的构建

1. 典型职业活动分析

为了构建课程体系，对计算机网络技术专业典型职业活动的工作岗位、对象、工具、方法、组织及要求进行分析①②。计算机网络技术专业典型职业活动系统描述如表 3.3～表 3.10 所示。

表 3.3　计算机网络技术专业典型职业活动系统描述（网络工程勘测）

要点	分析
描述	依据工程合同，制订勘测方案。三方配合进行勘测，将勘测数据整理、分析，形成勘测报告，为施工设计做好准备。

① 邓泽民，陈庆合，2006．职业教育课程设计[M]．北京：中国铁道出版社．

② 邓泽民，陈庆合，2011．职业教育课程设计[M]．2 版．北京：中国铁道出版社．

续表

要点	分析
	协助项目经理依据合同与建设方沟通，明确建设方对网络工程的详细需求；独立收集、整理工程相关的原有历史资料，抽样核对现存资料的准确度；协助项目经理按照国家标准，制订勘测实施方案并经三方沟通后确认；严格按照国家标准进行现场总体框架测量，确定并标注竖井、配线间和中心机房位置；确定并标注主干管道；确定并标注楼内走线路由及点位、楼宇间走线路由；在监理方配合下，完成勘测工作，整理相关勘测数据，制作勘测文档；参与三方共同审核，分析勘测文档内容的准确性，发现问题及时返工，最终三方签字确认勘测文档；按规范制作勘测报告并以公文形式提交
工作岗位	现场工程师、工程勘测技术员和布线施工员
工作对象	1. 与承建方项目经理、工程勘测人员和建设方相关人员、监理方人员等沟通、合作 2. 遵照合同，收集并抽测工程历史资料，三方确定勘测方案 3. 现场勘测，确定和标注施工关键部位 4. 整理勘测数据，编写勘测文档 5. 勘测报告的编写和提交
工具	1. 国家标准《综合布线系统工程设计规范》（GB 50311—2016） 2. 工程合同 3. 工程量尺 4. 测距仪 5. 办公设备 6. 应用办公软件整理数据，编辑勘测报告 7. 对讲机等通信工具
工作方法	1. 理解合同和国家标准《综合布线系统工程设计规范》（GB 50311—2016） 2. 沟通、洽商，进一步明确用户意图 3. 收集、确认相关的工程历史资料 4. 抽检历史资料，确定其可靠性 5. 制订勘测实施方案 6. 三方协商，共同确定勘测实施方案，安排勘测内容、进度等 7. 分工合作，按勘测方案勘测现场 8. 确定和标注施工关键部位，按国家标准的要求随时自检 9. 整理勘测数据，制作勘测文档 10. 参与三方审核，签字确认勘测文档 11. 规范制作勘测报告并提交 12. 进行自我评估与矫正
劳动组织	1. 项目经理领导工程勘测小组 2. 勘测小组分工协作，负责完成网络工程中的勘测工作 3. 勘测小组与公司相关部门有效沟通 4. 建设方、承建方和监理方在网络工程勘测过程中经常沟通

续表

要点	分析
工作要求	1．全面、准确地理解合同中的勘测条款 2．学习并理解国家标准《综合布线系统工程设计规范》（GB 50311—2016），确保勘测质量 3．掌握沟通的方法，能够及时与建设方沟通，明确建设方的实际需求 4．独立、完整地收集与整理工程相关资料 5．正确运用抽样检测法核对资料的可信度 6．了解建设方、监理方的地位和作用，通过三方沟通、协助洽商确认勘测方案 7．全面理解勘测方案，准确把握质量标准和工期 8．独立、按时、规范和保质保量地完成工程现场勘测，严格遵守国家标准《综合布线系统工程设计规范》（GB 50311—2016）的要求，准确使用综合布线规范术语和符号，合理确定并准确标注施工关键点 9．准确记录勘测数据，按照文档规范要求，正确制作勘测文档，认真审核数据，保证无误 10．按规范要求完成勘测报告电子文稿，独立完成勘测报告的公文往复 11．自觉遵守安全生产规则，保持勘测区域的良好环境 12．做事善于思考，讲求质量和效益，努力降低勘测成本

表 3.4　计算机网络技术专业典型职业活动系统描述（网络工程深化设计）

要点	分析
描述	依据合同和勘测报告，制订工程设计方案。三方洽商材料、设备数量和工程费用，形成工程实施方案，为工程施工提供依据。 依据勘测报告，协助设计人员制订工程设计方案，并经三方沟通后确定；依照工程设计方案，独立制作施工平面点位图和点位信息表；依据点位图和点位信息表，在了解材料和设备特性及功能，准确换算各类槽、管等材料容积的基础上，确定布线材料及设备的数量，并独立完成材料清单和设备清单的制作；协助相关人员进行工程成本核算、预算工程费用和描述系统功能，在此基础上绘制系统拓扑图；配合项目部相关工作人员，进行工程项目需求洽商工作及网络工程实施方案的制订；经三方洽商后确定工程实施方案；提交网络工程实施方案并向公司有关部门及时提供材料、设备清单
工作岗位	网络工程师、绘图技术员和网络架构师
工作对象	1．与承建方项目经理、工程勘测、设计人员和建设方相关人员、监理方人员等沟通、合作 2．三方洽谈，确定工程设计方案 3．平面点位图和点位信息表的制作 4．材料清单和设备清单的制作 5．工程费用的预算 6．拓扑图的绘制 7．工程实施方案的制订 8．网络工程实施方案和材料、设备清单的提供

续表

要点	分析
工具	1. 国家标准《综合布线系统工程设计规范》（GB 50311—2016） 2. 工程合同 3. 勘测报告 4. 办公设备 5. 工程绘图软件（AutoCAD、Microsoft Office Visio） 6. 常用办公软件 7. 项目管理软件（Microsoft Project） 8. 对讲机等通信工具
工作方法	1. 理解国家标准《综合布线系统工程设计规范》（GB 50311—2016）和勘测报告 2. 设计工程方案和系统功能 3. 协助三方确认工程设计方案 4. 绘制项目施工平面图及信息表 5. 换算各类槽、管等材料的容积 6. 统计材料、设备的数量 7. 制作材料、设备的清单 8. 描述系统功能，绘制系统拓扑图 9. 协助三方沟通，进行工程项目需求洽商，编制工程实施方案 10. 三方商定，签字确认工程实施方案 11. 提交工程实施方案和材料、设备清单 12. 进行自我评估与矫正
劳动组织	1. 项目经理领导工程设计小组 2. 设计小组分工协作，负责完成网络工程中的设计工作 3. 工程设计小组与公司相关部门有效沟通 4. 建设方、承建方和监理方在网络工程设计过程中反复沟通
工作要求	1. 全面、准确地理解合同中的功能要求 2. 学习并理解国家标准《综合布线系统工程设计规范》（GB 50311—2016），正确、合理完成工程设计 3. 掌握沟通的方法，能够及时与建设方沟通，明确建设方的实际需求，了解监理方的地位和作用，通过三方沟通、协助洽商确认设计方案 4. 准确理解设计方案 5. 熟练使用绘图软件准确制作项目施工平面图、信息表 6. 了解布线材料、设备特性及功能，正确换算各类槽、管等材料的容积 7. 合理统计材料、设备的数量，准确、规范制作材料、设备清单 8. 掌握网络基础知识、分类及特点，掌握网络工程中所涉及的各种设备的工作原理及功能，熟练使用绘图软件绘制各种类型的布线拓扑图 9. 熟练使用项目管理软件 Microsoft Project，按规范要求编制工程实施方案 10. 独立完成工程实施方案的公文往复，并及时向公司有关部门提供材料、设备清单 11. 做事善于思考，讲求质量和效益，努力降低工程成本

表 3.5　计算机网络技术专业典型职业活动系统描述（网络布线）

要点	分析
描述	依据工程实施方案，制订具体的网络布线施工方案。三方配合完成网络布线施工，形成布线施工报告，为后续测试、验收工作提供保证。 依据工程实施方案，结合材料清单，制订具体的网络布线施工方案（含施工计划）；参与三方沟通、洽商，确定施工方案并解决布线材料的变更；三方共同进行布线材料的进场、报验；按照布线施工顺序，进行电缆布放、光缆布放及自检网络布线施工工艺，并请监理方配合，发现问题及时矫正、处理；完整收集、整理实际网络布线施工方案、网络布线图纸等资料，编写布线施工过程文档；完成布线施工，按规范制作布线施工报告，经三方签字确认后以公文形式提交
工作岗位	执行经理、现场工程师、施工工长和布线施工员
工作对象	1．与承建方项目经理、工程施工人员和建设方相关人员、监理方人员等沟通、合作 2．三方洽谈、确定网络布线实施方案 3．进场报验的布线材料 4．依据点位图、表完成布线施工 5．收集、整理实际施工方案，编写布线施工过程文档 6．网络布线施工报告的制作与提交
工具	1．国家标准《综合布线系统工程验收规范》（GB 50312—2016） 2．工程合同 3．网络工程实施方案 4．布线施工工具有煨管器、液压开孔器、套丝机、套管机、锤子、钢锯、活扳手、铅笔、皮尺、钳子、螺钉旋具、水平尺、线坠油标、手电钻、冲击电锤、拉铆器、拉铆钉、梯子、剥皮钳、网线钳、压线钳、打线刀和电烙铁等 5．办公设备 6．常用办公软件 7．对讲机等通信工具
工作方法	1．理解工程实施方案和国家标准《综合布线系统工程验收规范》（GB 50312—2016） 2．制订具体布线实施方案 3．三方沟通，进行洽商，确定布线实施方案和材料的变更 4．三方一同进行布线材料的进场、报验 5．明确布线施工内容、进度等 6．网络布线施工，电缆布放、光缆布放和工艺自检 7．随时检查工程施工安全性、施工工艺及施工质量等，及时矫正施工中不符合规范的问题 8．收集网络布线施工的自检及检查结果，编制布线施工过程文档 9．制作布线施工报告，三方商定、签字，并提交布线施工报告 10．进行自我评估与矫正
劳动组织	1．项目经理领导布线施工小组 2．布线施工小组分工协作，负责完成网络工程中的布线施工工作 3．布线施工小组与公司内部相关部门有效沟通 4．建设方、承建方和监理方在网络布线过程中经常沟通

续表

要点	分析
工作要求	1．全面、准确地理解合同中的布线要求 2．学习并理解国家标准《综合布线系统工程验收规范》（GB 50312—2016），保质保量按时完成布线施工 3．掌握沟通的方法，能够及时与三方沟通、洽商，确认布线施工方案 4．独立组织材料进场，三方一同完成材料的报验 5．正确使用网络布线的各种施工工具，熟练制作各类综合布线信息节点 6．掌握布线施工顺序，合理安排施工工序，及时调整施工分布及日施工量，充分利用材料，节约成本 7．熟练掌握网络电缆、光缆布线施工工艺规范要求，能独立完成施工过程的规范性审核、精确自检 8．能够按施工分步顺序对施工日志、工作周报及施工阶段性报告进行汇总、归档，对施工图纸、点位信息等变更及时记录，正确编写真实、可靠和规范的网络布线施工过程文档和报告 9．独立完成布线施工报告的公文往复 10．保持布线施工现场的整洁，确保施工安全

表 3.6　计算机网络技术专业典型职业活动系统描述（网络布线测试）

要点	分析
描述	依据布线施工报告，工程实施方案，制订测试方案。三方配合完成布线测试，形成布线测试报告，为工程验收提供可靠依据。 依据布线施工报告、工程实施方案，协助测试人员制订具体的布线测试方案（含测试计划）；参与三方沟通，确定布线测试方案；按照国家标准《综合布线系统工程验收规范》（GB 50312—2016）要求，使用布线测试工具，对工程所布放的光缆、电缆等按照布线点位、类型及方式进行核对、测试，并准确记录测试数据；通过分析测试结果，发现不符合规范要求的布线问题，及时调整，并重新测试、记录和进行再调整，保证光缆、电缆传输的所有参数符合国家标准，满足用户要求；根据测试数据，制作综合测试过程文档；按规范制作网络布线测试报告，经三方签字确认后以公文形式提交
工作岗位	布线工程测试员、现场工程师和执行经理
工作对象	1．与承建方项目经理、工程测试人员和建设方相关人员、监理方人员等沟通、合作 2．三方洽谈、确定网络布线测试方案 3．布线测试工具 4．对线缆进行测试 5．测试结果的记录、分析和调整 6．综合测试过程文档的编写 7．网络布线综合测试报告的制作与提交

续表

要点	分析
工具	1．国家标准《综合布线系统工程验收规范》（GB 50312—2016） 2．工程合同、网络布线施工方案 3．测试仪表和设备有万用表、绝缘电阻表、场强测试仪、电桥、网络分析仪和光纤测试仪等 4．办公设备 5．常用办公软件 6．对讲机等通信工具
工作方法	1．理解工程实施方案 2．掌握国家标准《综合布线系统工程验收规范》（GB 50312—2007） 3．制订具体布线测试方案 4．协助三方沟通，确定布线测试方案 5．准备相关测试工具 6．明确测试内容、进度等 7．利用测试工具进行工程线路参数测试，并记录测试数据 8．分析测试结果，准确判断故障点 9．矫正不符合规范要求的布线线缆、点位，并及时进行调整，重新测试，直至合格 10．根据测试数据，编制网络布线测试过程文档 11．制作测试报告，经三方商定、确认后签字并提交 12．进行自我评估与矫正
劳动组织	1．项目经理领导工程测试小组 2．测试小组分工协作，负责完成网络工程中的布线测试工作 3．布线测试小组与公司内部相关部门有效沟通 4．建设方、承建方和监理方在网络布线测试过程中经常沟通
工作要求	1．全面、准确地理解合同中的布线性能要求 2．学习并理解国家标准《综合布线系统工程验收规范》（GB 50312—2016），确保所测参数的准确性和布线质量 3．掌握沟通的方法，能够及时与三方沟通、洽商，确认布线测试方案 4．全面、准确理解布线测试方案 5．明确网络电缆、光缆测试的参数范围和需要的测试工具，熟练掌握电缆、光缆网络测试工具的使用方法 6．熟练掌握网络测试的相关安全操作规范 7．运用检测设备，掌握网络参数测试的操作技巧，独立完成网络工程相关参数的准确测试，保证测试所得数据的可信度 8．准确记录所有测试数据 9．合理分析测试结果，及时、准确判断故障点，及时进行调整，然后重新测试、准确记录，再及时调整，直至合格，满足用户要求 10．全面、准确地收集测试数据，正确制作规范的综合测试过程文档和报告 11．独立完成布线施工报告的公文往复

表 3.7　计算机网络技术专业典型职业活动系统描述（网络设备安装与调试）

要点	分析
描述	依据工程实施方案，制订具体的设备安装、初调方案。三方配合进行网络设备的正确安装与初调，形成设备安装、初调报告，为下一步的终端设备安装提供网络平台。 依据设备清单、工程实施方案，制订具体的设备安装、初调方案（含安装计划）；参与三方沟通确定设备安装、初调方案，洽商、解决设备的变更；按计划对网络设备进行进场报验；按照网络设备相关厂商的安装规范要求进行设备安装；按照系统拓扑图进行设备配线、互联；对设备上电，按照设备安装、初调方案进行网络设备的初步调试，确保设备正常工作，并请监理方配合；完成安装后收集、整理设备安装图纸等资料，编写设备安装、初调过程文档；按规范制作网络设备安装、初调报告，经三方签字确认后以公文形式提交
工作岗位	执行经理、现场工程师、施工工长和布线施工员
工作对象	1．与承建方项目经理、设备安装人员和建设方相关人员、监理方人员等沟通、合作 2．三方洽谈，确定网络设备安装、初调方案 3．按照设备清单，进场报验网络设备 4．按规范进行设备安装、配线、互联和初调 5．网络设备安装、初调过程文档的编写 6．网络设备安装、初调报告的制作与提交
工具	1．网络工程实施方案和企业相关的网络设备安装、调试规范 2．钳子、螺钉旋具和扳手等 3．可与设备通信的配置工具等 4．网络设备安装所需要的图纸、说明书和随机配备的光盘等 5．办公设备 6．常用办公软件 7．对讲机等通信工具
工作方法	1．理解工程实施方案 2．掌握相关企业的安装、调试规范 3．制订具体的网络设备安装、初调方案 4．协助三方洽商，确定网络设备安装、初调方案 5．进场、报验网络设备 6．明确设备安装、初调内容和进度等 7．按网络设备安装、初调方案进行设备安装 8．按系统拓扑图进行设备配线、互联 9．检查、矫正工程施工安全、安装工艺及安装质量等 10．按设备安装、初调方案，进行设备的功能配置与初调 11．收集安装、调试资料，编制网络设备安装、初调过程文档和报告 12．协助三方洽商，确认设备安装、初调报告，签字并提交 13．进行自我评估与矫正
劳动组织	1．项目经理领导网络设备安装小组 2．网络设备安装小组分工协作，负责完成网络工程中网络设备的安装工作

续表

要点	分析
	3．网络设备安装小组与公司内部相关部门有效沟通 4．建设方、承建方和监理方在网络设备安装过程中经常沟通
工作要求	1．熟练掌握知名企业的设备安装、调试规范，确保设备安装质量 2．掌握沟通的方法，能够及时与三方沟通、洽商，确认设备安装方案 3．全面、准确理解网络设备安装、初调方案 4．掌握所安装网络设备的型号、性能等知识，能够独立组织设备进场报验 5．熟练使用网络设备安装的各种工具独立完成设备的安装，并及时、准确地记录网络设备位置更新 6．熟练掌握网络拓扑结构，准确理解网络拓扑图，独立完成网络设备配线、互联 7．严格按照安装规范与步骤，在三方有效沟通的基础上，对网络设备进行准确安装与合理的初步调试 8．全面、准确地收集设备安装图纸等资料，正确地编制真实、可靠和规范的网络设备安装、初调文档和报告 9．独立完成网络设备安装，初调报告的公文往复 10．保证设备安装现场整洁，注意设备安装现场的安全 11．做事善于思考，讲求质量和效益，努力降低设备安装和初调成本

表 3.8　计算机网络技术专业典型职业活动系统描述（终端安装与测试）

要点	分析
描述	依据工程实施方案，制订具体的终端安装与测试方案。三方配合进行终端设备的正确安装与测试，形成终端安装、测试报告，为系统调试做好准备。 依据设备清单、工程实施方案，制订具体的终端安装方案（含安装计划）；参与三方沟通，确定终端安装测试方案，并洽商、解决终端的变更；按计划对终端进行进场报验；按照终端相关厂商的安装规范要求进行终端安装；利用网络环境为终端快速、正确地安装用户所需的操作系统和应用软件；按照厂家标准，进行 48 小时不断电热测试，请监理方配合，正确分析数据，及时调整，直至用户满意；根据热测试的数据制作终端安装、测试文档；按规范制作终端安装、测试报告，经三方签字确认后以公文形式提交
工作岗位	执行经理、现场工程师、施工工长和布线施工员
工作对象	1．与承建方项目经理、设备安装人员和建设方相关人员、监理方人员等沟通、合作 2．三方洽谈、确定终端安装、测试方案 3．按照设备清单，进场报验终端设备 4．按规范进行终端、操作系统和应用软件的安装 5．按厂家标准热测试终端，分析、调整测试数据 6．终端安装、测试文档的编制 7．终端安装、测试报告的编制与提交
工具	1．企业相关的终端安装、调试规范 2．钳子、螺钉旋具和扳手等

续表

要点	分析
	3．可与设备通信的配置工具等 4．终端设备安装所需要的图纸、说明书、随机配备的光盘、驱动程序、系统盘和应用软件安装盘等 5．办公设备 6．常用办公软件 7．对讲机等通信工具
工作方法	1．理解工程实施方案 2．掌握相关企业的安装、调试规范 3．制订具体的终端设备安装、初调方案 4．协助三方洽商，确定终端设备安装、初调方案 5．进场报验终端设备 6．明确终端安装、测试内容和进度等 7．按终端安装、测试方案进行安装 8．按系统功能描述要求安装用户所需的操作系统软件及相关应用软件 9．检查、矫正终端安装工艺及安装质量、安全等 10．不断电热测试终端并正确分析数据，及时调整 11．整理并编写终端安装、测试过程文档和测试报告 12．协助三方洽商，确认终端安装、测试报告，签字并提交 13．进行自我评估与矫正
劳动组织	1．项目经理领导终端设备安装与调试小组 2．终端设备安装与调试小组分工协作，负责完成网络工程中终端设备的安装与调试工作 3．终端设备安装与调试小组与公司内部相关部门有效沟通 4．建设方、承建方和监理方在终端设备安装与调试过程中经常沟通
工作要求	1．熟练掌握知名企业的终端安装、测试规范，确保终端安装、测试质量 2．掌握三方沟通的技巧，能够及时与三方沟通、洽商，确认终端安装、测试方案 3．全面、准确地理解终端设备安装、测试方案 4．掌握所安装终端的型号、性能等知识，能够独立组织设备进场报验 5．熟练使用终端安装的各种工具，独立完成终端的安装，并及时、准确地记录终端位置更新 6．掌握终端安装规范要求、安装顺序，明确施工工序 7．严格按照安装规范与步骤，利用网络快速、准确地为终端安装用户所需的操作系统及应用软件，并进行终端热测试 8．正确分析热测试数据，发现问题及时调整，确保用户满意 9．全面、准确地收集终端安装图纸等资料，编制真实、可靠和规范的终端安装、测试文档和报告 10．独立完成终端安装、测试报告的公文往复 11．保证终端安装现场整洁，注意终端安装现场的安全 12．做事善于思考，讲求质量和效益，努力降低终端安装和测试成本

表 3.9　计算机网络技术专业典型职业活动系统描述（系统调试）

要点	分析
描述	依据系统拓扑图和功能描述，制订系统调试方案。三方配合进行系统的调试、优化和测试，形成系统调试报告，确保工程完成后可按照用户需求正确、可靠地运行。 依据系统拓扑图和功能描述，制订具体的系统调试方案；参与三方沟通、确定系统调试方案；按照调试方案和企业相关标准对终端、网络进行调试；对网络设备分部、分模块进行功能模块调试；分部、分模块调试无误后，配合网络工程师进行系统联调；配合网络工程师对已知问题分析，进行系统优化，调整到最佳运行效果；依据工程合同对系统进行全面测试、准确记录和合理分析并及时调整，直至用户满意；收集、整理调试各阶段数据，编写系统调试过程文档；按规范制作系统调试报告，经三方签字确认后以公文形式提交
工作岗位	执行经理、现场工程师、施工工长和布线施工员
工作对象	1. 与承建方项目经理、系统调试人员和建设方相关人员、监理方人员等沟通、合作 2. 三方洽谈，确定系统调试方案 3. 施工现场安装好的网络设备和终端、驱动程序、操作系统和应用软件等 4. 按照调试方案，对终端、网络和设备分部调试、系统联调和优化、调整 5. 测试系统并记录、调整 6. 系统调试过程文档的编制 7. 系统调试报告的编制与提交
工具	1. 企业相关的系统调试规范 2. 工程合同 3. 企业相关的设备安装、调试手册 4. 系统拓扑图及功能描述 5. 网络设备安装初调报告、终端设备安装测试报告 6. 钳子、螺钉旋具、扳手和可与设备通信的配置工具等 7. 办公设备 8. 常用办公软件 9. 对讲机等通信工具
工作方法	1. 理解企业相关的系统调试规范 2. 理解工程实施方案 3. 掌握相关企业的安装、调试规范 4. 制订系统调试方案 5. 对终端、网络进行调试 6. 对网络设备分部进行功能模块调试 7. 参与完成系统联调、系统优化调整工作 8. 按功能需求描述，进行系统整体测试 9. 收集、整理系统调试各阶段数据，编制系统调试过程文档和报告 10. 协助三方洽商，确认报告，签字并提交 11. 进行自我评估与矫正

续表

要点	分析
劳动组织	1．项目经理领导系统调试小组 2．系统调试小组分工协作，负责完成网络工程中系统的调试与优化工作 3．系统调试小组与公司内部相关部门有效沟通 4．建设方、承建方和监理方在系统调试过程中经常沟通
工作要求	1．全面、准确地理解合同中的功能要求 2．学习并理解知名企业的系统调试规范，确保网络工程质量 3．掌握三方沟通的技巧 4．准确理解网络工程系统拓扑图及功能描述 5．能够在网络工程师的指导下，依据系统拓扑图和功能描述，制订正确的系统调试方案 6．能够对网络工程系统的分部（含服务器、网络设备和网站）进行准确调试 7．能够快速、准确地完成分部系统的功能测试工作 8．能够配合网络工程师，进行正确的系统联调及系统优化调整 9．掌握系统测试流程，能够正确记录系统调试运行的参数 10．全面、准确地记录施工图纸和设备位置更新等信息，合理分析系统试运行采集的数据，编制真实、可靠和规范的系统调试过程文档和报告 11．独立完成系统调试报告的公文往复 12．保证系统调试现场整洁、有序和操作规范、安全 13．做事善于思考，讲求质量和效益，努力降低系统调试成本

表 3.10　计算机网络技术专业典型职业活动系统描述（网络工程售后服务）

要点	分析
描述	网络工程交付建设方使用过程中，若出现问题，由售后服务人员接待、预处理决定采取哪种方式为顾客提供更好的服务，服务完成后建立档案归档服务记录。 严格按照公司售后服务条款要求，热情、规范地接待报修的客户；针对客户反映的问题，认真记录，进行服务预处理，判断采取何种售后服务方式来解决问题。例如，可以利用电话远程服务进行故障解决；利用上门服务进行直观的问题判断、解决；利用备件服务，采取易损备件的排除法及逆行项目售后服务管理；利用资料服务为建设方今后的系统升级、操作手册查询等提供技术支持等；在做好上述服务的同时，为客户当面验试，直至客户满意，还要对每项服务进行记录和归档，以便更好地为客户提供优质的服务
工作岗位	售后维护工程师、售后服务客服热线和售后巡检工程师
工作对象	1．与承建方项目经理、售后服务人员和建设方相关人员等沟通、合作 2．工程使用的最终用户 3．网络工程中涉及的所有设备及其相关资料 4．接待客户报修并记录，决定合适的售后服务方式 5．需处置的售后服务方式 6．为客户排除故障并归档维修服务记录 7．记录故障信息及服务内容等信息的各种文档、表格

续表

要点	分析
工具	1. 国家及行业的相关售后服务规范、保修政策等 2. 电话、传真机等通信工具 3. 各种维修工具，如设备配置工具、万用表、红光笔及拆装工具 4. 易损备件、常规替换设备 5. 各种软件及文档资料 6. 办公设备
工作方法	1. 理解企业售后服务条款、保修政策等内容 2. 利用专业的服务用语接待报修客户，记录客户的各种有效信息和反映的故障现象等 3. 熟悉网络工程终端安装和调试方案及系统调试情况 4. 判断故障的范畴与关键点 5. 查询项目通信录及资料，确认故障归属 6. 依据故障的性质，联系有关服务人员或部门，合理安排服务形式与时间 7. 电话答疑排除用户故障 8. 上门维修设备，排除用户故障并记录服务信息 9. 更换故障设备及部件，为客户当面验试，直至客户满意，并记录更换信息 10. 为客户提供系统升级、操作手册查询等进一步的服务 11. 整理服务记录并归档
劳动组织	1. 部门经理领导售后服务团队 2. 售后服务部门分工协作，负责建设方的售后服务与技术支持工作 3. 售后服务部门与公司内部相关部门经常沟通
工作要求	1. 全面、准确地理解合同中的售后服务条款 2. 具有较强的语言表达能力，掌握售后服务专用语言，正确表达，规范接待客户，使其满意 3. 初步判断故障，耐心回答客户问题，介绍网络使用、维护注意问题，确保客户满意 4. 了解公司售后服务组织关系，合理选择、安排恰当的售后服务方式 5. 具有一定的专业技能，掌握主流网络设备、终端设备的参数及简单配置要求，能够识别和判断常见的网络链路故障、网络设备故障、服务器故障和操作系统故障等，并初步掌握上述故障的解决方法 6. 具有较强的时间观念和法律意识，讲求质量和效益，努力降低客户维修成本 7. 具有较强的客户意识，全面、准确地记录报修客户的有效信息，客观、清晰地记录客户的故障信息，并有序归档

2. 课程结构设计

教育部教职成〔2009〕2 号《教育部关于制定中等职业学校教学计划的原则意见》将中等职业学校的课程设置分为公共基础课程和专业技能课程两类，并规定公共基础课程中的必修课按照国家统一要求安排，学生应达到国家规定的基本要求。“专业技能课程的任务是培养学生掌握必要的专业知识和比较熟练的职业技能，提高学生就业创业的能力和适应职业变化的能力。应当按照相应职业岗位（群）的能力要求，采用基础平台加专门化方向的课程结构，设置专业技能课程。”[①]据

① 教职成〔2009〕2 号《教育部关于制定中等职业学校教学计划的原则意见》.

此，中等职业教育计算机网络技术专业的课程体系整体模式如图 3.3 所示。

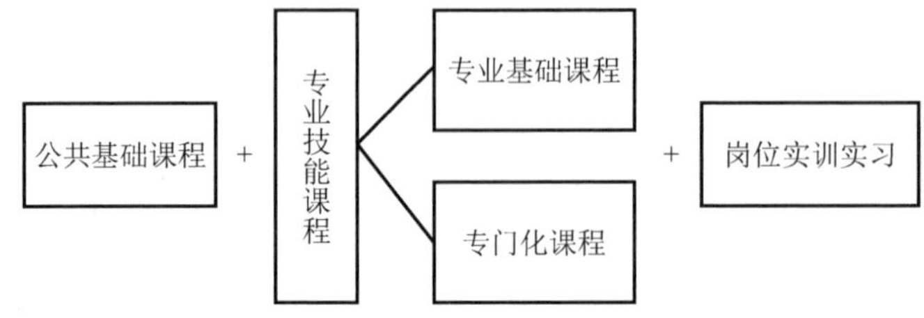

图 3.3　中等职业教育计算机网络技术专业的课程体系整体模式

其中，公共基础课程按照国家相关政策和计算机网络技术专业人才素质需求开设，专业技能课程按照计算机网络技术专业毕业生就业岗位需求与职业生涯发展领域开设，形成专业基础课程加专门化课程（包括专业核心课程和专业拓展课程）的课程体系结构。专业基础课程为计算机网络技术专业通用课程，专业核心课程是为适应各专门化方向职业岗位（群）能力要求的定制专业课程，专业拓展课程是为满足学生职业生涯发展所需要的专业提高课程。计算机网络技术专业课程体系如表 3.11 所示。其中，“通用网络技术”学习方案如表 3.12～表 3.15 所示。

表 3.11　计算机网络技术专业课程体系构成表

课程类别	序号	课程名称	对应的典型职业活动	参考学时
专业基础课程	1	网络技术常用工具软件	对应所有典型职业活动	36
	2	网络技术专用英语		36
	3	网页制作		72
	4	通用网络技术		54
	小计			198
专业核心课程	1	网络工程勘测与深化设计	网络工程勘测、网络工程深化设计	126
	2	网络布线与测试	网络布线、网络布线测试	162
	3	网络设备安装与调试	网络设备安装与调试	144
	4	终端安装与测试	终端安装与测试	126
	5	系统调试	系统调试	162
	6	网络工程售后服务	网络工程售后服务	54
	小计			774
专业拓展课程	1	网络安全与防御		36
	2	网站程序开发		198
	小计			234
合计				1206

表 3.12　“通用网络技术”（学习方案 1）

课程名称	通用网络技术	总学时	54
学习单元名称	家庭用户如何上网	学习单元学时	12
单元目标	知识目标： 1．了解计算机网络的形成和发展、功能、分类及基本组成 2．了解计算机网络安全的基础知识 3．掌握 IP 地址的组成和分类 4．熟悉子网掩码的作用 5．了解二进制、十进制之间转换的方法 能力目标： 1．知道家庭上网的几种方式、所需设备、办理上网的手续及收费标准等 2．具备搭建拨号和 ADSL 单机上网的能力 3．具备安装无线网卡配置家庭无线网络的能力 4．具备设置宽带路由器实现家庭多台机器上网的能力 5．具备安装、配置、更新和卸载计算机网络杀毒软件的能力，确保计算机上网的安全 情感态度价值观： 1．培养正确的工作态度，能参与到小组合作中，并能按时完成任务 2．培养团队合作的精神，在完成任务的过程中，有分工合作的意识 3．培养的安全意识，在完成任务过程中注意用电的安全 4．培养的服务意识，小组长能协调小组成员有条不紊地进行工作，并能主动帮助学习有困难的同学		
工作任务	家庭用户单机 ADSL 上网、家庭用户单机无线上网、家庭用户多机 ADSL 上网、家庭用户多机无线上网		
学习单元课程内容	学生在教师的指导下通过收集家庭用户对计算机上网的需求，了解家庭上网的方式和实现方法，并组建家庭单机和多机上网的环境，实现用户上网需求。同时结合网络，搜集有关学习资料，了解计算机网络的形成和发展、功能、分类和基本组成，了解网络安全的基础知识		
教学成果形式	在规定时间内配置好各种家庭用户上网环境，并写出实训报告	教学地点（环境要求）	
教学材料	工作页、任务书、实验报告、参考网站、教学课件、参考教材和相关文档规范	1．多媒体机房（有投影设备，有局域网，能上网） 2．配备调制解调器、无线路由器 3．适合分组合作工作的模拟环境	
工具准备	调制解调器、无线路由器、网线、纸和笔等		

续表

学情分析	大部分学生家里有计算机且可以上网，学生都有上网的体验，但不知道如何组建家庭上网环境。因此，自己家的计算机无法上网后，多数学生不知所措，他们都很希望了解家庭用户是如何实现上网需求的。所以在本单元的学习中，教师通过引入这些贴近学生生活的问题，来激发学生学习兴趣，并通过完成一个个小任务对学生进行技能训练，以提高能力，培养职业习惯。另外，学生对于网络的基础理论知识知之甚少，且不感兴趣，应通过动手操作，体验过程，引导学生主动探究相关的理论知识，达到从操作中学习领会知识，用知识指导操作并解决操作中的困难和问题的效果		
教师能力要求	教师应具备中等职业学校教师资格证书；具备基本网络环境组建的能力和经验，具有良好的师德、积极进取精神和奉献精神，具备行动导向课程的教学设计、实施和组织能力，熟悉计算机网络的基本组成及基础知识，能够进行相关实验、实训的设计及操作，并能够对课程的实施情况进行总结和反思		
单元教学实施步骤	教学过程	教法建议	学时
明确任务	1．学生分组，选出组长，确定组名及口号 2．教师创设情境，提出问题：如果你家要上网，如何实现 3．学生讨论、分工，设计调查表，并自行上网查找资料，填写完成调查表	整个教学过程遵循工作过程的操作，采用项目教学法进行。在课程开始前，教师要准备好所有相关材料、教程供学生自学使用。 在教学过程中，教师要始终坚持以学生为主体的教学思想，同时要密切关注学生的动向，在适当的时候给予一定的指导，但绝不可代替学生进行工作	1
收集信息	学生上网收集每种方式的实现方法，所需材料、费用等信息，并列出详细的设备清单和操作流程		2
制订计划并决策	教师帮助学生分析并共同确定每种实现方法所需的设备及详细的操作流程		2
组织实施	每组学生按照流程进行家庭用户每种上网方式的实现，并写出详细的实训报告		4
检查与评价	学生展示每项工作文档（如用户上网调查表、实训报告等），教师和学生对每组的成果及表现进行评价，对工作过程中出现的问题进行解决，对习得的经验及时总结，并对其中涉及的网络知识进行学习		3

续表

考核内容	占单元成绩百分比/%	考核方式	评价标准			单元成绩占总成绩百分比/%
			优秀	良好	合格	
家庭用户单机ADSL上网	25	上机实际操作并结合实训报告	小组合作良好，每个成员都能积极参与，操作规范、标准，操作中守纪有序且环境卫生良好。 实训报告内容正确、详细、完整，条理清晰，对操作中遇到的问题、解决方法、经验和技巧等有所说明，并在规定的时间内完成	小组合作良好，每个成员都能积极参与，操作规范，操作中守纪有序且环境卫生良好。 实训报告内容正确、详细、完整，条理清晰，并在规定的时间内完成	小组合作良好，操作正确，操作中守纪有序且环境卫生良好。 实训报告内容正确、完整，条理清晰，并在规定的时间内完成	
家庭用户单机无线上网	25	上机实际操作并结合实训报告	小组合作良好，每个成员都能积极参与，操作规范、标准，操作中守纪有序且环境卫生良好。 实训报告内容正确、详细、完整，条理清晰，对操作中遇到的问题、解决方法、经验和技巧等有所说明，并在规定的时间内完成	小组合作良好，每个成员都能积极参与，操作规范，操作中守纪有序且环境卫生良好。 实训报告内容正确、详细、完整，条理清晰，并在规定的时间内完成	小组合作良好，操作正确，操作中守纪有序且环境卫生良好。 实训报告内容正确、完整，条理清晰，并在规定的时间内完成	
家庭用户多机ADSL上网	25	上机实际操作并结合实训报告	小组合作良好，每个成员都能积极参与，操作规范、标准，操作中守纪有序且环境卫生良好。 实训报告内容正确、详细、完整，条理清晰，对操作中遇到的问题、解决方法、经验和技巧等有所说明，并在规定的时间内完成	小组合作良好，每个成员都能积极参与，操作规范，操作中守纪有序且环境卫生良好。 实训报告内容正确、详细、完整，条理清晰，并在规定的时间内完成	小组合作良好，操作正确，操作中守纪有序且环境卫生良好。 实训报告内容正确、完整，条理清晰，并在规定的时间内完成	

续表

考核内容	占单元成绩百分比/%	考核方式	评价标准			单元成绩占总成绩百分比/%
			优秀	良好	合格	
家庭用户多机无线上网	25	上机实际操作并结合实训报告	小组合作良好，每个成员都能积极参与，操作规范、标准，操作中守纪有序且环境卫生良好。 实训报告内容正确、详细、完整，条理清晰，对操作中遇到的问题、解决方法、经验和技巧等有所说明，并在规定的时间内完成	小组合作良好，每个成员都能积极参与，操作规范，操作中守纪有序且环境卫生良好。 实训报告内容正确、详细、完整，条理清晰，并在规定的时间内完成	小组合作良好，操作正确，操作中守纪有序且环境卫生良好。 实训报告内容正确、完整，条理清晰，并在规定的时间内完成	

表 3.13 “通用网络技术”（学习方案 2）

课程名称	通用网络技术	总学时	54
学习单元名称	企业用户如何上网	学习单元学时	12
单元目标	知识目标： 1. 了解计算机网络体系结构与协议的概念 2. 掌握 OSI、TCP/IP 参考模型的概念 3. 了解网络中常用的通信协议 4. 掌握 7 层的功能及数据传输过程 5. 掌握局域网概念、特点、基本组成和分类 6. 了解局域网中的传输介质 7. 了解网络互联设备 8. 能够利用 IP 地址划分子网 9. 了解网络安全措施，如数据加密、防火墙和入侵检测等技术		

续表

	能力目标： 1．知道中小型企业上网的几种方式和所需设备等 2．具备设置双机通过双绞线互联的能力 3．具备根据需求确定网络拓扑结构的能力 4．具备搭建小型局域网的能力 5．具备设置局域网内文件夹共享、打印机共享的能力 情感态度价值观： 1．培养认真负责的工作态度，能积极参与小组合作，并能认真仔细地完成任务 2．培养团队合作的精神，在完成任务的过程中，能分工合作，共同完成任务 3．培养的安全意识，在完成任务过程中注意用电的安全 4．培养的服务意识，小组长能协调小组成员有条不紊地进行工作，并能主动帮助学习有困难的同学	
工作任务	企业 ADSL 上网、企业有线上网、企业光纤上网、企业无线上网	
学习单元 课程内容	学生在教师的指导下，通过收集中小企业上网的方式，了解搭建中小型网络的方法和所需设备，并能组建中小企业网络，实现用户需求。同时，结合组网过程，了解和学习计算机网络体系结构与协议的概念，OSI、TCP/IP 参考模型的概念，各层的功能及数据传输过程；了解网络中常用的通信协议；学习局域网概念、特点、基本组成、分类、局域网中的传输介质、网络互联设备和 IP 地址，利用 IP 地址划分子网等内容；进行局域网内文件夹共享、打印机共享的设置；了解网络安全措施	
教学成果形式	在规定时间内配置好各种中小企业上网环境，并写出实训报告	教学地点（环境要求）
教学材料	工作页、任务书、实验报告、参考网站、教学课件、参考教材和相关文档规范	1．多媒体机房（有投影设备，有局域网，能上网） 2．配调制解调器、交换机、路由器和无线路由器 3．适合分组合作工作的模拟环境
工具准备	调制解调器、交换机、路由器、无线路由器、网线、纸和笔等	

续表

学情分析	学生在学习了家庭用户如何上网后，对网络有了一个基本的认识。但仅解决了如何接入网络的困惑，对于网络的体系结构、信息的传输过程及网络的基础架构并不了解。通过本单元的学习，使学生进一步深入学习网络的理论知识，并通过动手操作，掌握网络的基本组建流程及简单的常见应用，如文件及打印共享设置		
教师能力要求	教师应具备中等职业学校教师资格证书；具备基本网络环境组建的能力和经验，具有良好的师德、积极进取精神和奉献精神，具备行动导向课程的教学设计、实施和组织能力，熟悉计算机网络的体系结构和信息的传输过程，对中小企业网络的架构有清楚的了解，能够进行相关实验、实训的设计及操作，并能够对课程的实施情况进行总结和反思		
单元教学实施步骤	教学过程	教法建议	学时
明确任务	1. 教师创设情境，提出问题：企业用户是如何实现上网需求的 2. 学生讨论、分工，设计调查表，并自行上网查找资料，填写完成调查表	整个教学过程遵循工作过程的操作，采用项目教学法进行。在课程开始前，教师要准备好所有相关材料、教程供学生自学使用。 在教学过程中，教师要始终坚持以学生为主体的教学思想，同时要密切关注学生的动向，在适当的时候给予一定的指导，但绝不可代替学生进行工作	1
收集信息	学生上网收集每种方式的实现方法，所需材料、费用等信息，并列出详细的设备清单和操作流程		2
制订计划并做出决策	教师帮助学生分析并共同确定每种实现方法所需的设备及详细的操作流程		2
组织实施	每组学生按照流程进行企业用户每种上网方式的实现，并写出详细的实训报告		4
检查与评价	学生展示每项工作文档（如用户上网调查表、实训报告等），教师和学生对每组的成果及表现进行评价，对工作过程中出现的问题进行解决，对习得的经验及时总结，并对其中涉及的网络知识进行学习		3

续表

考核内容	占单元成绩百分比/%	考核方式	评价标准			单元成绩占总成绩百分比/%
			优秀	良好	合格	
企业 ADSL 上网	25	上机实际操作并结合实训报告	小组合作良好，每个成员都能积极参与，操作规范、标准，操作中守纪有序且环境卫生良好。 实训报告内容正确、详细、完整，条理清晰，对操作中遇到的问题、解决方法、经验和技巧等有所说明，并在规定的时间内完成	小组合作良好，每个成员都能积极参与，操作规范，操作中守纪有序且环境卫生良好。 实训报告内容正确、详细、完整，条理清晰，并在规定的时间内完成	小组合作良好，操作正确，操作中守纪有序且环境卫生良好。 实训报告内容正确、完整，条理清晰，并在规定的时间内完成	
企业有线上网	25	上机实际操作并结合实训报告	小组合作良好，每个成员都能积极参与，操作规范、标准，操作中守纪有序且环境卫生良好。 实训报告内容正确、详细、完整，条理清晰，对操作中遇到的问题、解决方法、经验和技巧等有所说明，并在规定的时间内完成	小组合作良好，每个成员都能积极参与，操作规范，操作中守纪有序且环境卫生良好。 实训报告内容正确、详细、完整，条理清晰，并在规定的时间内完成	小组合作良好，操作正确，操作中守纪有序且环境卫生良好。 实训报告内容正确、完整，条理清晰，并在规定的时间内完成	

续表

考核内容	占单元成绩百分比/%	考核方式	评价标准			单元成绩占总成绩百分比/%
			优秀	良好	合格	
企业光纤上网	25	上机实际操作并结合实训报告	小组合作良好，每个成员都能积极参与，操作规范、标准，操作中守纪有序且环境卫生良好。 实训报告内容正确、详细、完整，条理清晰，对操作中遇到的问题、解决方法、经验和技巧等有所说明，并在规定的时间内完成	小组合作良好，每个成员都能积极参与，操作规范，操作中守纪有序且环境卫生良好。 实训报告内容正确、详细、完整，条理清晰，并在规定的时间内完成	小组合作良好，操作正确，操作中守纪有序且环境卫生良好。 实训报告内容正确、完整，条理清晰，并在规定的时间内完成	
企业无线上网	25	上机实际操作并结合实训报告	小组合作良好，每个成员都能积极参与，操作规范、标准，操作中守纪有序且环境卫生良好。 实训报告内容正确、详细、完整，条理清晰，对操作中遇到的问题、解决方法、经验和技巧等有所说明，并在规定的时间内完成	小组合作良好，每个成员都能积极参与，操作规范，操作中守纪有序且环境卫生良好。 实训报告内容正确、详细、完整，条理清晰，并在规定的时间内完成	小组合作良好，操作正确，操作中守纪有序且环境卫生良好。 实训报告内容正确、完整，条理清晰，并在规定的时间内完成	

表 3.14　“通用网络技术”（学习方案 3）

<table>
<tr><td>课程名称</td><td colspan="2">通用网络技术</td><td>总学时</td><td>54</td></tr>
<tr><td>学习单元名称</td><td colspan="2">某公司计算机销售数据库管理系统的创建和使用</td><td>学习单元学时</td><td>15</td></tr>
<tr><td>单元目标</td><td colspan="4">知识目标：
1．了解 Access 数据库
2．掌握使用数据库管理系统创建数据库，建立数据表
3．掌握数据的查看、排序和筛选
4．掌握数据库中记录维护、表结构维护
5．掌握建立数据表间关系的方法
6．了解创建查询和报表的方法
能力目标：
1．具备根据需求创建数据库的能力
2．具备使用建立的数据库进行基本数据管理的能力
情感态度价值观：
1．培养认真负责的工作态度，能积极参与小组合作，并能认真仔细地完成任务
2．培养团队合作的精神，在完成任务的过程中，能分工合作共同完成任务
3．培养的安全意识，在完成任务过程中注意用电的安全
4．培养的服务意识，小组长能协调小组成员有条不紊地进行工作，并能主动帮助学习有困难的同学</td></tr>
<tr><td>工作任务</td><td colspan="4">某公司计算机销售数据库的创建（包括数据表），根据工作需求对数据进行编辑和查看，根据需求查询所需要的数据，根据需求创建报表</td></tr>
<tr><td>学习单元课程内容</td><td colspan="4">学生在教师的指导下通过分析某公司计算机销售的数据管理需求，进行数据库管理系统搭建。学习数据库的基础知识，使用数据库管理系统创建数据库、建立数据表，进行数据查看、排序和筛选，以及记录维护、表结构维护和建立数据表间关系的方法，了解创建查询和报表的方法</td></tr>
<tr><td>教学成果形式</td><td>创建数据库、数据表、查询表和数据报表，并最终形成工作页</td><td colspan="3">教学地点（环境要求）</td></tr>
<tr><td>教学材料</td><td>工作页、任务书、实验报告、参考网站、教学课件、参考教材和相关文档规范</td><td colspan="3" rowspan="2">1．多媒体机房（有投影设备，有局域网，能上网）
2．每台计算机都安装有数据库软件</td></tr>
<tr><td>工具准备</td><td>PC、Access 软件、纸和笔等</td></tr>
</table>

续表

<table>
<tr><td>学情分析</td><td colspan="6">大多数学生对于数据库没有概念，不知道数据库可以做什么用。通过本单元的学习，使学生对数据库有一个感性认识，通过一个案例，以做项目的方式，使学生会使用 Access 软件创建数据库，并对数据库中的数据按照不同的要求进行处理</td></tr>
<tr><td>教师能力要求</td><td colspan="6">教师应具备中等职业学校教师资格证书；具备基本网络环境组建的能力和经验，具有良好的师德、积极进取精神和奉献精神，具备行动导向课程的教学设计、实施和组织能力，熟悉 Access 软件数据库应用软件，能够进行相关实验、实训的设计及操作，并能够对课程的实施情况进行总结和反思</td></tr>
<tr><td>单元教学实施步骤</td><td colspan="4">教学过程</td><td>教法建议</td><td>学时</td></tr>
<tr><td>明确任务并收集信息</td><td colspan="4">1. 教师创设情境，提出一个案例，某公司有许多数据要求处理，如何使数据处理简单高效
2. 学生讨论，并自行上网查找有关数据库的资料，确定自己的实现方式</td><td rowspan="7">整个教学过程遵循工作过程的操作，采用项目教学法进行。在课程开始前，教师要准备好所有相关材料、教程供学生自学使用。
在教学过程中，教师要始终坚持以学生为主体的教学思想，同时要密切关注学生的动向，在适当的时候给予一定的指导，但绝不可代替学生进行工作</td><td>1</td></tr>
<tr><td>制订计划并决策</td><td colspan="4">教师帮助学生分析并共同确定实现方法和操作流程</td><td>1</td></tr>
<tr><td rowspan="4">组织实施</td><td colspan="4">每组学生按照流程进行数据库的创建和实现，并写出详细的工作页文档：数据库的创建及表的创建</td><td>2</td></tr>
<tr><td colspan="4">数据的修改与编辑</td><td>2</td></tr>
<tr><td colspan="4">数据的查询</td><td>6</td></tr>
<tr><td colspan="4">报表的使用</td><td>2</td></tr>
<tr><td>检查与评价</td><td colspan="4">学生展示每项工作页文档，教师和学生对每组的成果及表现进行评价</td><td>1</td></tr>
<tr><td rowspan="2">考核内容</td><td rowspan="2">占单元成绩百分比/%</td><td rowspan="2">考核方式</td><td colspan="3">评价标准</td><td rowspan="2">单元成绩占总成绩百分比/%</td></tr>
<tr><td>优秀</td><td>良好</td><td>合格</td></tr>
<tr><td>某公司计算机销售数据库工作页</td><td>100</td><td>工作页</td><td>小组合作良好，每个成员都能积极参与，操作规范、标准，操作中守纪有序且环境卫生良好</td><td>小组合作良好，每个成员都能积极参与，操作规范，操作中守纪有序且环境卫生良好</td><td>小组合作良好，操作正确，操作中守纪有序且环境卫生良好</td><td>30</td></tr>
</table>

续表

考核内容	占单元成绩百分比/%	考核方式	评价标准			单元成绩占总成绩百分比/%
			优秀	良好	合格	
某公司计算机销售数据库工作页	100	工作页	工作页内容正确、详细、完整，条理清晰，对操作中遇到问题、解决方法、经验和技巧等有所说明，并在规定时间内完成	工作页内容正确、详细、完整，条理清晰，并在规定的时间内完成	工作页内容正确、完整，条理清晰，并在规定的时间内完成	30

表 3.15　“通用网络技术”（学习方案 4）

课程名称	通用网络技术	总学时	54
学习单元名称	某公司网络操作系统环境的搭建	学习单元学时	15
单元目标	知识目标： 1．掌握 Windows Server 2008 操作系统的安装与卸载 2．掌握 Windows Server 2008 简单的系统配置 3．掌握 Windows Server 2008 账户的简单管理，如用户、组的创建和设置等 4．掌握 Linux 操作系统的安装、卸载及常用命令 5．掌握 Linux 几种常用命令 6．掌握 Linux 下的 X-Windows 图形界面的基本操作 能力目标： 1．具备独立安装、卸载 Windows Server 2008 网络操作系统的能力 2．具备在 Windows Server 2008 环境下独立进行用户、组的相关操作的能力 3．具备独立安装、卸载 Linux 网络操作系统的能力 4．具备使用 Linux 网络操作系统常用命令进行系统查询、目录和用户管理的能力		

续表

	情感态度价值观： 1. 培养认真负责的工作态度，能积极参与小组合作，并能认真仔细地完成任务 2. 培养团队合作的精神，在完成任务的过程中，能分工合作共同完成任务 3. 培养的安全意识，在完成任务过程中注意用电的安全 4. 培养的服务意识，小组长能协调小组成员有条不紊地进行工作，并能主动帮助学习有困难的同学		
工作任务	某公司 Windows 网络操作系统环境搭建工作页，某公司 Linux 网络操作系统环境搭建工作页		
学习单元课程内容	学生在教师的指导下，通过分析用户需求，进行常见网络操作系统的搭建。学习 Windows 和 Linux 网络操作系统的安装、卸载等内容，并能在 Windows 网络操作系统环境下进行简单的系统配置、账号管理等简单操作；在 Linux 环境下，能使用命令进行系统查询和目录、用户管理等		
教学成果形式	安装网络操作系统，进行系统设置，创建用户和组，并最终形成工作页	教学地点（环境要求）	
教学材料	工作页、任务书、实验报告、参考网站、教学课件、参考教材和相关文档规范	1. 多媒体机房（有投影设备，有局域网，能上网） 2. 每台计算机安装有虚拟机软件和 Windows/Linux 操作系统的镜像文件	
工具准备	PC、虚拟机软件、Windows/Linux 操作系统安装盘或镜像文件、纸和笔等		
学情分析	大多数学生对于网络操作系统没有概念或认识模糊，不知道网络操作系统到底是做什么用的。通过本单元的学习，使学生对网络常见的 Windows/Linux 操作系统数据库有一个感性认识。通过一个案例，以做项目的方式，使学生学会安装网络操作系统，并会对系统进行简单的配置		
教师能力要求	教师应具备中等职业学校教师资格证书；具备基本网络环境组建的能力和经验，具有良好的师德、积极进取精神和奉献精神，具备行动导向课程的教学设计、实施和组织能力，熟悉 Windows 和 Linux 操作系统，能够进行相关实验、实训的设计及操作，并能够对课程的实施情况进行总结和反思		
单元教学实施步骤	教学过程	教法建议	学时
明确任务并收集信息	1. 教师创设情景，提出一个案例：某公司为了安全起见，需要配置相同的两套网络操作系统，如何实现 2. 学生讨论，并自行上网查找有关数据库的资料，确定自己的实现方式	整个教学过程遵循工作过程的操作，采用项目教学法进行。在课程开始前，教师要准备好所有相关材料、教程供学生自学使用	1

续表

单元教学实施步骤	教学过程	教法建议	学时
制订计划并决策	教师帮助学生分析并共同确定实现方法和操作流程	在教学过程中，教师要始终坚持以学生为主体的教学思想，同时要密切关注学生动向，在适当的时候给予一定的指导，但绝不可代替学生进行工作	1
组织实施	每组学生按照流程进行数据库的创建和实现，并写出详细的工作页文档：Windows Server 2008 安装与卸载		2
	系统配置		2
	用户管理		2
	Linux 操作系统的安装、卸载		2
	系统查询及用户管理		2
	Linux 下的 X-Windows 图形界面的使用		2
检查与评价	学生展示每项工作文档，教师和学生对每组的成果及表现进行评价		1

考核内容	占单元成绩百分比/%	考核方式	评价标准			单元成绩占总成绩百分比/%
			优秀	良好	合格	
某公司网络操作系统环境的搭建工作页	100	工作页	小组合作良好，每个成员都能积极参与，操作规范、标准，操作中守纪有序且环境卫生良好。 工作页内容正确、详细、完整，条理清晰，对操作中遇到问题、解决方法、经验和技巧等有所说明，并在规定时间内完成	小组合作良好，每个成员都能积极参与，操作规范，操作中守纪有序且环境卫生良好。 工作页内容正确、详细、完整，条理清晰，并在规定的时间内完成	小组合作良好，操作正确，操作中守纪有序且环境卫生良好。 工作页内容正确、完整，条理清晰，并在规定的时间内完成	30

（五）专业教学策略的研究

依据总课题对于职业教育的教学理论研究，职业教育教学的目的是学生职业特质和职业能力的形成，而职业特质与职业能力的形成除教学内容外，主要取决于教学策略。

1. 过程导向行动教学策略的选择

为了培养计算机网络技术专业学生依据任务，严格把握并执行工作程序、工作规范、工艺文件和安全操作规程，培养用严格的工作程序、工作规范和操作标准，保证操作结果符合质量要求的意识与素质，形成计算机网络技术技能型人才的职业特质，在总课题研究提出的过程导向、情景导向和效果导向 3 种教学策略中，计算机网络技术专业教学策略的设计，应根据计算机网络技术技能型人才职业活动主要受过程顺序和规范支配、追求标准和质量的特点，主要采用过程导向的教学策略，即在把握过程的情况下，为了达到任务所期望的效果，选择工作程序、工作规范、工艺文件和安全操作规程的方式和过程。

过程导向教学策略的教学过程可以设计为任务描述、任务分析、相关知识、技能训练、态度养成、完成任务和学习评价 7 个环节。在这里，任务是计算机网络技术技能型人才职业活动中的典型任务或者项目；任务描述是对典型任务的描述，目的是让学生进入工作角色，为实现以学生为中心的教学做准备；任务分析是在专业教师的指导下，以学生为主体，应用相关知识对完成任务的工作程序、工作规范、工艺文件和安全操作规程进行分析，提出工作方案；相关知识、技能训练和态度养成是对任务进行分析，并完成任务的相关知识的学习、技能的训练和态度的养成的过程；完成任务是学生独立或者分组完成服务，形成严格的工作程序、工作规范和操作标准，保证操作结果符合质量要求的意识与素质的整合环节；学习评价能够使学生产生成就感，更能激发其学习的主动性和自信心①②。

在理实一体化教学环境下，计算机网络技术专业实施项目教学需要注意的问题：一是学生学习的形式是以组为单位，采取合作学习的方式，既能有效培养学生的团队协作能力和语言表达能力，又能实现实训资源的有效利用与信息材料共享。二是项目教学是以学生为中心，在教学过程中，要充分发挥学生的主动性和创新精神，让学生根据自身的行为进行自我反馈；专业教师与实训室指导教师应主动发挥协助作用，扮演好帮助者、促进者和同行者的角色，切忌代替学生动脑

① 邓泽民，赵沛，2008．职业教育教学设计[M]．北京：中国铁道出版社．

② 邓泽民，赵沛，2009．职业教育教学设计[M]．2 版．北京：中国铁道出版社．

动手。三是项目教学法围绕完成项目工作这一中心展开活动，因此评价学生学习效果应主要以完成项目的情况来评定，完成项目的质量应以企业或行业的标准来检验。

2. 真实的网络项目的承接

承接项目用于教学十分有效。为了进行专业实训，计算机网络技术专业与合作企业多次合作，共同承接网络构建工程交由学生完成。根据工程合同要求，企业派出工程师与专业教师共同组成联合教学小组带领学生，以现实工程项目建设为教学内容，对学生开展工程项目建设工作过程的具体指导，使学生在工程设计、工程施工和工程管理的各个环节等多个岗位获得学习与能力锻炼。学生在工程的建设中根据实际需要与水平、能力分担角色，如设计人员、工程项目经理、工程监理、施工队长和材料管理员等。实际工作现场不仅是培养学生专业技能的实战场所，也是培养学生做人本领的硬环境，是学生走向就业、走向社会的有效途径，是培养社会责任心、职业道德、诚信品质和团队精神的真实环境，从而达到素质培养与一线人才要求的对接。

学生做真实项目，在规定时间内出色地完成了合同要求，不仅有效提高了专业技能和职业素质，也检验了专业前期各门课程教学的效果。同时真实项目的实施既使企业提供给学校的整体实训解决方案的可行性获得验证，也为学校赢得了社会效益，为企业创造了经济效益。

3. 学业评价方式的设计

理实一体化课程背景下，学生的学业评价是对学生所达到专业培养目标和课程标准的水平及效果的价值判断，是科学、客观和公正地评定学生的学习成效，激励学生主动学习、提高学习效率的重要手段。

（1）制订评价方案的基本原则

1）科学与实用相结合的原则。专业教学实施方案，依据专业核心课程标准和单元教学设计中对考核的要求，结合教学实际和学生基础，适度细化评价内容、标准及方式。

2）定性与定量相结合的原则。坚持定性与定量相结合，在基础知识、基本技能和技术规范等方面，按照课程要求及职业资格标准确定相应的量化标准。在方法能力、社会能力和情感态度价值观的评价中采用定性标准。

3）过程与成果评价并重的原则。过程性考核关注学生的职业规范、技能达标和能力发展，成果评价关注产品质量、服务水平和综合职业能力。

4）多元与开放相结合的原则。不仅要有教师的评价，还要关注学生的自评和互评，并倡导有条件的学校邀请企业参与评价。多元合作，调动学生自评的积极性，培养评价能力，充分发挥学生主体评价的反思作用和多方合作评价的保障作用。

5）基础性指标与发展性指标相结合的原则。基础性强调的是课程规定的知识点、技能点要求，发展性强调的是可持续发展的能力目标，即关键能力的培养。两者的关系既考虑了完成学业目标的达成率，又引导和促进了学生的个性发展。

6）注重评价的激励原则。强调发挥学生的主体地位，使评价的过程成为促进学生学习反思的过程，促进其主动学习。建立既能客观反映学生学业成绩，又能促进学生发展的专业核心课程学生学业评价方案。

7）简约化与可行性并重的原则。评价方案的制订要体现科学性和可操作性。评价要伴随学习的全过程，工作过程质量是需要全程监控的；学生学业评价方案要与学校的教务管理、学籍管理相结合。

此外，专业核心课程学生学业评价要重视学生综合能力的评价。不仅要评价理论知识的掌握程度，还要关注实践能力的提高；不仅要评价学习结果，还要关注学习过程。

（2）学业评价的构成

1）单项考核加综合评价。单项考核一般指完成一个技能训练活动或一个学习单元的考核，重在考核技能与知识的掌握程度；综合评价是指每个学习单元最后安排的判断综合能力水平的考核评价，或是在课程结束前的职业素质和职业能力的评价。

2）各项任务考核后累计。任务不分轻重，所有任务考核成绩相加，然后按照总分区间划分等级。各项任务考核评价都包括知识、技能、能力和态度，对于每个任务而言都是综合性考核。

3）过程考核加成果考核。过程考核重在技能和规范，成果考核重在质量和能力。过程考核实际上是完成任务每个阶段的考核，整体考核方案可以按考核内容或方式分类完成，适用于项目教学。

4）各项任务考核后求均值。单个任务考核成绩相加后求均值，适用于任务重点与难点的分散，有利于学生的均衡发展和综合判断。

5）综合考核权重计算法。根据任务中不同的难度和学习要求，强化核心内容与技能关键的考核，引导学生抓住解决问题的重要步骤，促进学生深入思考、独立解决问题。

6）多种考核方法。职业教育的考核评价是基于职业情景的考核，是充分信任学习主体的评价，是在活动中伴随的评价，是注重能力的评价，也是发展性的评价。因此，其方式有演讲式、答辩式、展示、模拟、方案设计和项目制作等。

（3）学业评价标准

计算机网络技术专业学业评价标准如表 3.16～表 3.19 所示。

表 3.16　日常考核标准（过程）

序号	职业技能	专业知识	能力发展	情感态度
1	技能的规范性	知识的应用性	思维方法	积极的学习态度
2	明确的技能点	够用的专业知识	合作学习能力	职业认同
3	明确的技能标准	能合理运用	职业相关能力	服从规范

表 3.17　任务、项目考核标准

序号	任务准备	任务实施	任务实效	情感态度
1	背景分析	落实计划	达到要求	责任心、质量意识
2	任务理解	过程顺利	相关能力锻炼	抗挫折、自信和坚毅
3	计划的完整、完善	解决问题	学习主动	职业意识

表 3.18　成果评价标准

序号	物化成果	学习思考	创新发展	情感态度
1	符合质量标准	能说明原理	有新的创意	审美意识
2	符合操作规范	能独立处理问题	应变能力、信息和表达	
3	客户满意程度	能灵活解决问题	职业素质和意识	职业素质，涉及本专业的安全、卫生和环保意识

表 3.19　能力与态度评价标准

序号	方法能力	社会能力	职业素质	情感态度
1	信息采集处理能力	协作能力	热爱职业岗位工作	认真
2	观察分析归纳能力	沟通能力	服务意识强	
3	独立思考能力	创新能力	质量意识	诚信、职业道德

（4）评价方式、方法

小组评价包括自我评价、组内评价和组间评价。自我评价是依据预先给定的评价标准进行自我评价（侧重任务完成情况、学习过程的合作参与、团队组织及协作和成员分工的合理性、组员参与程度或对成果的贡献度、个人完成情况）。自我评价记分一般所占的权重较小。组内评价是指组内各成员之间的互评（积极地思考、提出有价值的建议、信息提供量、对知识技能的运用、每个人的完成情况）。组间评价是指各组之间的评价，一般采取推优评价、展示评价、打分评价（标准明确）、模拟质量监督评价和对手评价。

个体评价包括自我评价和反思评价，其作用是增强学生的标准意识、规范意识和质量意识，逐步提升评价能力。自我评价是按照预先给定的评价标准进行自我评价（侧重技能规范、熟练，时间把握）；反思评价是以反思记录的方式（成长袋或课业手册）对自己做出评价。

教师评价包括日常考核、激励评价和学期评价。日常考核是指用预先设定的测评工具统一进行考查，如用于知识检测的笔试，对每个学生的学习状况、效果进行判断记分。根据学生自评、组间互评、教师点评及课后作业等，对每一个学生进行客观评价。按照多元主体评价的权重进行一一汇总比较复杂，一般采用分类定等累计方法。激励评价是指主要采用语言、物质等在任务进行过程中随机进行的鼓励性评价，如贴标签、加分。激励评价主要起引导、指导、调动和强化作用，一般不直接记分。学期评价即总分评定，将采集的成绩进行科学汇总。

企业评价包括过程评价和终结评价。过程评价是指参与部分教学活动，对各组完成的任务进行评价；终结评价是指在综合考试中对学生进行能力和素质的评价，主要看其是否符合企业实际生产与服务的规范，对相应的国家职业资格标准的把握，体现潜在的智力和可持续发展的后劲。在评价操作中要关注评价者的评价意识、评价心理和评价能力（标准的把握、语言表达、准确的判断、多角度观察、客观和公正）。某公司计算机销售数据库的工作页如表 3.20 所示。

表 3.20　某公司计算机销售数据库的工作页

专业		课程名称	
学习情景		学习任务	
姓名		学号	
工作任务			
工作目标			
任务所需设备和环境			
工作方法与组织形式	组长： 组员： 分工：		
工作流程			
具体操作步骤			
操作中出现的问题及处理方法			
学习参考资料			
涉及的理论知识简要内容			

续表

评价			
你认为这次任务小组中谁的表现最好	个人意见	小组讨论结果	教师意见
你认为这次任务小组中谁的动手能力最强			
你认为这次任务小组中谁查阅资料的能力最强			
你认为这次任务小组中谁分析问题的能力最强			
你认为这次任务小组中谁的团结合作意识最强			
你认为这次任务小组中谁最守纪律			
你认为这次任务小组中谁的环保意识最强（卫生习惯）			
你认为这次任务小组中谁最认真			
你认为这次任务小组中谁的沟通能力最强			
你认为这次任务小组中谁的进步最大			
个人工作总结			
1．你在这次任务中学到了什么重要知识、技能？ 2．你还有哪些需要改进的地方？			

（六）专业教师团队的建设

本专业培养1、2名在行业和区域有较大影响力的高水平专业带头人、6～8名理论实践一体化的骨干教师，聘请企业行业技术专家为兼职教师，组建一支专兼结合的高水平专业教学团队。双师型教师达到90%以上，引进和培养研究生学历教师6名，依托区教委与大学联合举办教师硕士班，使在读中职教育专业研究生学历的青年教师达到70%以上。教师队伍职称达标、结构合理，其中高级职称达到30%以上，中级职称达到50%，完善专业教师深入企业考核激励制度，使专业教师逐步实现每两年有两个月到企业或生产、服务一线实践。

专业带头人与计算机网络技术专业学历对口，高级以上职称；能够及时了解、跟踪本专业发展动态和理论前沿，熟练掌握专业主要操作技能及其评价标准，与企业或行业专家有比较密切的联系；能够在本专业建设、人才培养方案和校本教材开发等方面起到规划和把关作用。

专业骨干教师与计算机网络技术专业学历对口，中级以上职称；本专业基础理论扎实，系统掌握任教专业课程的理论知识体系；对本专业课程的课程内容、课程结构和技能体系有较强的把握能力，对新设备、新技术和新标准有较强的跟踪能力；具有教学改革、教科研与指导青年教师的能力，能指导学生进行专业实训、专业实习，并能够承接实际项目。

专业课程教师为本科以上学历，具有中等职业学校教师任职资格；有良好的师德和扎实的专业理论知识；中级以上职业资格，具有双师素质和企业工作经验或实践经历；对本专业课程有较全面的理解，能够把握本专业新知识与新技术，具备教学设计和实施能力，具备一定的教科研能力。

（七）专业实训条件的配备

根据职业教育实训设计的基本原则和基本模式[①]，在行业专家的指导下，学校确定了计算机网络基地由《网络管理实训环境》《网站设计实训环境》和《网络多媒体实训环境》组成的基地建设整体方案。学校邀请合作办学企业专家参与了从设备选型、设备采购和安装调试到实训指导教师培训等过程。现在计算机网络技术专业有校内实训室 5 个，场地面积 630m^2，如表 3.21 所示。

表 3.21　计算机网络技术专业实训室及师资设备配置

序号	实验实训室名称	功能	设备基本配置要求	面积/m^2	设备总值/万元
1	网络综合实训室	网络设备安装与调试、网络管理、网络安全与防御	网络流量分析 1 套、VPN 客户端软件 1 套、端点准入防御系统 1 套、语音服务器 1 套、语音网关 1 套、计算机 133 台、非线编系统 3 台和交换机 19 台	300	300
2	联想维修仿真实训室	联想维修站前台接待服务、计算机维修技能	计算机 26 台、打印机 2 台、取号机 1 台、监控录像设备 1 套和维修工具 20 套	150	41

① 邓泽民，韩国春，2008．职业教育实训设计[M]．北京：中国铁道出版社．

续表

序号	实验实训室名称	功能	设备基本配置要求	面积/m^2	设备总值/万元
3	计算机网络建设实训室	网络布线与测试	交换机 33 台、接入服务器 1 台、路由器 15 台和防火墙 1 台	50	80
4	网页制作实训室	网站制作与维护	计算机 37 台	50	40
5	计算机网络实训基地	网络设备安装与调试、网络管理、网络安全与防御	计算机 143 台、路由器 10 台、交换机 40 台、投影机 3 台、存储设备 1 套和教学管理广播系统软件 8 套	80	250
总计		场地面积 630m^2，设备总值 711 万元			

在计算机网络实训基地兴建之初，学校把基地的教学化、培训化和考核化作为基本思路，把为学生服务、为企业及社会培训服务、为教师服务及为教学科研服务作为出发点和落脚点，要求实训基地做到产学研一体化。所以，在专家的指导下建设的实训基地，采用计算机网络较先进的管理技术，不但设备先进、配置系统合理，为教学与实践一体化提供了实训平台，而且充分满足了学校承接企业员工培训、真实项目制作和教师科研等多项功能。实训基地创设了真实的职业氛围，引入了企业的真实工作过程。目前，整个实训基地可以提供计算机网络 3 个专门化方向、20 余门专业课程和 300 多个实践模块的实训项目，能够同时为 2000 多名学生或社会人员的实践教学、培训、考取资格证书提供良好的服务。

实训基地要想发挥好其作用，必须建立规范的运行机制，按国家和行业标准及相应培训规范进行管理、教学、培训和考核，其基本管理措施如下。

1. 集中管理、专人负责和全员统筹

在实训室建立时首先做到地点集中、设备集中；在实训室使用时还要做到人员集中安排和实践教学集中管理。

比较理想的计算机网络技术专业实训教学管理系统：教师提出培训或实践教学计划→专门化方向团队协调并形成实训计划→教学管理部门审核并下达至网络实训中心→网络实训中心具体安排实训基地及资源的使用→专家委员会进行监督、检查和指导。

2. 完善实训基地的管理与使用规章制度

实训基地的规章制度应该包括实训教学、仪器设备和实训安全等各项管理制度及操作规程。实训基地实行使用登记：耗材登记（使用必须按计划领用，并设

专用账本记录）、仪器设备维护和保养登记（实行专人负责，落实工作责任制）。实训基地的招生、收费和发证等环节严格执行国家有关规定。

为了保证设备和人身安全，实训教师必须取得相关设备的上岗操作资格，学生实训时必须有实训教师或管理人员在场指导和监管。只有措施到位，执行得力，实训教学才能正常有序地进行，提高仪器设备的使用率。

计算机网络技术专业与北京市 20 多家企业建立了不同形式的校企合作关系。除校内实训环境外，企业安排学生定期校外实训、实习，为学生的专业学习创造了有利条件。

五、计算机网络技术专业教学整体解决方案实施

由于采用了行动研究法，教师都参加了专业教学整体解决方案的设计，实施新方案的阻力并没有预想的大。为了进一步消除教师对新方案的抵制，学校采用了引导消除抵制模式（LOC 模式）实施专业教学整体解决方案，分为以下五个阶段实施。

（一）教师把握整体解决方案

计算机网络技术专业教学整体解决方案研究设计团队，详细地向实施的教师讲解专业教学整体解决方案，使所有成员都清楚地了解专业教学整体解决方案，并明确自己的角色，把握自己的任务。

（二）教师必备教学能力培训

专业教师的计算机网络技术专业教育观念转变和过程导向教学策略的学习运用是人员准备的主要内容。计算机网络技术专业教学观念转变通过观摩过程导向与情景导向行动教学与教师分组设计相应的课件设计进行，在课件设计中，遵循职业教育行动教学的三项基本原则[①]，使所有专业教改团队成员都具备专业教学整体解决方案实施的专业教学能力。

（三）设施、材料与教材准备

与合作企业一起，研究确定学生实习的职业岗位，对原有教室、实验室和实训室，按照情景导向、过程导向行动教学的要求进行改造，形成了职业情景和教学情景一体化教室。理实一体教材的设计遵循职业活动逻辑、学习动机发展逻辑和职业能力形成心理逻辑统一的原则[②]。

---

① 邓泽民，马斌，2011．职业教育课件设计[M]．北京：中国铁道出版社．

② 邓泽民，侯金柱，2006．职业教育教材设计[M]．北京：中国铁道出版社．

（四）方案实施评价与激励

对一年级新生全部采用新方案进行教学，二年级学生按原教学计划继续开展教学，但教学策略普遍采用过程导向教学策略。为了保证方案的实施，加强阶段性教学效果评价；为激发教师积极性，参加专业教学整体解决方案实施的教师，若教学符合专业教学整体解决方案的要求，则在评优、评先中优先考虑。

（五）方案实施效果调查分析

为了解实施效果，课题组分别对学生、企业、教师和学校进行了调查。

1. 学生的评价

学校按企业的工作过程，设计搭建仿真实训室，企业与教室合一，学生与学徒合一，教师与师傅合一，理论与实践合一，作业与产品合一，使我们在学校体验到了企业的真实情景。我们在特定的真实职业岗位中还能够体会自己与上游岗位、下游岗位和左右岗位的相关性与协作性，更好地培养团队意识和职业角色的责任心，提高职业能力与职业素养。在这种模拟真实岗位的实训中，我们容易领会职业思维、职业行为、职业语言和职业修养，能亲身体验到作为一名计算机网络从业人员必须具备的职业素质和职业技能。

2. 企业的评价

业务能力强和较强的学生占毕业生总数的 10%，业务能力较差的占毕业生总数的 10%。学生严格执行工作程序、工作规范、工艺文件和安全操作规程的意识明显增强；具有高度的责任心，追求标准、卓越的创新精神明显增强；职业生涯发展方向感明显增强，从事技能成就事业的信心明显增强。

3. 教师的评价

网络技术应用专业技能型人才特质内涵的提出十分关键，使我们对职业教育教学有了全新的认识。实训基地教学目标定位在四个方面：熟悉工作流程、训练岗位技能、渗透企业文化、融合工作情景。学校聘请企业专家全程参加课程的开发和教学设计与实施，与企业专家共同制订人才培养方案，按照企业工作过程重构课程内容，按照典型职业活动设计培养方案，将企业专家提供的企业真实工作项目融入教学的每一个步骤，带动了专业的发展。

4. 学校评价

以课题研究为引导，实施计算机网络技术专业课程整体建构后，计算机网络技术专业在课程、教材、教学、实训和评价等方面均发生明显变化。课程与企业的实际需求相契合，调动了企业与学校合作办学的积极性，现在双方站在双赢的立场上考虑问题，企业加大了对专业建设资金、设备和技术的支持力度，学生的实习实训也为企业人才库补充了素质高、技能好的“生力军”。目前，计算机网络技术专业采取专业集群建设和订单式培养的方案，学校招生情况越来越好，学生就业门路越来越宽。

六、实践结论

1）计算机网络技术技能型人才职业特质的提出是我国信息产业升级、网络技术发展的必然要求。学校要及时了解行业发展趋势和企业的用人标准，把卓越的技能型人才作为教学目标。

2）中等职业教育计算机网络技术专业教学要把技能型人才职业特质和职业能力形成作为教学的价值追求。

3）职业特质的形成需要行动导向的教学策略，计算机网络技术技能型人才职业特质的形成需要过程导向的行动教学策略。

4）过程导向的行动教学策略需要模拟实训基地，这样才能保证学生熟悉工作流程，融会企业文化，形成职业特质和职业能力。

方案四

空间数据处理专业教学整体解决方案研究与实践

课题编号：BJA060049-ZZKT004

一、问题的提出

（一）地理信息产业发展的趋势

地理信息技术与纳米技术、生物技术被视为当今世界最具发展潜力的三大新技术，并被列入我国“十一五”规划中国家重点扶持、优先发展的产业。“十二五”以来，产业服务总值年增长率为30%左右。截至2013年年底，企业达2万多家，从业人员超过40万人，年产值近2600亿元。近年来，我国地理信息产业产值快速提升。《2016中国地理信息产业报告》资料显示，截至2016年10月底，全国测绘资质单位数量为17 025家，较2015年年末增加6.9%。到2016年年末，测绘资质单位从业人员数量达到43万人，同比增长10.3%。国家发展和改革委员会、国家测绘地理信息局发布了《国家地理信息产业发展规划（2014—2020年）》，为产业发展制定了宏伟蓝图。到2020年，地理信息产业仍将保持年均20%以上的增长速度，2020年总产值将超过8000亿元，成为国民经济发展新的增长点。这表明我国地理信息产业已初具规模，对社会的贡献日趋显著并展现出巨大的发展潜力。目前，地理信息技术已广泛应用于地质勘测、农村耕地、实用电子地图、卫星导航、手机地图和数字城市等方面，有力地支撑了我国的信息化建设。

2010年11月28日，我国首个国家级地理信息科技产业园在北京市顺义区奠基，总投资额为150亿元人民币，投入使用后引入100家以上国内外地理信息相关企业。产业园的设立给我国地理信息科技产业的高速发展奠定了坚实的基础，提供了积极的动力。

（二）我国地理信息产业对职业技能从业人员的要求

由于受到保密和诸多的行政限制，我国地理信息产业的基础数据生产与更新远远不能满足实际需求，无论是全国性基础数据，还是城市级基础数据，甚至专业数据都没有形成高效的数据源提供体。此外，地理信息产业的发展依赖于各种数据，如地图数据、行政界线数据、交通路线数据和社会经济数据等。目前无论是地图基础数据还是综合数据，都无法满足市场的需求。行业内绝大部分企业不但要从事专业数据的采集和生产，还要从事基础数据的采集和更新。这是一项过程枯燥、乏味，劳动强度很大的工作，需要从业人员适应野外作业和长时间利用计算机进行重复性工作，要求从业人员能够吃苦耐劳、认真细心，并熟练掌握相关技能，如主体识图、相应软件应用等。同时，企业希望从业人员在校期间有参与完整项目的体验，能尽量缩短上岗前的培训时间。

二、研究内容与方法

（一）研究内容

为了让空间数据处理专业的毕业生在校期间熟练掌握数据采集和处理的技能，具备参与项目工作的实战经验，本课题将首先对空间数据处理的职业特质进行研究，然后研究设计出适合空间数据处理技能型人才职业特质和职业能力形成的教学整体解决方案，并通过教学整体解决方案的实施，探索空间数据处理专业教学理论。

（二）研究方法

1）调查法。对空间数据处理技能型人才的职业活动进行调查，并在此基础上分析空间数据处理技能型人才的职业活动的特点，提出空间数据处理技能型人才职业特质的基本内涵。

2）文献法、总结法。对职业学校空间数据处理专业教学、行业内公司的岗前培训和实际工作过程进行研究和总结，研究设计出适合空间数据处理技能型人才职业特质形成的教学整体解决方案。

3）实验法。通过适合空间数据处理技能型人才职业特质形成的教学整体解决方案的实施，对建立在空间数据处理技能型人才特质基础上的中等职业学校空间数据处理专业教学方案进行验证，探索空间数据处理专业的教学理论方法。

三、空间数据处理技能型人才职业特质研究

职业特质是指从事不同职业的人所特有的职业素质，是能将工作中成就卓越与成就一般的人区别开的深层特征[①]。总课题对于职业特质的研究，提出了可以从两个方向开展研究，一是在同一职业中发现成就卓越者，通过调查分析方法，研究他们与成就一般者不同的深层特征；二是通过分析职业活动，研究取得职业活动卓越效果的人具备的职业素质。本课题采用第二种方法。

① 邓泽民，2012．职业教育教学论[M]．4版．北京：中国铁道出版社．

（一）空间数据处理技能型人才职业活动调查

1. 职业面向的调查

为了明确本专业的职业面向，我们采用了教师到企业调查和通过 E-mail 给企业技术负责人及向已就业学生发调查问卷等方式。教师到企业调查，要依据事先设计好的调查大纲所列条目进行。尽管调查大纲和调查问卷的使用者不同，但调查的目的是相同的，即尽量调查清楚本专业的职业背景和培养目标，它们的设计是围绕着达到这样的目的而进行的。

本研究通过对北京东方泰坦科技有限公司等 11 家公司，以及 3 年来石家庄铁路运输学校空间数据处理专业 100 多名毕业生就业岗位的调查发现，中等职业学校空间数据处理专业毕业生就业岗位比较复杂（不同公司的岗位设置差别较大），可概括为 3 个主要方面，即数据采集员、数据编辑员和质量检验员。职业生涯发展主要有三大领域：一是一线的数据处理人员，随着技能的发展成为业务室负责人；二是进入管理岗位，成为项目负责人，进而成为负责公司某一部门的经理；三是创业，有少部分人选择自主创业。

如果不考虑中职学历层次的限制，就业岗位还应该包含特定领域的专门 GIS 应用系统开发，又称二次开发，这实际是对数据处理结果的使用。正如我国地理信息产业对职业技能从业人员的要求中所说的，“行业内绝大部分企业不但要从事专业数据的采集和生产，还要从事基础数据的采集和更新”，这反映出从事二次开发的企业目前还很少。基于以上两个方面的原因，在这里不把二次开发作为就业岗位，但考虑到学生的职业生涯发展，在构造课程体系时，设置了一门与程序设计相关的课程。

2. 职业活动的分析

为了客观地掌握中等职业学校空间数据处理专业毕业生工作中的职业活动，本课题对空间数据处理行业的 11 家公司：北京东方泰坦科技有限公司、西北综合勘察设计研究院（广州分院）、新兴华安综合机构、北京天地适图科技有限公司、北京威特空间科技有限公司、北京宏微联测绘科技有限公司、北京地星伟业数码科技有限公司、山西亿科星地勘测规划有限公司、北京天一佳信科技有限公司、北京思维迅图科技有限公司和河北海智数据科技有限公司，就其所承揽的项目及项目流程进行了调查。在山西亿科星地勘测规划有限公司贾勤学总经理的实际参与下，应用现代职业分析方法[①]，就空间数据处理技术技能型人才职业活动进行分

① 邓泽民，郑予捷，2009．现代职业分析手册[M]．北京：中国铁道出版社．

析，提出了空间数据处理技能型人才职业活动表，如表 4.1 所示。

表 4.1　空间数据处理技能型人才职业活动表

<table>
<tr><th>职业活动领域</th><th colspan="2">任务</th></tr>
<tr><td rowspan="12">数据采集</td><td rowspan="5">遥感影像数据提取</td><td>相片控制点联测</td></tr>
<tr><td>相片调绘</td></tr>
<tr><td>综合法测图</td></tr>
<tr><td>测图控制点的加密</td></tr>
<tr><td>用各种光学机械仪器测制地形原图</td></tr>
<tr><td rowspan="3">地面影像测量</td><td>摄影</td></tr>
<tr><td>测量</td></tr>
<tr><td>内业相片处理</td></tr>
<tr><td rowspan="4">土地测量</td><td>地籍测量</td></tr>
<tr><td>地形测量</td></tr>
<tr><td>工程测量</td></tr>
<tr><td>土地平整测量</td></tr>
<tr><td rowspan="12">数据处理与编辑</td><td rowspan="4">地形图编绘</td><td>地图设计和编辑准备</td></tr>
<tr><td>地图编稿和编绘</td></tr>
<tr><td>地图清绘和整饰</td></tr>
<tr><td>地图制印</td></tr>
<tr><td rowspan="4">航片卫片处理</td><td>几何精校正</td></tr>
<tr><td>影像配准</td></tr>
<tr><td>数字图像镶嵌与裁剪</td></tr>
<tr><td>大气校正</td></tr>
<tr><td rowspan="2">数据转换</td><td>数据格式转换</td></tr>
<tr><td>数据结构转换</td></tr>
<tr><td rowspan="2">数据解译</td><td>人工目视判读</td></tr>
<tr><td>计算机自动解译</td></tr>
<tr><td rowspan="11">数据分析</td><td rowspan="4">栅格数据分析</td><td>聚类、聚合分析</td></tr>
<tr><td>信息复合分析</td></tr>
<tr><td>追踪分析</td></tr>
<tr><td>窗口分析</td></tr>
<tr><td rowspan="4">矢量数据分析</td><td>包含分析</td></tr>
<tr><td>缓冲区分析</td></tr>
<tr><td>叠置分析</td></tr>
<tr><td>网络分析</td></tr>
<tr><td rowspan="3">空间数据分析</td><td>空间数据的量算</td></tr>
<tr><td>空间数据的内插</td></tr>
<tr><td>空间数据的信息分类及统计</td></tr>
<tr><td rowspan="2">数据入库</td><td rowspan="2">数据入库</td><td>数据库的建立及维护</td></tr>
<tr><td>数据的入库</td></tr>
</table>

（二）空间数据处理技能型人才职业活动特点

通过分析空间数据处理技能型人才职业活动发现，空间数据处理技能型人才的职业活动从数据采集到数据处理与编辑，再到数据分析与入库，是按照固定的程序和操作规程进行的，如图 4.1 所示。

	过程阶段1	过程阶段2	过程阶段3	……
任务A	活动A1	活动A2	活动A3	……
任务B	活动B1	活动B2	活动B3	……
任务C	活动C1	活动C2	活动C3	……
⋮	⋮	⋮	⋮	

图 4.1　空间数据处理技能型人才职业活动过程导向示意图

从图 4.1 中可以看出，空间数据处理技能型人才的行动，取决于任务和所处的工作阶段。任务一旦确定，过程和操作规范标准就确定了。空间数据处理技能型人才的职业活动受过程支配，具有典型的过程导向特点[①②]。

（三）空间数据处理技能型人才职业特质内涵

结合企业调查发现，空间数据处理的从业人员的工作主要有两个方面，即外业和内业。外业是指利用测量设备在野外采集数据：使用相关仪器到实地确定地物、地貌的真实性质，查清其实际的“身份”，根据图件需要表示的内容要求取舍影像上的地物、地貌，并对影像上没有而实际新增的地物、地貌进行补测、实地调查和注记地理名称等；确定土地所属权、不同地物类的面积和边界、土地利用状况等。内业是指使用相应软件，在计算机上对采集到的数据进行处理：①以相片控制点为基础，推求测图需要的控制点，检查其平面坐标和高程；②利用影像信息和相关资料，在计算机上采用一定的技术手段，判读并采集相应的地物、地貌要素；③利用计算机对采集的数据进行分析，找出最佳的问题解决方法或得出对未来形势的预测。完成上述任务所需要的职业特质如表 4.2 所示。

因此，空间数据处理技能型人才的职业特质被概括为根据项目需要，能适应野外作业，具有吃苦耐劳精神，能严格按照使用规范或操作规程使用相应工具，追求数据准确和精度的工作价值。

---

① 邓泽民，赵沛，2008. 职业教育教学设计[M]. 北京：中国铁道出版社.

② 邓泽民，赵沛，2009. 职业教育教学设计[M]. 2 版. 北京：中国铁道出版社.

表 4.2　空间数据处理技能型人才职业特质分析

<table>
<tr><th colspan="2">工作过程
工作种类</th><th>明确工作任务</th><th>依具体环境制订工作方案</th><th>严格按照相应工作规程实施各工作环节</th><th>取得任务成果</th></tr>
<tr><td colspan="2">外业</td><td>对于给定任务，能够确定工作地点和确认具体工作内容</td><td>能够依据工作地点的实际环境和具体工具的功能，制订出完成工作的实施方案</td><td>能根据制订的方案规范使用相应工具，在准确的工作地点，小组成员协作完成工作任务</td><td>依特定规范呈现工作成果</td></tr>
<tr><td rowspan="3">内业</td><td>数据处理与编辑</td><td>根据特定要求，能够通过对图件的预判确定工作内容</td><td rowspan="3">能够依据具体软件工具的功能，制订出完成工作的实施方案</td><td rowspan="3">能根据制订的方案，规范使用相应软件工具完成工作任务</td><td rowspan="3">依特定规范呈现工作成果</td></tr>
<tr><td>数据分析</td><td rowspan="2">能够根据用户需求和给定图件及相关数据确定工作内容</td></tr>
<tr><td>数据入库</td></tr>
</table>

四、空间数据处理专业教学整体解决方案设计

职业特质的形成取决于专业教学的各个方面和各个环节，为了发挥教学系统整体突现性原理的作用，本课题对空间数据处理专业教学进行整体解决方案设计。

（一）专业的职业面向分析

参照《中等职业学校专业目录》（征求意见稿），中等职业学校空间数据处理专业主要对应地图制图、地理信息系统、摄影测量与遥感技术和测绘信息数字化等。根据调查结果，中职学校空间数据处理专业毕业生的就业岗位主要有数据采集员、数据编辑员和质量检验员。职业生涯发展的主要方向：一是空间数据处理技能方向；二是进入管理岗位；三是自主创业。

（二）就业证书需求的分析

依据国家持证上岗的相关政策，在相关企业调查中发现，中等职业学校学生可以考取初级空间数据处理工程师、大地测量员（国家职业资格四级）、摄影测量员（国家职业资格四级）和地图制图员（国家职业资格四级）证书。在校学生可根据自己的兴趣、优势和职业生涯发展方向，考取其中的 1、2 个证书，甚至更多；也可以考取某业内公司认可的职业资格认证证书，如北京东方泰坦科技有限公司认证的 3S 助理工程师。有了一定的工作经验之后，很多毕业生会选择考取国家级助理工程师或工程师级别的职业资格认证证书。

（三）专业培养目标的确定

依据教育部教职成〔2009〕2 号《教育部关于制定中等职业学校教学计划的原则意见》对中等职业教育培养人才类型的定位，以及地理信息产业发展趋势对空间数据处理技能型人才的要求，确定本专业培养目标。本专业培养德、智、体、美全面发展，符合空间数据处理技能型人才的要求，达到国家职业资格标准，具有空间数据处理人才的职业特质和职业能力，能够在空间数据处理一线就业并发展职业生涯的应用技能型人才。

（四）专业课程体系的构建

参照教育部颁布的教职成〔2009〕2 号《教育部关于制定中等职业学校教学计划的原则意见》，中等职业学校的课程设置分为基础理论课程和专业技能课程。基础理论课程按照国家统一要求安排，专业技能课程按照空间数据处理专业毕业生就业需求和职业生涯发展领域分为专业必修课程和专业选修课程。

1. 专业必修课程

依据由企业提出的空间数据处理职业活动和国家颁布的相关职业资格标准，形成知识课程、技术课程和职业活动课程[①②]，如表 4.3 所示。

表 4.3　空间数据处理专业必修课程

任务		知识/技术课程	职业活动课程
数据采集	遥感影像数据提取	自然地理学、地图学、测量学、地图矢量化、遥感数字图像处理、地理信息系统概论、VB 程序设计、数据库操作与应用	数据采集
	地面影像测量		
	土地测量		
数据处理与编辑	地形图编绘	自然地理学、地图学、测量学	数据处理与编辑
	航片卫片处理		
	数据转换		
	数据解译	地图矢量化、遥感数字图像处理、地理信息系统概论VB 程序设计、数据库操作与应用	

① 邓泽民，陈庆合，2006．职业教育课程设计[M]．北京：中国铁道出版社．
② 邓泽民．陈庆合，2011．职业教育课程设计[M]．2 版．北京：中国铁道出版社．

续表

<table>
<tr><th colspan="2">任务</th><th>知识/技术课程</th><th>职业活动课程</th></tr>
<tr><td rowspan="3">数据分析</td><td>栅格数据分析</td><td rowspan="3">自然地理学、地图学、测量学、地图矢量化、遥感数字图像处理、地理信息系统概论、VB 程序设计、数据库操作与应用</td><td rowspan="3">数据分析</td></tr>
<tr><td>矢量数据分析</td></tr>
<tr><td>空间数据分析</td></tr>
<tr><td rowspan="2">数据入库</td><td>数据库的建立及维护</td><td rowspan="2">自然地理学、地图学、测量学、地图矢量化、遥感数字图像处理、地理信息系统概论、VB 程序设计、数据库操作与应用</td><td rowspan="2">数据入库</td></tr>
<tr><td>数据的入库</td></tr>
</table>

2. 专业选修课程

根据学生兴趣和职业生涯发展的不同方向，设置人文地理学、工程测量、地图制图、地籍测量、AutoCAD、Photoshop 和 3ds Max 等课程。

3. 专业课程安排

首先，安排空间数据处理职业生涯设计；其次，遵循学习的难易程度的原则，安排其他专业课程，并根据教育部教职成〔2009〕2 号《教育部关于制定中等职业学校教学计划的原则意见》，按每学年为 52 周，其中教学时间 40 周（含复习考试），假期 12 周，周学时一般为 28 学时，3 年总学时数为 2000～2400 学时。基础课程学时数一般占总学时的三分之一，选修课程教学时数占总学时的比例应不少于 10%等规定，形成教学计划，如表 4.4 所示。

表 4.4　教学计划

<table>
<tr><th>课程类别</th><th>序号</th><th>课程名称</th><th>开设学期</th><th>学时数</th><th>说明</th></tr>
<tr><td rowspan="5">文化
基础课程</td><td>1</td><td>数学</td><td>一、二</td><td>160</td><td></td></tr>
<tr><td>2</td><td>德育</td><td>一、二</td><td>160</td><td></td></tr>
<tr><td>3</td><td>体育</td><td>一、二</td><td>80</td><td></td></tr>
<tr><td>4</td><td>应用文写作</td><td>二</td><td>80</td><td></td></tr>
<tr><td>5</td><td>计算机基础</td><td>一</td><td>80</td><td></td></tr>
<tr><td rowspan="4">知识/
技术课程</td><td>6</td><td>自然地理学</td><td>一</td><td>80</td><td></td></tr>
<tr><td>7</td><td>地图学</td><td>一</td><td>80</td><td></td></tr>
<tr><td>8</td><td>测量学</td><td>二</td><td>80</td><td></td></tr>
<tr><td>9</td><td>地理信息系统概论</td><td>二、三</td><td>160</td><td></td></tr>
</table>

续表

课程类别	序号	课程名称	开设学期	学时数	说明
	10	遥感数字图像处理	二、三	160	
	11	地图矢量化	二、三	160	
	12	VB 程序设计	三	80	
	13	数据库操作与应用	三	80	
职业活动课程	14	数据采集	三、四	160	
	15	数据处理与编辑	三、四	160	
	16	数据分析	四	80	
	17	数据入库	四	80	
选修课程	18	人文地理学	一	80	
	19	Photoshop	二	80	
	20	AutoCAD	三、四	160	根据学生职业生涯发展的不同方向，可二选一
	21	3ds Max			
	22	地图制图	三、四	160	根据学生职业生涯发展的不同方向，可三选一
	23	地籍测量			
	24	工程测量			

（五）专业教学策略的研究

依据总课题对于职业教育教学理论的研究，职业教育教学的目的是学生职业特质的形成，而职业特质的形成除教学内容之外，主要取决于教学的策略。

为了培养空间数据处理专业的学生依据工作任务，熟练、准确地提取相关基础数据和专业数据，并对数据进行应用分析，形成空间数据处理技能型人才的职业特质，在总课题研究提出的过程导向、情景导向和效果导向三种教学策略[①]中，空间数据处理专业教学策略的设计，应根据空间数据处理技能型人才职业活动主要受工作过程支配及追求过程活动服从于工作结果的特点，主要采用工作过程导向的教学策略，即在首先把握过程的情况下，为了达到此任务所期望的结果，选择工作的方式和过程。

依据研究，过程导向教学策略的教学过程可以设计为任务呈现、任务分析、知识准备、技能训练、任务实现、相关知识、能力评价和学习反思八个阶段。在这里，任务是数据采集、数据处理与编辑、数据分析和数据入库等职业活动中的工作任务。任务呈现的目的是让学生对工作任务（学习内容）有一个感性的、明确的认识，为实现以学生为中心的教学提供前提。此时要注意任务的有效性；任务分析是依据具体情况选择完成任务所需的手段、方法和组织形式等，制订完成

① 邓泽民，2016．职业教育教学设计[M]．4 版．北京：中国铁道出版社．

任务的相应方案，此时要注意思维的完整性；知识准备是针对解决当前问题的必需知识的讲解，要注意不能扩大范围；技能训练是对完成任务所需的技能进行训练，并努力达到能正确运用的程度，为下一步的任务实现做技能方面的准备；任务实现是依据制订的方案，使用相应手段和方法，严格依照相应工作规范实际完成任务，取得任务成果，并对成果做出适当评价，实现工作态度和工作能力的整合，此时要注意活动的系统性；相关知识是对所用知识的梳理和必要扩展，此时既要注意知识的系统性，又要注意这里的扩展是以够用为限的直接拓展，即不能突破学历层次和职业可能需要的双重限制；能力评价是对学习效果进行检验，这是一个检验所学知识和技能是否已达到目标要求的过程，同时也是对它们的巩固过程；学习反思是知识的内化和提高，要做到举一反三，以便于知识和技能在以后工作时的迁移，此时要特别注意对工作策略的阐释。前五点体现的基本是完整的职业活动过程，后三点体现的基本是对知识消化吸收的过程，如此就可以主动把职业能力的呈现和获得过程与学生心理的发展过程有机结合起来了。

在空间数据处理专业教学策略设计时，可选用的教学方法很多，比较典型的有头脑风暴法、案例教学法、项目教学法、任务驱动教学法和思维导图法，可以灵活使用。例如，在任务分析阶段，可以选用头脑风暴法、思维导图法等；在任务实现时，可选用项目法、任务驱动法等①。

就教学过程的实施来说，在任务呈现阶段，要保证学生能用自己的话描述任务；在任务分析阶段，要保证学生能说出工作方案的具体内容；在知识准备阶段，要保证学生能说出完成本任务涉及的知识、使用的工具及工具的使用规范或操作规程；在技能训练阶段，要保证学生严格按照使用规范或操作规程练习使用相应工具，训练操作技能；在任务实现阶段，要保证学生严格按照使用规范或操作规程使用相应工具，严格依照工作方案所规定的工作规程，把操作施加到工作对象上，以获得高质量的工作成果。

在教学实施过程中，一定要强调规范和规程在保证工作质量上的重要性，并要求学生严格按照相应规范和规程完成教师下达的任务。只有反复在规范和规程的约束下训练，才能形成符合规范和规程的操作习惯及工作风格，才能保证工作成果的质量。

（六）专业教师团队的建设

1）培养专业带头人。专业带头人要具有专业发展方向的把握能力、课程开发能力、教研教改能力和组织协调能力，能够带领专业教师团队学习并掌握先进职

---

① 邓泽民，2011．职业教育教学论[M]．北京：中国铁道出版社．

业教育理论与先进空间数据处理技术，开发构建基于工作过程的课程体系，开展行动教学和教学研究工作。

2）每个专业方向核心课程要由教学骨干和具备双师型教师资格的人担任。双师型教师的比例至少要达到 80%。聘请企业优秀技能型人才担任兼职教师或技术顾问，每个专业方向的企业兼职教师或技术顾问要达到 2、3 位。

3）要鼓励教师参与校企合作，参与教学研究与科研项目，参与专业建设和教学改革，培养专业带头人；要加强内外培训，提升教师的教学水平和教学能力。

（七）专业实训条件的配备

运用职业教育实训设计的基本原则和基本方法[①]，将空间数据处理专业的教学和实训环境分为两个部分：一是内业部分的教学与实训环境；二是外业部分的教学与实训环境。

内业部分的教学与实训环境需要配备计算机软件和行业内软件（ERDAS IMAGINE、PCI、ArcGIS、MapGIS、AutoCAD、Photoshop 和 CASS）、立体眼镜、手轮和脚踏板等。航片和卫片底图一般都需要花钱购买，可通过以下途径节约资金：一是从合作公司获得已经可以公开的数据；二是从合作公司获得其自愿给予使用的项目数据；三是利用互联网查找合适的地图数据。

外业部分的教学与实训环境需要配备卷尺、指北针、全站仪或半站仪、水准仪和 GPS 等测量设备，以及具有典型地形、地貌的野外实训场所。

在教学环境设计上，尽量做到教学环境与工作环境对接。教学环境可以分为以下四类。

1. 真的真环境

真的真环境即与真实的工作环境完全一样的环境，是可以进行实际生产、制造真实产品的环境。由于这里构建环境的目的不是生产产品，而是教学，即使是真的真环境也应该由教育家而不是由企业家来主导，否则必然导致其功能异化，进而给教学带来消极影响。

2. 真的假环境

真的假环境即看起来和动起来都与真实的工作环境一样，但不能进行实际生产的环境，这是对真实工作环境的物理模拟。在这里，学生几乎可以体验到实际工作中的所有内容。

---

① 邓泽民，韩国春，2008．职业教育实训设计[M]．北京：中国铁道出版社．

3. 假的真环境

典型的假的真环境即虚拟现实。在这样的真环境中，为教学设置条件时，几乎可以随心所欲，其缺点是学生实际动手的体验会少一些。

4. 假的假环境

假的假环境只能起到给学生提供感性认识的作用，当然也可用于向别人展示成绩。

不同的学校、不同的专业应该根据自己的具体情况，构造适合自己的特殊的一体化教学环境。

五、空间数据处理专业教学整体解决方案实施

由于教学理念的差别，以及对新教学模式的不适应，教师对空间数据处理专业教学整体解决方案的实施存在畏难情绪，其主要表现：一是实践经验不足，基本没有实战经验；二是数据资源比较匮乏，而且收集数据从政策上就有很大难度。为此，学校采用引导消除抵制模式（LOC 模式），分为以下五个阶段实施。

（一）教师把握整体解决方案

空间数据处理专业教学整体解决方案研究设计团队，详细地向参与实施的教师讲解专业教学整体解决方案，使所有成员都首先认识到教学改革的必要性；其次，清楚地了解专业教学整体解决方案，并明确自己的工作内容，把握自己的任务。在教学实施过程中，努力做到教学过程与工作过程的对接。

（二）教师必备教学能力培训

教师教育观念的转变，工作过程导向教学策略的学习运用及提高专业实践能力是人员准备的主要内容。教育观念的转变主要通过听专家讲座、观摩工作过程导向教学、轮流派教师到教学改革比较先进的中职学校参观学习、参加有关培训班或培训会等形式完成。另外，通过组织教师开展教改课题研究，不仅可以提高他们的教科研水平，也促使他们不断更新教学理念，学习最新的教育教学理论，对教学能力的培养起到了积极的促进作用。

工作过程导向教学策略的学习运用，通过下面几个途径完成。

1）专家工作过程导向教学展示、教师工作过程导向教学课件设计和工作过程导向教学比赛。其中教师工作过程导向教学课件设计是最受教师欢迎的做法，不但有实效，而且有成果。课件设计中，注重职业教育行动教学的过程、情景和效

果导向三项基本原则①，收到了很好的效果。

2）让先行先试的教师上观摩课、说课，然后组织其他教师在上课或说课教师的帮助下进行讨论。这是一种十分有效的学习和培训方式，因为上课或说课的教师就是同事，交流起来更加方便，也非常亲切和深入，效果也就非常好。

3）通过构建面向最新教改工作的教学行为评价指标体系，对教师的日常教学活动进行相应评价，来达到促进教师更新教学观念、学习和使用新的教学方法及主动适应新的教学模式的效果。

为了提高教师的专业实践能力，可以派教师到行业、企业挂职或到学生实习企业边管理学生边学习。其中，后者受到了实习企业的热烈欢迎，因为这样可以减轻企业因管理实习学员而产生的工作负担。这种方式对实习学生也有很大益处，最重要的是可以帮助他们尽快实现由职校学生到企业职工的角色转变，因为他们与教师的交流远比与自己同事的交流顺畅得多。另外，也可以采用能手带生手的办法，具体做法是把生手配给能手做助教。这样，通过参与共同的教学过程，生手就会逐渐成为能手。

通过教师必备能力培训，所有成员都应具备专业教学整体解决方案实施的专业教学能力。

（三）设施、材料与教材准备

对原有教室、实训室，按照一体化教学环境的设计要求进行改造，形成职业情景和教学情景一体化教室，在一体化教室内实现教学过程与工作过程的对接。实训场地（野外）按照一体化教学环境的设计要求重新选取，相应数据重新采集，最后实现内业、外业的顺利衔接。一体化教学环境的布局，一是为教师提高专业实践能力提供了丰富的条件；二是为教师编写校本教材提供了极大的方便，教师甚至可以边做边写，使教材内容更接近实际需求。理实一体化教材对行动教学效果影响很大，应遵循职业活动逻辑、学习动机发展逻辑和能力形成心理逻辑相结合的原则②。

（四）方案实施的评价与激励

对一年级新生全部采用新方案进行教学，二年级学生按原教学计划继续开展教学，但教学策略普遍采用过程导向教学策略。为了保证方案实施，加强阶段性教学效果评价；为激发教师积极性，参加专业教学整体解决方案实施的教师，若

① 邓泽民，马斌，2011．职业教育课件设计[M]．北京：中国铁道出版社．

② 邓泽民，侯金柱，2006．职业教育教材设计[M]．北京：中国铁道出版社．

教学符合专业教学整体解决方案的要求，则在学期末给予适当奖励。

（五）方案实施效果调查分析

通过对合作企业的调查和对学生进行教学实践的结果分析，对空间数据处理专业教学整体解决方案进行较为客观的评价，本课题分别对学生、企业和教师进行了调查。

1. 学生的评价

基于工作过程的项目教学方法使我们参与到真实的项目工作中，了解完整的工作流程，清楚地知道自己的工作价值不是获取数据，而是获取准确的数据，而获取准确的数据需要严格执行工作程序和操作规范。

2. 企业的评价

毕业生和顶岗实习学生具有团队协作的精神和较强的严格执行工作程序、工作规范和操作规程的意识；具有高度的责任心，追求标准、卓越的创新精神明显增强。他们经过简单的培训就能上岗，能较快适应工作要求，减轻了企业在员工岗前培训上的压力。

3. 教师的评价

职业特质内涵的提出十分关键，使我们对职业教育教学有了全新的认识；学生通过学习获得了成就感，对以后的工作内容和工作特点有了了解，提前进入了工作状态。

六、实践结论

1）空间数据处理技能型人才的职业特质是我国地理信息产业发展的需要，也是实现个人职业生涯发展的需要，还是对空间数据处理技能型人才提出的必然要求。

2）中等职业学校空间数据处理专业教学，要把技能型人才职业特质和职业能力的形成作为教学过程的中心。其目的是不仅要教会学生工作，还要为学生的职业生涯发展提供指引，注意学生的可持续发展。

3）职业特质的形成需要行动导向的教学策略，不同行业的职业特质的形成，需要不同的、特定的行动导向教学策略。空间数据处理技能型人才职业特质的形成，需要空间数据处理职业过程导向的行动教学策略。

4）工作过程导向教学策略的实施，需要过程导向一体化技能教学环境和过程导向结构设计的教材的配合。

方案五

电子与信息技术专业教学整体解决方案研究与实践

课题编号：BJA060049-ZZKT005

一、问题的提出

（一）电子与信息技术相关行业发展的趋势

电子与信息技术涉及软件、微电子技术、计算机及网络技术、通信、广播电视、新型电子元器件、信息安全和智能交通等领域，属于综合学科。20 世纪 90 年代以来，电子信息产业凭借其惊人的增长速度，成为当今最重要的战略性产业。它在激烈的竞争和产业结构升级中快速发展，其技术含量高、附加值高、污染少、潜力大，能带动国民经济及社会的快速发展。因此，发达国家和新兴发展中国家对电子信息产业均投入了极大的热情和关注。目前，电子信息产业已成为许多国家经济增长和社会发展的重要因素。

经过改革开放 40 年来的快速发展，我国电子信息产业初步形成了专业门类相对齐全、产业链基本完善、产业结构不断调整、创新能力日益提升、宏观调控渐趋规范的产业体系，已成为世界电子信息产业大国。然而，受金融危机影响，电子信息产业的发展面临严峻挑战，产业增速下行、出口量下滑、效益下降。长期以来，我国电子信息产业主要通过技术依赖、廉价资源、加工贸易、整机出口和低价竞争等方式发展，导致抗冲击能力不强。如何转变发展方式，保持产业健康持续发展，是全行业上下着重解决的问题。今后几年是我国工业化由中期向后期发展转变的时期，是我国市场经济全面与国际接轨并趋于完善的时期。在此期间，电子信息产业应加快升级，实现又好又快发展，实现从大国向强国的转变。

（二）行业发展对电子与信息技术技能型人才的要求

我国正处于工业化进程中，企业对技术工人的需求量越来越大。电子与信息技术与各行业的广泛结合使电子与信息技术技能型人才就业面广、职业选择较为灵活，可以在各类计算机公司、企事业单位和政府机关等从事计算机辅助管理、辅助设计和网络维护或者从事计算机硬件测试与维护、软件编程等工作。此外，还可在学校、公安部门、部队、银行、广告业、印刷行业和电信与通信等领域从事电子信息技术应用工作。

二、研究内容与方法

（一）研究内容

为解决电子与信息技术专业毕业生缺乏电子与信息技术技能型人才的特质问题，本课题将首先对电子与信息技术技能型人才的职业特质进行研究，然后研究设计出适合电子与信息技术技能型人才职业特质和职业能力形成的教学整体解决方案，并通过教学整体解决方案的实施，探索电子与信息技术专业人才培养模式和专业教育理论。

（二）研究方法

1）调查法。运用现代职业分析方法对电子与信息技术技能型人才的职业活动进行调查，并在此基础上分析电子与信息技术技能型人才的职业活动的特点，提出电子与信息技术技能型人才职业特质的基本内涵。

2）文献法、总结法。对职业院校电子与信息技术专业教学和大型企业培训进行研究和总结，研究设计适合电子与信息技术技能型人才职业特质形成的教学整体解决方案。

3）实验法。通过适合电子与信息技术高技能型人才职业特质形成的教学整体解决方案的实施，对建立在电子与信息技术技能型人才特质基础上的中等职业教育电子与信息技术专业教学方案进行验证，探索电子与信息技术专业教学理论方法。

三、电子与信息技术技能型人才职业特质研究

职业特质是指从事不同职业的人所特有的职业素质，是能将工作中成就卓越与成就一般的人区别开来的深层特征[①]。总课题对于职业特质的研究，提出可以从两个方向开展研究，一是在同一职业中发现成就卓越者，通过调查分析方法，研究他们与成就一般者不同的深层特征；二是通过职业活动分析，研究取得职业活动卓越效果的人所具备的职业素质。本课题采用第二种方法。

① 邓泽民，2012．职业教育教学论[M]．4版．北京：中国铁道出版社．

（一）电子与信息技术技能型人才职业活动调查

1. 职业面向的调查

（1）学生就业企业类型和岗位工作统计

本研究通过对近 5 年电子与信息技术专业 500 多名毕业生就业岗位的调查发现，电子与信息技术专业毕业生就业岗位类型达 100 多个，职业生涯发展方向有七大领域，涉及通信产品生产、电子产品维修与调试、电子产品制造、计算机平面设计、计算机动漫与游戏制作、软件与信息服务和计算机网络技术，就业企业类型和岗位工作统计数据如表 5.1 所示。

表 5.1　就业企业类型及人数和岗位类型

就业企业类型统计		岗位统计
就业企业类型	就业人数	岗位类型及工作
电子产品制造类企业	150	生产、维修和电器公司售后服务
电子产品设计企业	10	电子产品开发、设计
通信、网络公司等	30	弱电系统设计、安装和网络维护
通信产品生产企业	140	通信产品生产流水线
半导体公司、网络公司	20	电子产品生产流水线、网络公司业务员
平面设计公司	28	印刷排版
网站设计公司	50	电子商务创建、网站编辑、网站美工和网络管理员
信息管理部门	38	信息化主管
其他	97	与专业无关的各类公司

（2）毕业生就业岗位分析

从学生就业企业类型和岗位工作的分析可以看出，学生主要从事电子设备安装、网络调试和维护（占 53%），电子设备设计、安装服务（占 22%），信息管理（占 13%）、平面设计（占 5%），其他（占 7%）等工作，面向电子技术应用、电子与信息技术、通信技术、计算机平面设计、计算机动漫与游戏制作、软件与信息服务和计算机网络技术等领域。

2. 职业活动的分析

为了客观地把握中等职业学校电子与信息技术专业毕业生工作中的职业活

动，本课题邀请多位行业专家，应用现代职业分析方法[①]，对电子与信息技术技能型人才职业活动进行分析，提出了电子与信息技术技能型人才职业活动表，如表 5.2 所示。

表 5.2　电子与信息技术技能型人才职业活动表

职业活动领域			任务
职业共性活动领域	电子技术类		常用电子电路的分析、测试
			常用仪器仪表的使用
			典型电子产品的设计、组装与调试
			使用电子设计软件的设计常用电路
			常用的单片机控制电路编程
	信息类		使用一般的信息化办公软件处理事物
			维修办公环境中常用的硬件
			维护网络或调试
			制作简短的广告动画片
			单位报纸或海报的设计排版
			使用数据库的简单管理信息
职业方向性活动领域	电子技术类	电子技术应用	常见电子整机的组装、调试与维修技能
			应用电子设计软件进行电子产品的开发与设计
		电子与信息技术	基于可编程逻辑器件的嵌入式系统开发与设计
			应用电子 EDA 技术对电子项目开发进行辅助设计
		通信技术	程控交换系统设计
			移动通信系统设计
	信息类	计算机平面设计	较大型的装潢美术设计、广告设计
			印前制作，主要处理图片或绘制有创意的图片，并精巧排版，保证顺利印刷
		计算机动漫与游戏制作	数学视频合成，主要把声音加工处理后和视频合成在一起，给人以美的享受
			运用 Flash 软件进行多媒体作品制作
		网站建设与管理	开发、设计网络课件，供人们远程学习使用
			运用一款软件和数据库知识开发动态网站
		计算机网络技术	计算机网络设计、布线与管理
			计算机网络调试，保证网络畅通

① 邓泽民，郑予捷，2009．现代职业分析手册[M]．北京：中国铁道出版社．

（二）电子与信息技术技能型人才职业活动特点

通过分析电子与信息技术技能型人才职业活动发现，电子与信息技术技能型人才职业活动都是严格按照操作规程、顺序展开的，如图 5.1 所示。

从图 5.1 中可以看出，电子与信息技术技能型人才采取什么行动，取决于任务的不同和所处过程阶段的变化。任务一旦确定，操作过程和规范标准就确定了。电子与信息技术技能型人才职业活动的特点是由过程顺序所支配，即电子与信息技术技能型人才职业活动具有典型的过程导向特点[①②]。

	过程阶段1	过程阶段2	过程阶段3	……
任务A	活动A1	活动A2	活动A3	……
任务B	活动B1	活动B2	活动B3	……
任务C	活动C1	活动C2	活动C3	……
⋮	⋮	⋮	⋮	

图 5.1　电子与信息技术技能型人才职业活动过程导向示意图

（三）电子与信息技术技能型人才职业特质内涵

国内有关电子与信息技术技能型人才职业特质的研究没有相关的文献，但在国家职业资格标准中有相关的描述。例如，严格执行工作程序、工作规范、工艺文件和安全操作规程，具有高度的责任心，团结协作，爱护设备及工具。那么，具有什么职业特质的人才能在工作中表现出上述职业胜任特征？本课题依据电子与信息技术技能型人才职业活动具有典型的过程导向特点，分析提出电子与信息技术技能型人才职业特质的内涵。

上述胜任特征，虽然由多个特征单元构成，但其核心是严格执行工作程序、工作规范、工艺文件和安全操作规程。因为只有做到了这一点，才能在保证工作安全的前提下，使产品制造、产品设计和维护维修达到要求的标准。因此，电子与信息技术技能型人才的职业特质被定义为依据任务，严格把握并执行工作程序、工作规范、工艺文件和安全操作规程，做到用严格的工作程序、工作规范和操作标准，保证操作结果符合质量要求的意识与素质。

---

① 邓泽民，陈庆合，2006．职业教育课程设计[M]．北京：中国铁道出版社．

② 邓泽民，陈庆合，2011．职业教育课程设计[M]．2 版．北京：中国铁道出版社．

四、电子与信息技术专业教学整体解决方案设计

职业特质的形成和专业教学的许多方面与环节息息相关，为了更好地发挥专业教学在职业特质形成中的重要作用，本课题对电子与信息技术专业教学整体解决方案进行设计。目前，有企业办学校、学校办企业及学校和企业合作办学三种形式。本课题采用第三种形式进行研究。

（一）专业的职业面向分析

电子与信息技术专业依据对毕业生就业和企业需求的调查，分为电子技术应用、电子设备安装调试、通信技术、计算机平面设计、网站建设与管理和计算机网络技术共六个方向，如表 5.3 所示。

表 5.3　专业的职业面向分析

<table>
<tr><th>专业名称</th><th>专业方向</th><th>职业岗位</th><th>对应岗位的职业资格证书</th></tr>
<tr><td rowspan="22">电子与信息技术</td><td rowspan="4">电子技术应用</td><td>数字化视听设备应用维护</td><td rowspan="4">家用电子产品维修工、电子设备装接工</td></tr>
<tr><td>电子产品营销</td></tr>
<tr><td>电子产品制造</td></tr>
<tr><td>光电产品应用与维护</td></tr>
<tr><td rowspan="4">电子设备安装调试</td><td>电子设备调试</td><td rowspan="4">家用电子产品维修工、电子设备装接工</td></tr>
<tr><td>无线电调试</td></tr>
<tr><td>电子仪器与测量工程</td></tr>
<tr><td>用户通信终端维修</td></tr>
<tr><td rowspan="3">通信技术</td><td>电信机务员</td><td rowspan="3">无线电调试工、电子设备装接工</td></tr>
<tr><td>市话测试员</td></tr>
<tr><td>无线电调试工</td></tr>
<tr><td rowspan="5">计算机平面设计</td><td>计算机操作员</td><td rowspan="5">计算机操作员、多媒体作品制作员、印前制作员</td></tr>
<tr><td>多媒体作品制作员</td></tr>
<tr><td>装潢美术设计人员</td></tr>
<tr><td>广告设计人员</td></tr>
<tr><td>印前制作员</td></tr>
<tr><td rowspan="3">网站建设与管理</td><td>计算机操作员</td><td rowspan="3">计算机操作员、网络课件设计师（四级）、网络编辑员</td></tr>
<tr><td>网络编辑员</td></tr>
<tr><td>网络课件设计师</td></tr>
<tr><td rowspan="3">计算机网络技术</td><td>网络设备调试员</td><td rowspan="3">网络设备调试员、计算机网络管理员、网络编辑员</td></tr>
<tr><td>计算机网络管理员</td></tr>
<tr><td>网络编辑员</td></tr>
</table>

（二）就业证书需求的分析

依据国家持证上岗的相关政策并调查相关企业发现，中等职业学校电子与信息技术专业学生就业一般要求核心技能：普通话水平测试等级证书和相应岗位的职业资格证书。例如：①基础技能——英语实用能力证书（最低二级）、计算机及外部设备装配调试员证书；②核心技能——维修电工职业资格证书（中级）、维修电工职业资格证书（高级）[选考]；③岗位（群）技能——制冷空调系统安装维修工技能等级证书、中央空调系统运行操作员资格证书[选考]、智能楼宇管理师证书[选考]、计算机制造人员证书（高级）[选考]、信息通信网络终端维修员证书等。

（三）专业培养目标的确定

1）电子技术应用方向的培养目标：使学生适应我国社会主义现代化建设的要求，在德、智、体、美等各方面得到全面发展，具有良好的职业素质和职业综合能力，成为电子技术应用方向的高素质劳动者。使学生具有科学的世界观、人生观、爱国主义思想与团队意识，具有科学文化素养并具备良好的职业道德和行为规范，成为掌握电子测量技术方面基本知识和基本技能，会使用常用工具，具备较强的实际工作能力，熟悉相关电子产品生产和维护过程，能够胜任中小型企业电子产品测量、应用、维护及销售工作的专业人员。

2）电子设备安装调试方向的培养目标：使学生成为满足我国社会主义现代化建设需求，德、智、体、美等各方面全面发展，具有良好综合职业能力的电子设备安装调试方向高素质劳动者。使学生具有科学的世界观、人生观、爱国主义与集体主义思想及良好的职业道德和行为规范，具有科学文化素养，成为掌握电子电路 CAD/CAM 方向的基本知识、基本技能的具有创新意识、创业立业能力和身心健康的，具有较强的实际工作能力的专业人员。

3）通信技术方向的培养目标：使学生适应我国社会主义现代化建设的需要，在德、智、体、美等各方面得到全面发展，具有较好的职业素质和职业综合能力，成为通信技术方向的高素质劳动者。使学生具有科学的世界观、人生观，具有良好的爱国主义、集体主义思想，具有良好的职业道德和行为规范，具有科学文化素养，成为掌握通信技术方向基本知识、基本技能和基本工具的一线工作人员。培养了解相关电子产品的生产和维护过程，能够适应企业电子产品生产一线需要，从事电子产品应用、维护及销售的专业人员。

4）计算机平面设计方向的培养目标：拥护党的基本路线，具有良好的思想品德和职业道德，具有一定的协调工作能力，具有自我学习、知识技能更新和适应岗位变化的能力。掌握计算机平面设计方向的基本理论和基本技能，具有较好艺术创意与设计理论素养，具备桌面排版、图文信息处理、平面广告设计与制作和数码照片艺术处理的能力。

5）网站建设与管理方向的培养目标：使学生成为掌握网站建设的基本技能，能熟练运用相关软件设计网页，具有一定的美工基础，能进行网站开发与维护，全面发展的高等技术应用性人才。

6）计算机网络技术方向的培养目标：使学生成为满足我国社会主义现代化建设的需要，德、智、体、美等各方面全面发展，具有良好的综合职业能力，掌握计算机网络技术方向的基本知识、基本技能，从事计算机网络工程、网络管理、网络产品营销和网络与信息安全方向工作的高素质劳动者。使学生成为具有创新意识、创业立业能力和身心健康的，具有较强的实际工作能力的专业人员。

（四）专业课程体系的构建

基础课程按照国家统一要求进行安排，专业课程按照电子与信息技术专业毕业生就业岗位和职业发展方向领域分为专业基础课程和专业方向课程，形成了基础平台和职业发展方向领域的课程体系结构。电子与信息技术专业课程体系结构示意图和课程体系分别如图 5.2 和图 5.3 所示。为了保证电子与信息技术技能型人才职业特质和职业能力的形成，专业方向课程以职业活动课程为主[①②]。

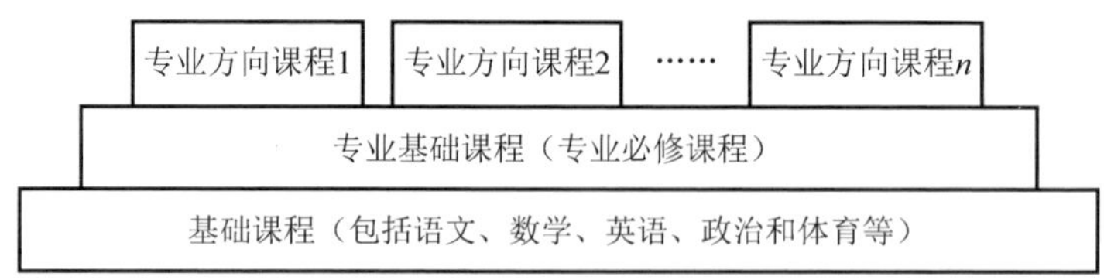

图 5.2　电子与信息技术专业课程体系结构示意图

① 邓泽民，陈庆合，2006．职业教育课程设计[M]．北京：中国铁道出版社．

② 邓泽民，陈庆合，2011．职业教育课程设计[M]．2 版．北京：中国铁道出版社．

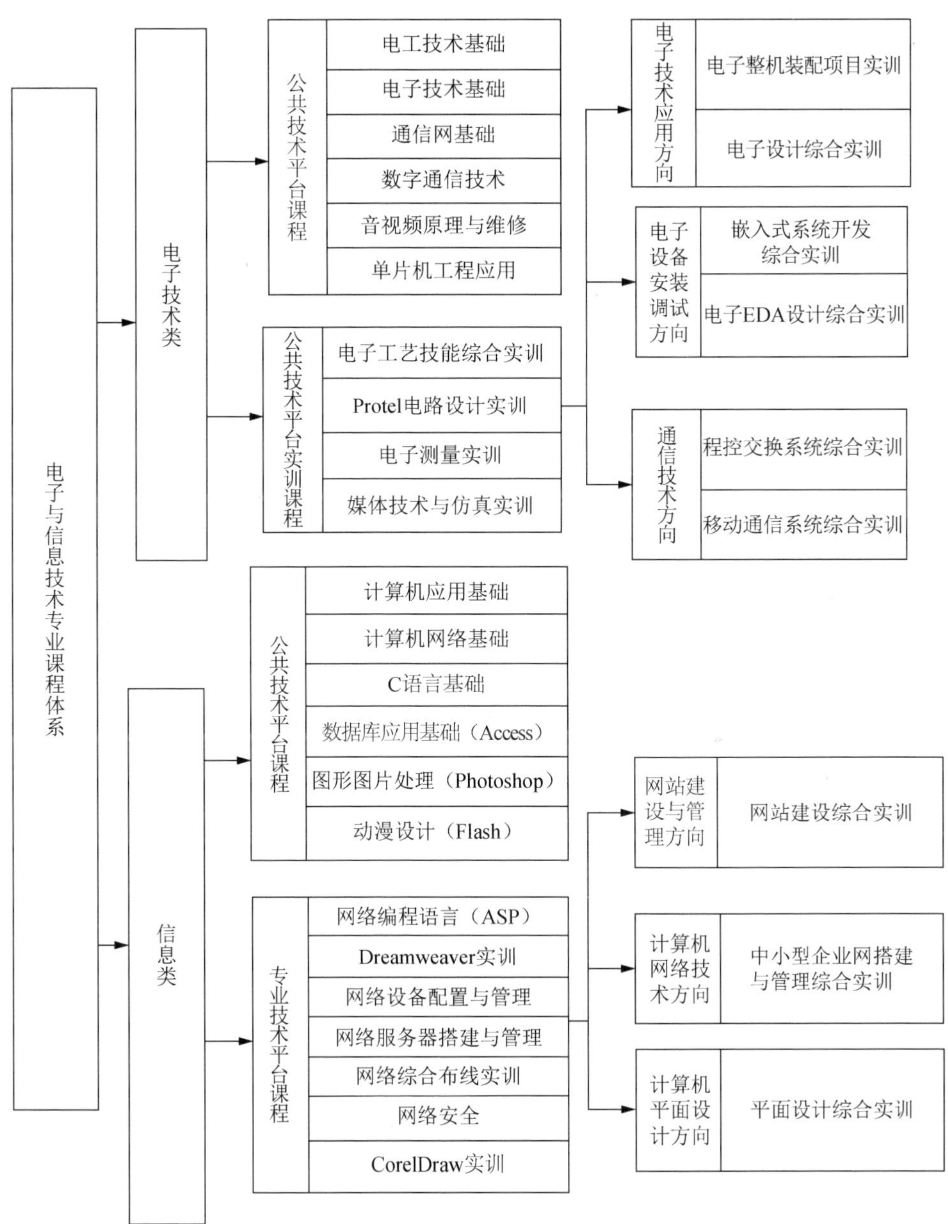

图 5.3　电子与信息技术专业课程体系

1. 电子技术类课程体系

1）电子技术类公共技术平台课程，相关内容如表 5.4～表 5.9 所示。

表 5.4 “电工技术基础”课程能力培养和教学内容

整体预设能力目标	课程教学内容	学时	单元教学内容		单元能力培养目标	考核要求
			任务名称	教学内容描述		
1. 掌握交直流电源、电工基本仪器仪表及常用电工工具；明确电工实验实训室操作规程，树立规范操作职业意识	电路的基础知识和基本测量	26	任务一：万用表测量直流电压、电流、电阻	1. 电路的组成及工作状态，电流的形成、方向和大小，电流的测量 2. 电压与电位，电源电动势与端电压，电压的测量 3. 电阻与电阻定律，电阻器及其参数、阻值的表示方法，电阻的测量 4. 部分电路欧姆定律，电能与电功率	1. 掌握电流的形成方向大小 2. 掌握电压与电位的概念，电压与电位的关系，电源电动势与端电压 3. 掌握电阻的阻值表示方法 4. 掌握欧姆定律，电阻的伏安特性，电能与电功率 5. 正确使用万用表测量电压、电流和电阻	考核方式： 课程的考核分课程理论知识（笔试）和实验实训技能（实操）两种考核方式，每个学期进行两次阶段性考试和一次期末考试（每次考试均包括理论和技能考核），按权重构成总成绩。
	闭合电路欧姆定律、基尔霍夫定律、电压源与电流源、戴维南定理与叠加定理	22	任务二：电阻性电路的故障检查	1. 闭合电路欧姆定律的内容，负载获得最大功率的条件 2. 电阻串联、并联和混联电路的特点 3. 基尔霍夫第一定律、第二定律的内容 4. 电压源、电流源与两者的等效变换 5. 戴维南定理与叠加定理	1. 掌握闭合电路欧姆定律的内容，负载获得最大功率的条件 2. 掌握电阻的串联、并联与混联的特点 3. 掌握基尔霍夫第一定律、第二定律的内容 4. 掌握戴维南定理与叠加定理 5. 掌握应用万用表检测电阻性电路故障的方法	

续表

整体预设能力目标	课程教学内容	学时	单元教学内容		单元能力培养目标	考核要求
			任务名称	教学内容描述		
2. 掌握电流、电压等电路的基本概念，学会选择合适的电工仪表对其进行测量；掌握万用表测量直流电压和直流电流的基本方法和操作步骤	电容器原理与参数种类、特点	16	任务三：电容器标识方法与检测	1. 常见电容器的外形，基本结构与符号 2. 电容器的常用参数与标识方法 3. 电容器串联电路与并联电路 4. 电容器的充放电 5. 电容器的识别与极性判断	1. 了解常见电容器的结构、种类与符号 2. 掌握电容器的各种标识方法，并能正确识读 3. 掌握电容器串联和并联的特性与实际应用 4. 掌握电容器的识别和测量方法，并能正确检测电容器质量好坏	考核内容： 考核内容包括各部分的基础理论知识、各种仪器仪表的正确使用和焊接工艺及各个任务的组装调试的工作。
	磁与电磁感应	14	任务四：互感线圈的同名端及实验判断	1. 磁的基本概念 2. 磁场的基本物理量 3. 电磁感应原理 4. 电感与电感器 5. 涡流和磁屏蔽	1. 了解磁通的概念及其在工程技术中的应用 2. 理解电磁感应现象，会用右手定则判断电磁力的方向 3. 理解互感的感念，了解互感在工程技术中的应用 4. 掌握同名端的概念及实验判断方法	

续表

整体预设能力目标	课程教学内容	学时	单元教学内容		单元能力培养目标	考核要求
			任务名称	教学内容描述		
3. 掌握闭合电路欧姆定律，理解电源的外特性；掌握电阻串并联及混联的连接方式；了解电压源和电流源的概念 4. 锻炼动手操作的能力，锻炼分析电路问题和排除电路故障的能力	正弦交流电	16	任务五：函数信号发生器、示波器和毫伏表的使用	1. 正弦交流电的基本概念 2. 正弦交流电的基本物理量 3. 正弦交流电的测量 4. 正弦交流电的表示法 5. 示波器的使用	1. 熟悉电工实验室工频电源的配置，并会用万用表测量其大小 2. 理解正弦量解析式，掌握正弦交流电的三要素 3. 理解有效值与最大值的概念，掌握它们之间的关系 4. 掌握示波器观测正弦交流电压的幅值与周期	总成绩构成权重：第一次阶段性考试占30%（包括理论和技能考核），第二次阶段性考试占30%（包括理论和技能考核），期末考试占60%（包括理论和技能考核）
	单相正弦交流电路	14	任务六：RC串联交流电路的测试与波形观察	1. 电感、电容对交流电路的阻碍作用 2. 单一元件的交流电路 3. RC、RL、RLC串联电路	1. 理解电感、电容对交流电的阻碍作用 2. 理解电阻元件、电感元件和电容元件电压与电流的大小和相位关系 3. 理解电路中瞬时功率、有功功率、无功功率和视在功率的物理概念	

续表

整体预设能力目标	课程教学内容	学时	单元教学内容		单元能力培养目标	考核要求
			任务名称	教学内容描述		
5．会使用常用的电子仪器、仪表，能分析各项任务的功能 6．能完成任务的制作与调试工作，能查找问题并排除故障	三相正弦交流电路	14	任务七：三相对称负载星形联结电压、电流的测量	1．三相正弦交流电源 2．三相负载的联结 3．三相交流电路的功率 4．用电保护 5．常用用电保护装置	1．了解三相正弦对称电源的概念，理解相序的概念 2．了解电源星形联结的特点 3．掌握保护接地的原理，理解保护接零的方法 4．掌握三相对称负载星形联结电压、电流的测量	
	变压器	16	任务八：变压器的工作原理	1．变压器的用途和构造 2．变压器的工作原理	1．了解变压器的种类、用途和结构 2．了解变压器的电压比、电流比和阻抗变换	
	瞬态过程	16	任务九：MF47 型万用表的组装与调试	1．瞬态过程简介 2．换路定律 3．RC 串联电路的瞬态过程	1．理解瞬态过程，了解瞬态过程在工程技术中的应用 2．掌握换路定律，运用换路定律求解电路的初始值 3．了解 RC 串联电路的瞬态过程，理解时间常数的概念 4．熟练安装和调试万用表	

表 5.5　“电子技术基础”课程能力培养和教学内容

整体预设能力目标	课程教学内容	学时	单元教学内容		单元能力培养目标	考核要求
			任务名称	教学内容描述		
1. 掌握常见的电子器件的外部特性、工作原理和主要技术指标，并重点掌握常见电子器件的应用 2. 掌握电子线路各个模块中典型单元电路的工作原理、分析方法	串联型直流稳压电源的制作与调试的理论与技能知识	26	任务一：串联型直流稳压电源的制作与调试	1. 半导体二极管、三极管和场效应管等器件的结构、特性及参数 2. 各种整流和滤波、稳压电路的电路组成及工作原理 3. 各种元器件识别与选取的知识，示波器、万用表等常用仪表的使用 4. 串联型直流稳压电源的制作与调试	1. 掌握与串联型稳压电源有关的理论知识 2. 正确使用电烙铁等焊接工具焊接电路 3. 半导体器件的识别及质量判别 4. 正确使用示波器、万用表等电子仪器、仪表进行调试和检测	考核方式： 课程的考核分课程理论知识（笔试）和实验实训技能（实操）两种考核方式，每个学期进行两次阶段性考试和一次期末考试（每次考试均包括理论和技能考核），按权重构成总成绩。
	多级放大器、直流放大器、差动放大器、反馈电路和功率放大器的理论与技能知识	22	任务二：高保真音频功率放大器的制作与调试	1. 三种耦合方式多级放大电路的组成及特点 2. 直流放大器的特点，差动放大器的组成与工作原理 3. 四种类型负反馈放大电路的分析 4. 各种功率放大电路的组成与特点 5. 高保真音频功率放大器的制作与调试要点	1. 掌握三种耦合方式多级放大器的电路的特点及原理分析 2. 掌握实用型差动放大器的电路结构，各元器件功能及工作原理 3. 掌握四种负反馈类型的判断方法 4. 掌握各种功率放大器的组成、电路的特点	

续表

整体预设能力目标	课程教学内容	学时	单元教学内容		单元能力培养目标	考核要求
			任务名称	教学内容描述		
3．掌握常见的集成电路的外部特性，学会使用电子类工具书，具有查找资料的能力 4．锻炼动手操作的能力，锻炼分析电路问题和排除电路故障的能力	集成运算放大器及其应用	16	任务三：逻辑测试笔的制作与调试	1．集成运算放大器的构成 2．集成运算放大器的种类与主要参数 3．集成运算放大器的线性应用 4．集成运算放大器的非线性应用 5．逻辑测试笔的制作与调试要点	1．掌握集成运算放大器的结构特点和主要性能 2．掌握集成运算放大器的线性、非线性应用：加法器、减法器、比较器和方波发生器 3．掌握集成运算放大电路的安装与调试方法	考核内容： 考核内容包括各部分的基础理论知识、各种仪器仪表的正确使用和焊接工艺及各个任务的组装调试的工作。
	振荡电路原理与应用	14	任务四：变音门铃的制作与调试	1．调谐原理与调谐电路 2．振荡原理 3．分立元件振荡电路分析 4．集成振荡电路分析 5．变音门铃电路制作	1．了解振荡器的功能、组成及振荡条件 2．熟悉 LC 振荡电路、RC 振荡电路的电路组成，元件的作用 3．掌握石英晶体振荡器的基本形式，理解工作原理 4．掌握变音门铃电路制作方法	

续表

整体预设能力目标	课程教学内容	学时	单元教学内容		单元能力培养目标	考核要求
			任务名称	教学内容描述		
5．掌握数字基本电路的特点、功能和工作原理，掌握逻辑代数的基本知识、逻辑门电路的基本知识 6．能够进行组合逻辑电路和时序逻辑电路的分析，熟练使用中小规模集成电路进行实际电路的正确连接和实验现象的分析	可控硅及其电路应用	16	任务五：多路抢答器的制作与调试	1．可控硅的结构原理、参数 2．可控硅组成的半波、全波整流电路 3．可控硅的触发电路 4．双向可控硅电路 5．多路抢答器的电路原理	1．掌握可控硅的导电特性，熟悉可控整流电路形式，理解其工作原理 2．能识别典型可控硅的引脚，检测其质量好坏 3．具备应用可控硅和单结晶体管进行电子小制作的能力	总成绩构成权重： 第一次阶段性考试占30%（包括理论和技能考核），第二次阶段性考试占30%（包括理论和技能考核），期末考试占60%（包括理论和技能考核）
	晶体管的开关特性和反相器	14	任务六：反相器的制作与调试	1．脉冲基础知识 2．晶体二极管、三极管的开关特性 3．反相器的制作	1．掌握脉冲的概念、积分电路与微分电路原理 2．掌握晶体管的开关特性 3．掌握反相器的制作工艺、元件检测与电路调试	
	组合逻辑电路及其应用	14	任务七：简易三态逻辑测试笔的制作与调试	1．数字电路概述 2．基本逻辑门电路组成 3．组合逻辑门电路组成 4．逻辑代数的分析方法 5．逻辑电路的制作与调试	1．了解数字电路的特点与应用，熟悉脉冲波形的主要参数 2．掌握与门、或门、与非门、或非门和异或门的逻辑功能，熟悉其图形符号 3．组装并调试简易三态逻辑测试笔电路	

续表

整体预设能力目标	课程教学内容	学时	单元教学内容		单元能力培养目标	考核要求
			任务名称	教学内容描述		
	触发器电路	16	任务八：集成触发器电路的调试	1．基本 RS 触发器组成与工作原理 2．钟控同步 RS 触发器的组成与工作原理 3．JK 触发器、D 触发器、T 触发器电路 4．集成触发器实训电路组成与调试	1．掌握基本 RS 触发器的电路组成、逻辑功能和工作原理 2．掌握同步 RS 触发器的电路结构和真值表 3．掌握集成触发器的使用常识 4．学会集成触发器的逻辑功能的测试方法	
7．会使用常用的电子仪器、仪表，能分析各项任务的功能 8．能完成任务的制作与调试工作，能查找问题并排除故障	计数、译码和显示电路	16	任务九：BCD 七段显示译码器电路的制作与调试	1．时序电路与数制简介 2．并行、串行寄存器 3．二进制、十进制计数器 4．数码、液晶显示器	1．了解时序逻辑电路的概念和分类 2．掌握数码寄存器的功能、电路组成及常见类型 3．了解集成十进制计数器的使用常识 4．具有安装数码管寄存器、计数器和显示器应用电路的能力	
	555 定时器	14	任务十：555 定时器电路的制作与调试	1．多谐振荡器的电路分析 2．单稳态触发器的电路分析 3．双稳态触发器的电路分析	1．掌握多谐振荡器的电路形式、工作原理及振荡周期的估算方法 2．掌握门电路组成的单稳态触发器、电路组成与各种原理 3．了解施密特触发器的电路特点、组成与工作原理	

表 5.6 “通信网基础”课程能力培养与教学内容

整体预设能力目标	课程教学内容	参考学时	单元教学内容		单元能力培养目标	考核要求
			项目（任务）名称	教学内容描述		
1. 掌握通信网的概念及构成要素 2. 了解通信网的质量标准	通信网的组成及功能	2	常见的几种类型通信网	1. 掌握通信网基本概念 2. 认识不同类型通信网络	1. 明确通信网的概念、构成要素及组成形式 2. 对给定的基本结构，能分析其优、缺点	考核方式： 课程的考核成绩由笔试（课堂练习和试卷两部分组成）和实践考核组成，按权重构成总成绩。
	通信网的网络体系结构	4	OSI、TCP/IP 网络体系结构	1. 识记网络协议概念 2. 理解 OSI 模型结构 3. 掌握 TIP/IP 模型结构	1. 掌握网络协议的基本概念 2. 了解基本网络体系结构模型：OSI 模型及各层功能、TCP/IP 模型及各层协议	
	交换技术	6	交换方式	1. 电路交换 2. 分组交换 3. 宽带交换	1. 掌握电路交换的基本过程及技术特点，并能进行简单的应用举例 2. 掌握分组交换的基本过程及技术特点，能区分数据报和虚电路的不同交换方式 3. 了解帧中继的特点	
	电话通信网	8	电话通信网的概念及结构	1. 电话通信网的概述 2. 电话网的结构 3. 长途电话网、本地电话网和国际电话网的结构	1. 了解电话网的组成 2. 掌握我国电话网的五级结构及各级交换中心的职能 3. 掌握长途电话网的路由设置，能根据选择原则选择路由	

续表

整体预设能力目标	课程教学内容	参考学时	单元教学内容		单元能力培养目标	考核要求
			项目（任务）名称	教学内容描述		
3．掌握电路交换和分组交换技术的基本过程和特点 4．掌握协议的概念，以及网络体系机构（OSI）层结构	移动通信系统	6	移动通信网的概念及结构	1. 蜂窝系统的组网技术 2．GSM 移动通信系统 3．CDMA 移动通信系统	1．能分析移动通信的几种工作方式 2．掌握频率的有效利用技术、小区制覆盖的目的和空闲信道的选取方式 3．了解 GSM 数字蜂窝网的网络结构及系统工作过程	考核内容： 笔试包括基础理论和实践理论；实践考核包括完成任务过程考核、答辩等。
	数据通信网	8	数据通信网的概念及结构	1．分组交换网 2．数字数据网 3. 帧中继的概述	1. 了解在分组交换用户终端的入网方式 2．掌握 DDN 的定义、结构和特点 3．掌握帧中继的基本概念和技术功能，了解帧中继的协议结构	
	智能网	4	智能网的概念及结构	1. 电信新业务的发展与智能网 2．智能网的概念、组成及模型	1．掌握智能网的概念、组成结构及各部分功能 2．能分析通过智能网进行电信新业务开发的工作过程	
	电信支撑网	8	电信支撑网的概念及结构	1．No.7 信令网 2．同步网 3．电信管理网	1．掌握公共信道信令方式的主要特点 2．掌握 No.7 信令系统的基本结构、信令单元格式、信令系统的工作方式及信令网与电话网的关系 3．掌握同步网的基本概念及同步的方法，能分析滑码的产生及影响	

续表

整体预设能力目标	课程教学内容	参考学时	单元教学内容		单元能力培养目标	考核要求
			项目（任务）名称	教学内容描述		
5．掌握我国电话网的等级结构，能根据交换机的路由选择规则选择路由，了解本地网的网络结构 6．掌握 GSM 的网络结构及工作过程，掌握 CDMA 的通信理	综合业务数字网	8	综合业务数字网的概念及结构	1．ISDN 的基本概念 2．ISDN 的网络结构和功能 3．ISDN 的应用	1．了解 ISDN 的定义和特性 2．了解 ISDN 的信道配置及用户线传输速率 3．了解 ISDN 用户/网络接口协议	总成绩构成权重： 课堂练习占 10%，实践考核占 30%，试卷占 60%
	用户接入网	6	用户接入网的概念及结构	1．用户介入技术的现状和发展 2．有线接入网 3．无线接入网	1．了解接入网的定义分层及主要功能 2．了解几种常见有线接入网的基本结构	

表 5.7 “数字通信技术”课程能力培养和教学内容

整体预设能力目标	课程教学内容	参考学时	单元教学内容		单元能力培养目标	考核要求
			教学内容描述	配套实验		
1．掌握数字通信技术的基本概念和基本原理 2．掌握数字通信系统的性能分析和设计方法	数字通信概述及数字终端技术	14	1．数字通信系统概念 2．通信技术现状及发展趋势 3．脉冲编码调制 4．自适应插值码调制 5．多路复用技术	脉冲编码调制（PCM）、增量调制（ΔM）实验	1．掌握通信系统概念 2．了解数据通信的现状及趋势 3．掌握脉冲编码调制、自适应差值脉码调制和增量调制	考核方式： 课程的考核成绩由笔试（课堂练习和试卷两部分组成）、口试和实践考核三部分组成，按权重构成总成绩。

续表

整体预设能力目标	课程教学内容	参考学时	单元教学内容		单元能力培养目标	考核要求
			教学内容描述	配套实验		
3．掌握数字通信系统的构成、基本原理，主要性能指标的计算，分析方法，通信信号和系统的基本设计方法 4．培养分析、解决数字通信系统问题的能力，为以后学习更高级的信息与通信课程奠定重要的技术基础，为毕业后从事通信方面的专业技术工作打下坚实的基础	差错控制编码	6	1．差错控制的方式及基本原理 2．常见纠、检错编码：奇偶校验码、行列校验码	HDB3 码型变换实验	1．掌握数字基带信号的表示方法 2．掌握差错控制编码的基本概念，检错和纠错的基本原理	考核内容： 笔试包括基础理论和实践理论；实践考核包括完成任务过程考核、答辩等。 总成绩构成权重：课堂练习占 10%，实践考核、口试占 30%，试卷占 60%
	数字信号的基带传输	8	数字基带信号、基带传输的基本原理，再生中继传输	1．数字基带信号处理实验 2．数字基带信号传输实验	1．理解数字基带传输系统的基本工作原理 2．掌握理想基带传输系统（单、双极性）误码率的分析方法	
	数字信号的频带传输	14	频带传输系统组成、振幅键控调制、移频键控调制和移项键控调制	1．二项 PSK 调制解调实验 2．FSK 调制解调实验	1．掌握二进制数字调制的原理及实现方法 2．理解二进制数字调制的误比特率分析，多进制数字调制的特性	
	GSM 数字移动通信系统	8	GSM 系统的主要组成、移动通信的主要技术和 GSM 移动通信系统的运行	1．移动通信系统组成及功能 2．无线数字信令 3．TDMA、FDMA、CDMA 多址实验	1．熟悉移动通信系统组成 2．掌握数字调制解调技术 3．熟悉频分多址模拟蜂窝网，掌握时分多址数字蜂窝网、码分多址移动通信系统	
	卫星通信系统	4	1．通信卫星的组成，卫星地面站的组成 2．卫星通信的基本原理与相关技术	1．卫星接收天线系统的安装实验 2．卫星接收和现场调试实验	1．掌握通信卫星和地面站设备 2．了解 VSAT 卫星通信网 3．了解移动卫星通信系统	

续表

整体预设能力目标	课程教学内容	参考学时	单元教学内容		单元能力培养目标	考核要求
			教学内容描述	配套实验		
	光纤通信系统	6	光纤和光缆 光纤通信终端设备	1．光纤通信的传输认识与演示 2．数字信号的光-电、电-光传输 3．模拟信号的光-电、电-光传输	1．掌握光纤通信系统的组成、性能指标 2．掌握光纤的传输理论	

表 5.8 “音视频原理与维修”课程能力培养和教学内容

整体预设能力目标	课程教学内容	参考学时	单元教学内容		单元能力培养目标	考核要求
			项目（任务）名称	教学内容描述		
1．掌握应用于社会生活、学习和工作领域的常见的音视频设备的使用方法 2．具备从事音视频系统工程策划、集成、建设、实施与评价的工作技能	音视频工程基础	4	音视频工程基础知识	音视频系统的组成及结构，图像成像及显像的相关知识，模数转换的基本过程，信号分类、常见信号接口，视频显示设备的分类与技术指标	1．音视频系统结构及组成 2．认识各种信号接口及视频显示设备	

续表

整体预设能力目标	课程教学内容	参考学时	单元教学内容		单元能力培养目标	考核要求
			项目（任务）名称	教学内容描述		
基本能力目标： 掌握音视频系统的初步设计，音视频设备的操作、管理及维护（应知应会）。	舞台音视频系统	14	舞台音视频系统操作训练	声学基础知识、声反馈及近讲效应，家用舞台音视频系统中的常见设备功能、参数和技术要点说明，麦克风的基本知识和使用技巧，调音台的基本知识及使用技巧，功率放大器与音箱的匹配要点，音箱选择要点，声场及立体声声道知识，工程方案写作的基本格式及要点，设备使用说明书，工程案例，知识库（概念、参数、标准和中英文术语）	1．调音台专题操作训练 2．系统设备的连接与使用训练 3．5.1 声道的应用 4．系统功能的调试及故障分析 5．工程方案的设计与写作 6．方案描述训练	课程的考核成绩由笔试、实践考核两部分组成，按权重各 50%构成总成绩。
	多媒体教学系统	16	多媒体教学系统训练	多媒体技术基本知识，多媒体教学系统的组成及常见设备的功能、参数和标准说明，交互式电子白板的功能、原理和应用，投影系统的基本知识（投影机、镜头、光源、屏幕及使用要点），投影系统的工程安装与维护要点（投影机进风口清洁、投影灯泡的更换和液晶板的清洗等），中控系统的功能及应用，设备使用说明书，多媒体教室、语音室的工程案例，知识库（概念、参数、标准和中英文术语）	1．视频展示台的操作训练 2．交互式电子白板的操作训练 3．投影机的使用、安装和调试 4．多媒体教学系统的设备连接 5．多媒体教学系统的调试及故障分析 6．投影机投射距离与屏幕尺寸的计算 7．工程方案的设计、写作与描述训练	

续表

整体预设能力目标	课程教学内容	参考学时	单元教学内容		单元能力培养目标	考核要求
			项目（任务）名称	教学内容描述		
高级能力目标： 学会音视频技术知识的整合与运用、系统集成及工程规划和实施	多功能会议系统	20	多功能会议系统	多功能会议厅的系统组成与应用，中央控制器、信号矩阵器、会议讨论单元和主机、电源控制器等设备的功能、参数和相关说明，多功能会议厅视频显示系统、音响系统、中控系统、矩阵系统和环境系统等各种子系统的功能及其设备连接图，会议讨论系统的发展与应用，信号矩阵器和信号切换器的基本知识，声反馈抑制器的应用，厅堂音箱的摆放规律和技巧，多功能会议室、学术报告厅等厅堂音视频系统工程设计方案，知识库（概念、参数、标准和中英文术语）	1. 中央控制器的操作及其与周边设备的互联 2. 信号矩阵切换器的操作及其与信号源设备的互联 3. 手拉手话筒及其与会议主机的连接 4. 声反馈抑制器的操作 5. 立体声声场系统的搭建 6. 多媒体会议厅的设计与工程方案写作 7. 方案描述训练	笔试侧重于基础理论和实践理论；实践考核包括各个项目操作完成情况等
	公共广播系统	16	公共广播系统	公共广播系统的社会应用和发展趋势、特点，定压传输方式广播系统的原理和特点，调频传输方式（有线、无线）的原理和特点，数字网络方式的原理和特点，公共广播系统六大组成部分，节目定时器、信号放大器、分区控制器、调制器、混合器、接收器和发射器等设备的功能和说明，功放与扬声器的选配规律，有源音箱、无源音箱的区别，调频音箱的基本知识，多种信号传输方式共用的公共广播系统工程方案，知识库（概念、参数、标准和中英文术语）	1. 定压传输方式广播系统的设备连接训练 2. 定压广播系统的调试和故障分析 3. 节目定时器、分区器、调制器、混合器及调频音箱的认识 4. 功放与扬声器（音箱）功率大小的匹配计算，系统分区和各分区扬声器数目的计算 5. 公共广播系统的方案设计与写作练习 6. 方案描述训练	

表 5.9　“单片机工程应用”课程能力培养和教学内容

整体预设能力目标	课程教学内容	参考学时	单元教学内容		单元能力培养目标	考核要求
			项目（任务）名称	教学内容描述		
1．掌握单片机的基本原理、内部结构、存储器和 I/O 口编程方法，程序编写知识，掌握系统的设计思路、开发过程，能进行一般的智能系统设计 2．培养独立开发单片机简单系统的能力，拓展专业视野，培养创新能力，增加毕业后的就业机会	探索项目引导、任务驱动式课程模式。将该课程分成五个项目（任务），通过程序编制、软件仿真和硬件实习，到最后的产品检测，使学生提高学习兴趣，挖掘自学潜力，掌握单片机产品开发过程	12	霓虹灯控制系统	单片机 I/O 口控制，Keil 软件的使用并进行简单仿真，C51 基本指令，简单程序编制，ISP 下载	能够进行简单程序的编写和调试，熟练使用编程软件进行编程调试和仿真，掌握单片机基本 I/O 口控制	电路板焊接正确，程序编制符合霓虹灯要求，可进行自我发挥，自我设计霓虹灯样式，通电后效果正确
		20	数字表	数码管控制，动态扫描应用，按键识别。定时器/计数器的应用	能对一个和多个数码管进行显示控制，能够对按键进行有效识别。熟练掌握数字表的编程算法	电路板焊接正确，程序编制符合数字钟要求，可进行调时操作，可进行自我发挥，通电后效果正确
		20	医院呼叫报警器	PT226/2272 无线发射接收，中断系统，串行通信	熟练进行无线收发的控制，并能通过串口把接收的信息发送到上位机	电路板焊接正确，程序编制符合医院呼叫报警器要求，要求最少两路，可进行自我发挥，通电后效果正确
		12	LED 点阵控制	16×32 点阵电路原理，控制方法，总线技术	掌握点阵显示原理，总线控制技术	电路板焊接正确，程序编制符合点阵显示要求（流动字幕），可进行自我发挥，通电后效果正确
		10	寻迹小车	PWM 技术，系统开发方法	掌握直流电机转速和检测的方法，了解系统开发流程	小车能够按照要求寻迹，速度合理，转向灵活

2）电子技术类公共技术平台实训课程，相关内容如表 5.10～表 5.13 所示。

表 5.10 “电子工艺技能综合实训”课程能力培养和教学内容

整体预设能力目标	课程教学内容	参考学时	单元教学内容		单元能力培养目标	考核要求
			项目（任务）名称	教学内容描述		
了解安全用电及触电急救	安全用电的基本要求、触电急救的基本知识	4	安全用电知识	触电危害、设备安全、安全用电技术及触电急救方法等	掌握安全用电知识、防触电方法	分组讨论、交流
了解电子元器件的识别与检测	常用电子元器件的识别与检测	14	电子元器件	常用电子元器件的识别与检测	常用电子元器件的识别与检测	能够独立识别与检测
掌握常用电子仪器仪表的使用	常用电子仪器仪表的使用方法	14	电子仪器仪表的使用	常用电子仪器仪表的使用方法（万用表、示波器和信号发生器等）	掌握常用电子仪器仪表的使用方法	会独立使用电子仪器仪表
掌握常用装配工具的使用	常用装配工具的使用	4	装配工具的使用	常用装配工具的使用	掌握常用装配工具的使用	会独立使用常用装配工具
了解PCB制作工艺，掌握PCB手工制作方法	PCB 制作工艺流程，手工制作方法	6	PCB 手工制作方法	PCB 手工制作方法	掌握PCB手工制作方法	会独立完成PCB手工制作
掌握焊接技术	常用焊接工具选用、常用电子元器件焊接，焊接结果评判	4	焊接及拆焊	焊接工艺简介与简单元器件焊接，集成元件焊接、拆焊，常用元器件的识别、检测	基本焊接技术与判断标准，练习简单元器件的焊接，会识别、检测常用元件及数值	熟练焊接、拆焊，判别焊点的质量
元件测试、正确插装及焊接、调试及故障检修	组装工艺、元件测试、插装及焊接、调试及整机验收	10	921 收音机	电子产品组装流程及相关工艺，921 收音机的基本组成及原理，按照工艺要求将元器件成型、插装，按照工艺要求焊接元器件、装配收音机外围元器件，形成产品，总装后再次对收音机进行调试，形成调试报告	了解电子产品组装工艺，了解收音机组成及原理，元器件检查、测试，各功能调试、故障检查，整机装配及检测	独立组装、调试收音机
了解 SMT 生产工艺	SMT 生产工艺流程	4	SMT 收音机	SMT 生产工艺流程，SMT 收音机装配	SMT 收音机装配	独立完成 SMT 收音机装配流程

表 5.11　“Protel 电路设计实训”课程能力培养和教学内容

整体预设能力目标	课程教学内容	参考学时	单元教学内容		单元能力培养目标	考核要求
			项目（任务）名称	教学内容描述		
1．掌握用计算机实现电路设计自动化的基本技能	Protel DXP 的环境设置	2	Protel DXP 概述	1．窗口设置 2．图纸设置 3．格点和光标设置	了解窗口设置、图纸设置及格点和光标设置	熟练操作软件
	原理图库操作	2	原理图	1．原理图库的概念及界面认识 2．零件管理器的使用 3．元件图形符号创建入门	了解原理图库的概念	熟练操作软件
	电路原理图设计	4	电路原理图设计	1．原理图设计基本过程及其编辑的界面认识 2．画电路图工具 3．电路图的编辑 4．层次电路图的编辑	了解原理图设计基本过程及其编辑的界面	熟练操作软件
	PCB 板环境设置	2	PCB 板	1．窗口设置 2．编辑区缩放 3．Document Options（图面属性）设置 4．Preferences（系统参数）对话框的设置	了解 PCB 板环境设置	熟练操作软件
	PCB 库文件的编辑	2	PCB 库	1．PCB 库的概念及界面认识 2．元器件封装设计	了解 PCB 库文件的编辑	熟练操作软件
	PCB 板布局	2	PCB 板布局	1．组件的选取、导线的绘制 2．放置工具栏的使用 3．布局举例	了解PCB板布局	熟练操作软件
	PCB 布线及设计规则检查	2	PCB 布线	1．PCB 布线注意事项 2．PCB 设计规则	了解 PCB 布线及设计规则	熟练操作软件

续表

整体预设能力目标	课程教学内容	参考学时	单元教学内容		单元能力培养目标	考核要求
			项目（任务）名称	教学内容描述		
2．能熟练掌握利用Protel软件绘制电路原理图的方法及印刷电路板的设计方法	利用Protel软件绘制电路原理图，检查电气规则，生成网络表并打印	4	直流稳压电源原理图的绘制	进入原理图编辑界面，建立项目文件，建立原理图，设置原理图环境参数，加载元件库，编辑元器件——放置、属性和位置调整等，建立电路连接——导线，检查电路图的错误ERC——编译，输出BOM清单，输出电路原理图，电路原理图的标准格式，元器件的标准化标号及图形符号	认识直流稳压电源原理图的元器件及封装，能用protel软件绘制简单的模拟电路原理图	能够熟练掌握用Protel软件绘制电路图的一般流程
	设计直流稳压电源印制电路板图（单面板）	4	直流稳压电源印制电路板图	进入印制电路板编辑界面，新建印制电路板图，设置单面印制电路板环境参数，传递原理图到新建的印制电路板，布局元器件，连接元器件，调整印制电路板图，检查印制电路板的错误DRC，输出印制电路板图纸，印制电路板基板的特点及分类，印制电路板的制作工艺	认识各种电子元器件的封装，能用Protel软件设计直流稳压电源的印制电路板图	能够熟练掌握用Protel软件绘制印制电路板的一般流程，能设计简单的单面印制电路板
	绘制数字钟原理图	6	数字钟原理图绘制	进入原理图编辑界面，建立项目文件，建立原理图，设置原理图环境参数，加载元件库，编辑元器件——放置、属性和位置调整等，建立电路连接——导线，检查电路图的错误ERC——编译，输出BOM清单，输出电路原理图	认识数字钟原理图的元器件及封装能用Protel软件绘制模数混合电路原理图	熟练掌握用Protel软件绘制电路图

续表

整体预设能力目标	课程教学内容	参考学时	单元教学内容		单元能力培养目标	考核要求
			项目（任务）名称	教学内容描述		
3．培养进步、发展的意识和分析、思考和操作的能力	设计数字钟印制电路板图（双面板）	4	数字钟 PCB 设计	进入印制电路板编辑界面，新建印制电路板图，设置单面印制电路板环境参数，传递原理图到新建的印制电路板，布局元器件，连接元器件，调整印制电路板图，检查印制电路板的错误 DRC，输出印制电路板图纸，印制电路板基板的特点及分类，印制电路板的制作工艺	认识各种电子元器件的封装，设计数字钟的印制电路板图	能够熟练掌握用Protel软件绘制印制电路板的一般流程，能设计简单的双面印制电路板

表 5.12　“电子测量实训”课程能力培养和教学内容

整体预设能力目标	课程教学内容	参考学时	单元教学内容		单元能力培养目标	考核要求
			项目（任务）名称	教学内容描述		
1．掌握常用电子测量仪器的使用，掌握测量技术和科学的测量方法	科学的电子测量方法，误差分析，正确使用各种常用电子测量仪器	10	万用表实训	1．模拟万用表 2．数字万用表	了解模拟万用表和数字万用表的基本原理，能够正确使用万用表	熟练使用万用表的所有挡位对外部信号和器件进行准确测量
		12	信号发生器实训	1．正弦信号发生器 2．函数发生器	了解正弦信号发生器和函数发生器的基本原理，并能正确使用	能按照要求输出各种信号波形，参数正确
		20	电子示波器实训	1．模拟示波器 2．数字示波器	了解模拟示波器和数字示波器的基本原理，能够正确使用示波器	能够按照要求准确测量外来各种信号，并合理地在示波器上显示出来

续表

整体预设能力目标	课程教学内容	参考学时	单元教学内容		单元能力培养目标	考核要求
			项目（任务）名称	教学内容描述		
2．能够根据具体测量情况进行相应仪器选择和参数调节，正确进行测量 3．培养独立使用电子测量工具的能力，拓展专业视野，培养创新能力，增加毕业后的就业机会		6	电子电压表实训	1．模拟式电子电压表 2．数字式电子电压表	了解模拟式电子电压表和数字式电子电压表的基本原理，能够正确使用电子电压表	能够按照要求准确测量，合理显示
		10	电子计数器实训	E-312A 型通用电子计数器	了解 E-312A 型通用电子计数器的基本原理，能够正确使用该仪器	能够对一定时间间隔内输入的脉冲技术测量，并以数字形式显示计数结果
		12	元器件测量仪器实训	1．集总参数元件测量仪器 2．晶体管特性图示仪 3．数字电容表 4．绝缘电阻表	掌握常见的集总参数元件的特性及常用测量仪器的使用	能熟练使用万用电桥、高频 Q 表、晶体管特性图示仪、数字电容表和绝缘电阻表对元件参数进行测量
		16	频域测量仪器实训	1．扫频仪 2．频谱分析仪	掌握扫频仪和频谱分析仪的基本原理和测量方法	能用扫频仪对信号通过电路时的幅频特性进行测量，能用频谱分析仪对信号的各频率分量进行测量
		6	数据域测量仪器实训	1．数据域测量 2．逻辑分析仪	掌握数据域测量原理，能够正确使用逻辑分析仪进行测量	能够对数字逻辑电路和系统在实时运行过程中的数据流或事件进行记录和显示

表 5.13　“媒体技术与仿真实训”课程能力培养和教学内容

整体预设能力目标	课程教学内容	参考学时	单元教学内容		单元能力培养目标	考核要求
			项目（任务）名称	教学内容描述		
1. 掌握虚拟仪器的使用，掌握系统仿真的设计思路、开发过程，能进行一般的电路仿真 2. 培养独立进行电路仿真的能力，拓展专业视野，培养创新能力，增加毕业后的就业机会	探索项目引导、任务驱动式课程模式。将该模块分成两个项目（任务），熟悉EWB软件的使用，能对普通模拟电路和数字电路进行电子仿真	10	EWB 虚拟仪器的使用	虚拟信号源的使用，虚拟测量仪器的使用，虚拟元器件的使用	能够灵活地应用各种虚拟元器件，并进行相应参数设置，能够正确选取虚拟信号源和虚拟测量仪器	独立完成 RC 低通滤波器电路的仿真。独立完成共发射极单级放大电路的仿真
		20	EWB 仿真技术的应用	各种模拟电路和数字电路的仿真训练	能够熟练使用 EWB 的各种功能，正确选取虚拟信号源和虚拟测量仪器	根据要求正确配置参数，达到正确的仿真效果，并能进行仿真分析
	探索项目引导、任务驱动式课程模式。将该模块分成两个项目（任务），熟悉Proteus软件的使用，能对嵌入式可编程系统电路进行电子仿真	12	Proteus 仿真软件的简单应用	各种模拟电路和数字电路的仿真训练	能够熟练使用 Proteus 的各种功能，正确选取虚拟信号源和虚拟测量仪器	根据要求正确配置参数，达到正确的仿真效果，并能进行仿真分析
		20	Proteus 仿真软件的实例应用	可编程系列电路的仿真训练	能够对嵌入式开发系统进行仿真，能够正确导入已经编写好的程序代码	根据要求正确配置参数，达到正确的仿真效果，并能进行仿真分析

3）电子技术类专业方向实训课程，相关内容如表 5.14～表 5.19 所示。

表 5.14 “电子整机装配项目实训”课程能力培养和教学内容

整体预设能力目标	课程教学内容	参考学时	单元教学内容		单元能力培养目标	考核要求
			项目（任务）名称	教学内容描述		
1. 具备整机装配项目技术要求的分析归纳能力 2. 掌握常用调试安装设备的使用、操作 3. 培养动手能力，对电路知识的获取掌握能力	整机装配工艺	2	整机装配工艺过程	整机装配工艺过程概述	了解整机装配工艺过程	能够熟悉整机工艺过程
		2	电子产品技术文件	电子产品技术文件的分类和技术文件的作用	了解电子产品技术文件	了解分类及作用
		2	设计文件	电气制图的基本知识、图形符号及系统图和框图、电路图的绘制	掌握设计文件基本内容	能看懂电原理图
		2	电子产品工艺文件	电子产品工艺文件、编制工艺文件的原则	掌握电子产品工艺文件	能看懂电子产品工艺文件
		2	整机安装工艺	整机总装的基本要求、工艺原则	掌握整机总装的基本要求、工艺原则	电子装配图
		2	总装接线工艺	接线工艺要求、接线工艺	掌握接线工艺	熟练接线工艺
		2	无线电调试工艺基础	调试的一般程序及工艺要求	掌握调试工艺	调试设备使用
		2	电子产品检验工艺	元器件、材料和零部整件等在入库前的检验、生产过程的检验、整机检验	掌握检验工艺	熟悉技术指标

续表

整体预设能力目标	课程教学内容	参考学时	单元教学内容		单元能力培养目标	考核要求
			项目（任务）名称	教学内容描述		
4. 培养勇于创新、爱岗敬业的工作作风和解决问题的能力 5. 培养项目实施过程中的安全、环保、经济、产品质量和团队合作等意识和能力	电视机整机装配实训	4	电视机装接准备工序	熟悉工艺文件及主要元件的检验	工艺文件的识读与元件检测	电路原理图及元件测试
		4	电源电路装接	电源电路安装及调试	读懂电源电路并独立安装	电源电路正常
		2	图像中放电路装接	安装图像中放电路	读懂中放电路并按要求选择元件装配	符合工艺要求
		2	电路装接	安装伴音电路	读懂伴音电路并按要求选择元件装配	符合工艺要求
		2	电路装接	安装扫描电路	读懂扫描电路并按要求选择元件装配	符合工艺要求
		2	视放电路装接	安装视放电路	读懂视放电路并按要求选择元件装配	符合工艺要求
		2	整机组装	整机组装	读懂整机装配工艺文件，独立完成组装	符合工艺要求
		2	图像中放、伴音电路调试	了解图像中放、伴音电路调试方法	掌握调试操作技能	独立完成调试，并分析出现的问题
		4	扫描、显像管附属电路调试	了解扫描、显像管附属电路调试	掌握调试操作技能	独立完成调试，并分析出现的问题
		2	整机统调与检验	熟悉整机的技术指标，熟悉整机统调工艺要求	掌握调试操作技能	独立完成调试，并分析出现的问题

表 5.15 “电子设计综合实训”课程能力培养和教学内容

整体预设能力目标	课程教学内容	参考学时	单元教学内容		单元能力培养目标	考核要求
			任务名称	教学内容描述		
1．能分析设计任务的功能及技术指标，并会使用书籍、网络等资源搜集资料，完成设计任务 2．能根据电路设计要求选择所需要电子元器件	直流稳压电源的制作与调试的相关知识	10	直流稳压电源的制作与调试	1．根据任务要求设计稳压电源电路,并选择合适的元器件 2．制作直流稳压电源并调试 3．示波器（万用表的使用）	1．半导体器件的识别、管脚判别 2．组装并调试直流稳压电源 3．正确使用电子仪器、仪表（示波器、万用表）	课程的考核成绩由笔试、实践考核两部分组成，按权重各 50%构成总成绩。
	交流放大电路及其应用	10	音频功率放大器的制作与调试	1．交流放大电路的组成、工作原理和分析方法 2．多级放大电路的组成和分析方法 3．负反馈放大电路 4．功率放大电路 5．根据要求设计并制作音频功率放大器	1．观察静态偏置对输出信号波形的影响 2．负载对电压放大倍数的影响 3．多级放大器的测试方法 4．组装并调试音频功率放大器	
	集成运算放大器及其应用	10	低频信号发生器的制作与调试	1．直接耦合放大电路 2．集成运算放大器特性 3．反相、同相连接的运算放大器 4．集成运算放大器线性应用 5．集成运算放大器非线性应用 6．低频信号发生器的制作与调试要点	1．集成运算放大器线性应用 2．集成运算放大器的非线性应用：比较器、方波发生器 3．组装并调试交通灯的信号发生器	

续表

整体预设能力目标	课程教学内容	参考学时	单元教学内容		单元能力培养目标	考核要求
			任务名称	教学内容描述		
3．能完成任务的制作 4．会使用常用的电子仪器、仪表对设计产品进行调试 5．能查找问题并排除故障	门电路及组合逻辑电路的应用	10	交通灯的译码显示器的制作与调试	1．逻辑代数 2．基本逻辑门电路、复合门电路 3．组合逻辑电路分析与设计 4．交通灯译码显示器的制作与调试要点	1．分析电路的工作原理 2．合理选用芯片 3．组装并调试交通灯的译码显示电路	笔试侧重于基础理论和实践理论；实践考核包括任务的解析和任务过程及完成情况等
	组合逻辑电路及触发器的应用	6	交通灯的控制器的制作与调试	1．组合逻辑电路应用 2．基本RS触发器、可控RS触发器、JK触发器与D触发器的功能 3．交通灯控制器的制作与调试要点	1．分析电路的工作原理 2．合理选用芯片 3．组装并调试交通灯的控制器	
	时序逻辑电路的应用	6	交通灯的定时器的制作与调试	1．计数器的功能 2．交通灯定时器的制作与调试要点	1．分析电路的工作原理 2．合理选用芯片 3．组装并调试交通灯的定时器	
	555定时器的应用	4	交通灯的秒脉冲发生器的制作与调试	1．正弦波振荡器 2．555定时器的组成、功能及应用 3．交通灯秒脉冲发生器的制作与调试要点	1．分析电路的工作原理 2．合理选用芯片 3．组装并调试交通灯的秒脉冲发生器	

表 5.16 “嵌入式系统开发综合实训”（基于 CPLD）课程能力培养和教学内容

整体预设能力目标	课程教学内容	参考学时	单元教学内容		单元能力培养目标	考核要求
			项目（任务）名称	教学内容描述		
1. 掌握嵌入式系统的概念和开发流程，掌握 CPLD 的原理和开发流程，熟练使用 Verilog HDL 语言编写程序 2. 掌握嵌入式系统的设计思路，能进行一般的智能系统设计 3. 培养独立开发嵌入式简单系统的能力，拓展的专业视野，培养创新能力，增加毕业后的就业机会	探索项目引导、任务驱动式课程模式。将该课程分成六个项目（任务），通过嵌入式设计，程序编制、软件仿真和硬件实习，到最后的产品检测，提高学习兴趣，挖掘自学潜力，掌握嵌入式系统开发的流程	14	流水灯控制系统	1. MAX+plusII 使用入门 2. Verilog HDL 语言入门 3. CPLD 硬件基础	能够熟悉基于 CPLD 嵌入式开发的基础应用	程序编制正确，硬件设计合理，上电后效果合乎要求
		10	家用楼梯灯控制系统	1. 按键的识别 2. 嵌入式系统概念	能够基本了解嵌入式系统开发流程	程序编制正确，硬件设计合理，上电后效果合乎要求
		12	数字电子琴控制系统	1. Verilog HDL 语言编写 2. 硬件设计	熟悉嵌入式系统开发流程	程序编制正确，硬件设计合理，上电后效果合乎要求
		12	数字钟设计	1. Verilog HDL 语言编写 2. 硬件设计	熟悉嵌入式系统开发流程，掌握数字钟的设计方法	程序编制正确，硬件设计合理，上电后效果合乎要求
		12	出租车计费器设计	1. Verilog HDL 语言编写 2. 硬件设计	熟悉嵌入式系统开发流程，掌握出租车计费器的设计方法	程序编制正确，硬件设计合理，上电后效果合乎要求
		16	交通灯控制系统	1. Verilog HDL 语言编写 2. 硬件设计	熟悉嵌入式系统开发流程，掌握交通灯控制系统的设计方法	程序编制正确，硬件设计合理，上电后效果合乎要求

表 5.17　“电子 EDA 设计综合实训”课程能力培养和教学内容

整体预设能力目标	课程教学内容	参考学时	项目（任务）名称	单元教学内容描述	单元能力培养目标	考核要求
1. 掌握电子 EDA 的基本概念，能够根据实际情况进行电路原理图的设计和绘制。 2. 掌握系统仿真的设计思路、开发过程，能进行一般的电路仿真。培养独立进行电路仿真的能力，拓展专业视野，培养创新能力，增加毕业后的就业机会	探索项目引导、任务驱动式课程模式。将该课程分成四个项目（任务），熟悉Protel和Proteus软件的使用，能对一般电路进行原理图绘制和系统仿真	16	电梯控制系统电路原理图设计与绘制	Altium Designer 7 的原理图设计与绘制	能熟练使用 Altium Designer 7 进行原理图的设计与绘制	利用 Altium Designer 7 或者其他软件能合理正确地设计和绘制电路原理图
		16	电梯控制系统电路仿真	1. 根据电路原理图正确编写程序 2. 调整相应电路参数，用 Proteus 软件完成系统仿真	熟悉汇编语言或者 C 语言的程序编写，熟练使用 Proteus 软件进行电子电路的系统仿真	Proteus 软件使用熟练（可使用 Multisim 等其他仿真软件），参数设置合理，能够正确而科学地完成仿真任务，电梯控制系统合乎要求，效果明显
		16	邮件分拣系统电路原理图设计与绘制	Altium Designer 7 的原理图设计与绘制	能熟练使用 Altium Designer 7 进行原理图的设计与绘制	利用 Altium Designer 7 或者其他软件能合理正确地设计和绘制电路原理图
		16	邮件分拣系统电路仿真	1. 根据电路原理图正确编写程序 2. 调整相应电路参数，用 Proteus 软件完成系统仿真	熟悉汇编语言或者 C 语言的程序编写，熟练使用 Proteus 软件进行电子电路的系统仿真	Proteus 软件使用熟练（可使用 Multisim 等其他仿真软件），参数设置合理，能够正确而科学地完成仿真任务，邮件分拣系统合乎要求，效果明显

表 5.18 “程控交换原理与设备综合实训”课程能力培养和教学内容

整体预设能力目标	课程教学内容	参考学时	单元教学内容			考核要求
			项目（任务）名称	教学内容描述	单元能力培养目标	
1. 通过程控交换实训，学生掌握程控交换技术与通信设备的基本管理与维护，掌握程控交换技术的新业务功能及相关操作 2. 学会独立设计和解决完成完整的专业职业任务的一系列工作步骤与运作方法 3. 培养独立工作能力与团队合作精神 4. 培养分析与解决工程实际问题的能力	程控交换机的控制与管理	6	1．程控交换机原理与控制单元 2．用户接口电路及二/四线变换	1．模块功能 2．按键功能设置 3．显示状态	1．掌握各单元功能 2．掌握按键功能 3．理解显示器显示状态 4．按要求完成操作	正确书写实训报告，笔试考核基本原理，实际操作考核
	编码与信令系统	4	1．程控交换 PCM 编译码 2．多种信号音及铃流信号发生器 3．双音多频 DTMF 接收	1．PCM 编译码原理及电路分析 2．信令的定义及表示方法 3．信号音的产生电路 4．双音多频编码的表示方法	1．理解 PCM 编译码原理 2．绘制信号波形图 3．按要求完成操作	
	交换系统	6	1．空分交换网络原理 2．时分复用和时分交换 3．程控交换原理综合实训	1．空分交换和时分交换原理 2．MT8816/MT8890 功能 3．测量仪表使用	1．掌握空分交换、时分交换原理 2．根据测量结果绘制信号波形 3．按要求完成操作	
	中继通信	4	1．中继接口模拟局域网通信 2．实验系统与电信网通信	1．中继通信的原理 2．中继通信的过程	1．掌握中继通信原理 2．按要求完成操作	
	PC 控制程控交换系统	2	1．软件计费系统 2．软件控制通信	软件的运行过程及操作方法	1．熟练操作运行软件 2．按要求完成操作	

表 5.19　“移动通信系统综合实训”课程能力培养和教学内容

整体预设能力目标	课程教学内容	参考学时	单元教学内容		单元能力培养目标	考核要求
			项目（任务）名称	教学内容描述		
1．了解移动通信系统的组成及功能 2．掌握信令与信道、多址技术、混合多址技术 3．了解无线电话系统	移动通信系统组成及功能	2	初步设计控制系统方案	1．布置实训任务 2．把班级分成项目组 3．分组讨论 4．确定控制方案	能够分析工程项目的控制要求，制订控制方案初稿	楼宇自动化控制方案基本正确；楼宇自动化系统图和安装接线图按时完成和基本正确；设备清单基本准确；工程进度表编制基本合理、满足要求
	信令与信道	6	绘图系统图	1．绘制楼宇自动化系统图 2．绘制安装接线图	完成楼宇自动化系统图，安装接线图的绘制	
	多址技术	6	设备选型	列出设备清单	学会器件选型	
	混合多址技术	6	工程进度表编制	编制工程进度表	能够编制工程进度表	
	无线电话系统	8				

2．信息类课程体系

1）信息类公共技术平台课程，相关内容如表 5.20～表 5.22 所示。

表 5.20　“数据库应用基础（Access）”课程能力培养和教学内容

整体预设能力目标	课程教学内容	参考学时	单元教学内容		单元能力培养目标	考核要求
			任务名称	教学内容描述		
1．了解数据库的基本概念。熟练掌握 Access 的基本操作，使用 Access 的帮助系统	1．数据库的基本概念 2．Access 的基本知识和操作	10	安装、启动与退出 Access 2003	1．数据库的基本概念 2．启动退出 Access 2003 3．Access 的用户界面、数据库窗口组成 4．数据库的基本对象	掌握 Access 的启动和退出，会使用帮助系统	考核方式： 课程的考核成绩由平时成绩和实践考核两部分组成，按权重构成总成绩。

续表

整体预设能力目标	课程教学内容	参考学时	单元教学内容		单元能力培养目标	考核要求
			任务名称	教学内容描述		
2. 掌握创建数据库和表的方法，能够建立和使用查询数据库，并能使用简单的 SQL 语言进行查询 3. 能按照要求创建窗体、报表	数据库和表的基本操作	24	任务一： 创建学生学籍管理数据库 任务二： 创建学生学籍表 任务三： 学习库与表的编辑操作	1. 创建数据库和数据表 2. 编辑数据库和数据表 3. 表的基础知识	1. 掌握表间结构及数据记录的编辑方法 2. 掌握数据的查找、替换、排序、筛选和修饰数据包的方法	考核内容： 平时成绩包括上机操作时各个任务的完成情况；实践考核包括完成任务过程考核、答辩等。
	1. 数据表查询 2. 利用 SQL 语言实现简单查询	18	任务一： 创建查询 任务二： 使用查询 任务三： 使用 SQL 查询	1. 使用向导创建查询 2. 使用设计视图创建查询 3. 操作查询 4. 查询的作用 5. 查询的类型	1. 熟练掌握创建、追加、删除和更新查询的方法 2. 熟练使用 SELECT 语句及子句实现简单查询、条件查询、连接查询和统计查询	
	创建和修改窗体	10	任务一： 创建窗体 任务二： 其他常用窗体的创建 任务三： 窗体中控件的使用	窗体的创建与设计、窗体的修改和美化及窗体的使用	具有创建和设计窗体的能力	

续表

整体预设能力目标	课程教学内容	参考学时	单元教学内容		单元能力培养目标	考核要求
			任务名称	教学内容描述		
4. 能够创建和使用宏 5. 能够根据实际问题设计和创建数据库，提高使用Access进行数据处理和管理的能力，并能开发出简单的数据库应用系统	创建和修改报表	10	任务一： 创建报表 任务二： 其他常见报表的创建 任务三： 打印报表	报表的类型、创建和修改报表及报表中数据计算和汇总	能创建多种简单报表，能修改报表，在设计视图中修饰报表	总成绩构成权重： 平时成绩占40%， 实践考核点60%
	创建数据访问页	8	任务一： 创建数据访问页 任务二： 编辑数据访问页 任务三： 分组数据访问页	1. 创建数据访问页 2. 添加控件 3. 美化数据访问页 4. 对记录进行分组	能创建并美化数据访问页，能够按要求对记录进行分组	
	1. 创建宏和宏组 2. 运行和调试宏	8	应用宏	创建、编辑和运行宏	具有创建各种宏，运行和调试宏的能力	
	学生学籍管理系统开发实例	12	任务一： 数据库需求分析与模块设计 任务二： 创建数据库和表 任务三： 创建窗体 任务四： 数据库安全设置 任务五： 系统调用设置	1. 系统分析与设计 2. 数据库需求分析与设计 3. 创建数据库和表 4. 创建窗体 5. 系统菜单设计 6. 数据库安全与系统调用 7. 备份与恢复数据库	具有独立开发小型数据库系统的能力。按照系统开发步骤，逐模块实现，形成一个完整的应用程序开发过程	

表 5.21 “图形图片处理 Photoshop”课程能力培养和教学内容

整体预设能力目标	课程教学内容	任务名称	教学内容描述	单元能力培养目标	参考学时	考核要求
1. 能够掌握工具箱中各种工具按钮及其工具栏的使用方法 2. 掌握图层、蒙版和通道的应用 3. 掌握使用菜单及各滤镜方式对图片进行调整处理，掌握抠图技术，制作精美的写真照片及婚纱效果	通过简单图片的绘制，介绍最基本的操作	任务一：儿童画设计	1. 了解新建文件的对话框选项设置 2. 使用绘制图形工具绘制图形 3. 使用渐变工具和油漆桶工具对图形进行填充 4. 使用移动工具移动图形的位置	掌握文件的创建，掌握使用各工具按钮进行简单的图形制作，并对图形的颜色进行填充	6	考核方式： 课程的考核成绩由平时成绩和期末考试成绩两部分组成。
	多种文字特效的制作方法	任务二：文字特效	1. 使用文本工具创建文本对象，熟悉文本工具栏的使用 2. 理解图层的概念，掌握图层的创建和图层样式的设置 3. 理解和掌握通道的概念和用法 4. 使用波浪、高斯模糊、浮雕效果、风、扭曲、球面化和镜头光晕等滤镜制作各种文字特效	1. 掌握文本工具栏和图层的应用 2. 理解和掌握通道的概念和用法 3. 掌握浮雕文字、波浪文字、扭曲文字、燃烧文字、球体文字和光环文字的制作方法	10	
	使用各种方法完成照片的编辑和处理，完成个性写真	任务三：艺术写真	1. 掌握图片文件的导入 2. 掌握自定义形状、自定义笔刷、画笔、文本、魔术棒和套索工具的使用 3. 理解和掌握蒙版的概念、用法和具体操作 4. 进一步熟悉图层面板及图层样式的设置	1. 熟练使用工具箱中的各工具按钮的操作方法 2. 掌握使用图层样式进行渐变描边的操作方法 3. 掌握使用蒙版对图片进行边沿虚化效果的设置 4. 学会使用各种方法完成照片的编辑和处理，做成艺术写真效果	20	

续表

整体预设能力目标	课程教学内容	任务名称	教学内容描述	单元能力培养目标	参考学时	考核要求
4．掌握照片美容的方法 5．综合使用各种功能制作网页效果图 6．学会使用 Image Ready 软件制作动画效果	使用各种方法完成婚纱照片的编辑和处理	任务四：婚纱设计	1．熟悉形状、文字和变换工具的使用 2．进一步理解和使用蒙版、图层，通道的应用，图层混合模式的使用 3．曲线工具、抽出滤镜和绘图笔滤镜的应用	1．能灵活运用蒙版和抽出滤镜的方法去除图片的背景 2．学会使用曲线工具进行色调的调整 3．掌握使用 Alpha 通道进行婚纱的明暗层次设置 4．学会使用各种方法完成婚纱照片的编辑和处理，进行婚纱设计	20	考核内容： 平时成绩由平时的上机实习情况来定，每完成一个任务记一次成绩，基本模仿教师讲授的要点完成的算合格，有创意内容的加分；期末考试是由学生自己设计成品图。
	照片的修复、调整和美容处理	任务五：照片美容	1．使用直方图、色阶和曲线来校正发灰偏色的照片 2．使用暗调/高光调整曝光不足的照片 3．使用修复工具来去除面部瑕疵 4．使用高斯模糊来光滑皮肤 5．使用画笔工具、橡皮擦工具和图层混合模式的柔光方式来给照片画眼影 6．使用套索工具和图层混合模式的柔光方式来给照片涂上唇膏，并设置高光点和反光点来增加唇膏的透明度 7．使用画笔工具、橡皮擦工具给照片擦上腮红 8．使用柔角画笔和图层混合模式的柔光方式来给照片的头发挑染颜色 9．调整各图层的不透明度来调整各图层的浓淡	1．学会照片的修复和调整 2．学会使用画笔工具、橡皮擦工具及图层混合模式来给照片化妆	20	

续表

整体预设能力目标	课程教学内容	任务名称	教学内容描述	单元能力培养目标	参考学时	考核要求
7. 培养自学能力、解决问题的能力及对新技术信息的掌握能力	通过网页效果图设计介绍，Photoshop 的各项功能，介绍使用 Image Ready 软件制作动画效果	任务六：网页效果图设计	1. 使用钢笔工具、路径调板、自定义形状工具、描边路径命令、图层样式和变换命令制作网页的 Logo 2. 使用添加和应用图层样式、蒙版和文字工具的综合应用来制作网页标题文本 3. 使用图层混合模式的正片叠底方式和变换命令制作网页图片 4. 使用圆角矩形工具、渐变工具、文本工具和图层混合模式制作导航按钮 5. 导入图片并对图片进行调整，使用文本工具制作网页文本 6. 使用 ImageReady 软件制作网页文字动画和网页图片动画	1. 掌握工具箱中各工具按钮的使用，理解和掌握图层、蒙版和通道的概念和应用，制作 Logo、网页标题和导航按钮 2. 学会使用 ImageReady 软件制作文字动画和图片动画	30	总成绩构成权重： 平时成绩占总分的 40%，期末考试成绩占总成绩的 60%

表 5.22 “动漫设计 Flash”课程能力培养和教学内容

整体预设能力目标	课程教学内容	学时	单元教学内容		单元能力培养目标	考核要求
			任务名称	教学内容描述		
1. 能够掌握 Flash 文档的创建、发布与导出 2. 能够掌握工具箱中各种工具的使用方法	通过简单的动画，介绍几个工具，重点让学生了解文档的创建、发布与导出	8	任务一：走过四季首页	1. 创建合适的文档，导入素材背景 2. 了解层和帧的概念，制作简单的逐帧动画，让“走过四季”几个字出现打字机效果 3. 将动画导出不同的格式	掌握文档的创建及简单的动画制作，并按正确格式导出	考核方式： 课程的考核成绩由课堂练习和期末总设计两部分组成，每个任务记一次成绩，基本按照教师讲授的要点完成的动画算合格，在每个任务中有自己的想法和创意符合色彩心理的加分。

续表

整体预设能力目标	课程教学内容	学时	单元教学内容		单元能力培养目标	考核要求
			任务名称	教学内容描述		
3．能够掌握动作补间动画、形状补间动画及加提示点的形状补间动画、逐帧动画 4．能够创建引导路径动画和遮罩动画	通过体现“春光无限好”的画面，介绍小草和花朵、小鸟和其他一些静物的绘制，熟悉工具箱中各种工具的使用	10	任务二：春光无限好，小草伸懒腰	1．通过绘制图形介绍常用工具 2．将风筝转化为图形类元件，介绍元件的类型 3．放飞的风筝的动画中介绍时间轴和补间动画	1．掌握工具箱中的常用工具，绘制简单的图形，并能正确填充单色或渐进色 2．通过空中放飞的风筝学会动作补间动画的创建	考核内容： 平时成绩由平时的上机实习情况来定，每完成一个任务记一次成绩，基本模仿教师讲授的要点完成的算合格，有创意内容的加分；期末考试是由学生自己设计成品图。
	通过夏天花儿盛开，蜜蜂在花丛中飞舞，人们在树下悠闲乘凉的画面，介绍图形渐变和沿路径运动动画	8	任务三：夏天花儿香，蜂儿采蜜忙	1．运用钢笔工具绘制花朵、蜜蜂，熟练掌握曲线的调整方法 2．用形状渐变动画实现花朵慢慢开放的效果 3．用沿路径运动的动画实现蜜蜂在花丛中穿飞的效果 4．将老人手中摇动的扇子做成影片剪辑元件	1．重点练习钢笔工具 2．掌握图形渐变和沿路径运动动画的创建方法 3．电影剪辑元件的创建和使用	
	通过秋天树叶变黄，叶像蝴蝶在空中飞舞，果园里的葡萄由绿变紫，苹果由绿变红的动画，介绍按钮的使用及声音的插入方法	10	任务四：秋天叶子黄，人们丰收忙	1．创建绿叶图形类元件，将其拖入场景中复制，在不同帧改变元件的颜色 2．将葡萄、苹果制作成按钮，在弹起状态是绿色的，在指针经过时是成熟的颜色，并加上声音“哈哈，果实熟了”	1．灵活运用元件，制作一个绿叶图形元件，通过在场景中的复制，改变元件的颜色，达到事半功倍的效果 2．学会制作漂亮的按钮并可得心应手地设置不同按钮的状态	

续表

整体预设能力目标	课程教学内容	学时	单元教学内容		单元能力培养目标	考核要求
			任务名称	教学内容描述		
5．能够正确创建图形元件、影片剪辑元件和按钮元件，并能正确使用 6．掌握部分简单的ActionScript命令 7．掌握部分重要的组件	通过冬天雪景中的琼枝玉叶，瑞雪丰年的喜人景象，介绍遮罩效果和按钮的巧妙应用	8	任务五：冬天雪花飘，树儿披银装	1．通过大地和树木变白的过渡动画，介绍遮罩动画效果的制作方法 2．绘制一个雪人，无帽子和眼、鼻子 3．当鼠标滑过雪人头顶时出现帽子，滑过脸孔时出现眼、鼻子	1．理解遮罩的原理，并实现大地和树木逐渐变白的遮罩动画效果 2．通过影片剪辑中用按钮的操作，掌握按钮元件加脚本的应用	总成绩构成权重： 课堂练习的分数占10%，任务平均占40%，期末总设计按教师要求完成三个以上场景且有连续故事情节的分数占50%
	制作翻书效果，每页上有关于春、夏、秋、冬的诗句，重点介绍文字特效	8	任务六：四季的诗集	1．加强多层中的多种动画的结合 2．文字分离后选择中任意部分变色，用小刀切割工具将文字分成几部分转化成元件 3．文字的风吹效果和爆炸效果及的打字机效果等	1．掌握Falsh中的翻书效果，从而掌握翻转和自由变形 2．掌握文字的几种典型特效	
	通过趣味性的拼图游戏，介绍部分Action代码，同时介绍部分组件	8	任务七：选择最喜欢的季节，拼出相应季节的图片	1．介绍单选按钮组件，并通过对单选按钮添加简单的Action代码，实现帧的跳转 2．把图片分离成几个部分，创建影片剪辑并起实例名加Action命令实现拖动	1．介绍单选按钮组件及使用方法 2．为元件加入正确的Action命令并能实现拖动，从而使学生能掌握部分代码	
	通过制作MV，介绍从设计画面到添加歌词的程序和方法，激发学生的创作兴趣	8	任务八：MV《光阴的故事》	1．教师简单的启发歌中的意境，帮学生构思思路，让学生自己设计主要画面 2．在每句歌词前加帧标签 3．歌词、声音和画面中的动画同步	1．应根据歌词的意境设计几个画面 2．利用工具箱工具绘制人物或景物 3．让声音和歌词同步	

2）信息类专业技术平台课程，相关内容如表 5.23～表 5.28 所示。

表 5.23　“网络编程语言（ASP）”课程能力培养和教学内容

整体预设能力目标	课程教学内容	学时	单元教学内容		单元能力培养目标	考核要求
			任务名称	教学内容描述		
1. 理解 Web 应用的概念和 ASP 程序的执行原理 2. 能够阅读和理解 HTML 语言和 JavaScript 等脚本语言，能够认识静态页面与 ASP 动态页面的区别	安装和配置 IIS，让学生了解网站的基本概念和 IIS 的主要功能	8	任务一：安装和配置 IIS	1. 介绍 Web 应用程序的基本概念 2. 了解 ASP 程序的执行环境 3. 添加 IIS 组件安装 IIS 4. 介绍 IIS 中虚拟目录的概念和常用配置选项的设置方法	使学生对网站的运行平台有详细的了解，掌握基本的搭建和配置方法	考核方式： 课程的考核成绩由平时成绩、期末笔试和期末实践考核三部分组成，按权重构成总成绩。 考核内容： 平时成绩包括各任务完成情况；期末笔试包括基础理论和实践理论；期末实践考核包括完成任务过程考核、答辩等。
	发布简单的静态站点，使学生掌握发布站点的基本操作和配置方法	8	任务二：发布静态站点	1. 介绍物理目录和虚拟目录的对应关系 2. 在 IIS 中新建 Web 站点，学会对网站路径和执行权限的设置方法 3. 讲解 HTML 语言，并编写 HTML 文件显示“欢迎光临”字样 4. 设置网站默认页面的方法 5. 在本机测试对网站的访问，看到“用户登录”字样的页面	掌握静态网站的基本发布方法，能够对 IIS 进行正确设置，能够搭建网站的测试平台	
	发布简单的动态站点并与先前的静态站点进行对比，使学生认识动态网站和静态网站的区别，进而引领学生认识 ASP 应用程序的原理和特点	8	任务三：发布动态站点	1. 对照静态 HTML 文件，创建简单的 ASP 程序文件调用 Now（）函数显示系统时间 2. 对照静态网站页面讲解 ASP 程序的特征和形式 3. 设置 IIS 对 ASP 文件的执行权限测试动态站点 4. 调整不同的系统时间测试访问效果	理解 ASP 程序的概念，能够通过 IIS 实现对动态网站的发布和配置，掌握创建 ASP 程序文件并运行的方法	

续表

整体预设能力目标	课程教学内容	学时	单元教学内容		单元能力培养目标	考核要求
			任务名称	教学内容描述		
3．能够搭建ASP的运行环境，掌握ASP程序的创建、执行和管理的基本方法 4．能够掌握ASP程序的编程语法和内置对象的使用方法	编写简单的用户登录系统，使学生掌握ASP程序的基本编程语法和内置对象的使用方法、数据的提交和处理方法	10	任务四： 编写“用户登录”的验证程序	1．讲解ASP页面中表单元素的使用方法 2．讲解网页数据提交和处理的几种方法 3．网页数据的后台处理方式 4．ASP程序中变量的定义、调用和基本的判断语句写法	掌握ASP程序的编程语法和内置对象的使用方法，掌握数据提交和处理、状态维护的基本方法，能够编写基本的数据处理程序	总成绩构成权重： 平时成绩占10%，期末笔试占30%，期末实践考核占60%
	完善用户登录系统，增加错误次数统计，使学生学习如何在ASP程序中进行状态维护	12	任务五： 为“登录系统”增加错误次数限制	1．ASP编程中常用对象的讲解，重点讲解Request对象和Response对象 2．ASP中的状态维护，重点讲解如何使用Application对象和Session对象及Global.asa文件进行状态维护	掌握ASP编程中常用重要组件的使用方法，掌握ASP程序中状态维护的基本方法	
	完善用户登录系统，增加日志记录功能，使学生掌握利用ADO组件对数据库进行操作的基本方法	12	任务六： 为“登录系统”增加日志功能	1．ADO组件的介绍、常用的对象和方法、对数据库进行操作的方法和相关概念的介绍 2．分析日志数据库格式需求，并利用Access建立数据库 3．利用ASP对数据库打开和连接 4．编写实现添加日志数据的SQL语句 5．编写ASP程序实现登录日志数据的添加	掌握ADO组件的常用对象和方法，具备结合数据库对数据进行在线处理的能力	
	继续完善用户登录系统，增加对登录日志的查看功能，使学生掌握对数据库中数据进行调用和显示的方法	10	任务七： 为“登录系统”增加查看日志功能	1．编写ASP程序利用ADO对数据库中数据进行调用 2．重点讲解使用Recordset对象打开记录集、显示记录集的操作方法 3．编写对数据进行分页显示的代码	掌握数据集合的使用方法，掌握ASP编程中循环语句、判断语句的综合使用方法，掌握数据分页处理的方法	

续表

整体预设能力目标	课程教学内容	学时	单元教学内容		单元能力培养目标	考核要求
			任务名称	教学内容描述		
5. 能够掌握 ASP 常用组件的属性和方法，重点掌握通过 ADO 组件实现 ASP 程序对数据库进行操作的方法 6. 掌握对 ASP 程序实例的阅读、分析和修改的能力	总结“登录系统”的编写经验，并以阅读 ASP 程序实例的过程，使学生具备分析和修改现有程序的能力	10	任务八： 阅读分析BBSXP论坛的登录验证模块	1. 以 BBSXP 论坛中身份验证模块为例讲解各 ASP 程序文件之间的逻辑关系 2. 引导学生自主阅读和分析代码 3. 修改身份验证模块的前台样式、后台验证方法	掌握阅读和分析 ASP 程序的能力，掌握修改和调试 ASP 程序的技能	

表 5.24　“Dreamweaver 实训”课程能力培养和教学内容

整体预设能力目标	课程教学内容	参考学时	单元教学内容		单元能力培养目标	考核要求
			任务名称	教学内容描述		
1. 了解 Dreamweaver 软件的功能和使用方法 2. 掌握站点的创建和规划，网站的架构思路 3. 掌握网站的制作流程和实际技巧	站点的相关概念，Dreamweaver 的基本操作	4	任务一： 规划站点，建立站点结构	1. 介绍站点的概念，规划建立一个电子商务网站 2. 确定站点结构，准备建站素材	1. 认识软件界面及工具的使用 2. 掌握站点的创建步骤及其站点的规划 3. 根据建站要求，合理组织网站内容	考核方式： 课程的考核成绩由平时成绩、期末笔试和期末实践考核三部分组成，按权重构成总成绩。
	Dreamweaver 中文本编辑方法，给文本添加链接	2	任务二： 文本编辑	1. 文本属性 2. 编辑文本 3. 给文本添加链接	1. 掌握利用框架设计网页布局的方法 2. 掌握利用框架控制页面显示位置的操作	

续表

整体预设能力目标	课程教学内容	参考学时	单元教学内容		单元能力培养目标	考核要求
			任务名称	教学内容描述		
4. 独立完成网站的设计和制作，掌握网站设计的步骤 5. 根据需要完成网站的设计，掌握网站设计的步骤	Dreamweaver中图片的编辑方法，设置图片属性，给图片添加链接	2	任务三：图片编辑	1．插入图片和编辑图片 2．给图片添加链接	掌握布局表格和布局单元格设计页面视图的方法	考核内容： 平时成绩包括各任务完成情况；期末笔试包括基础理论和实践理论；期末实践考核包括完成任务过程考核、答辩等。 总成绩构成权重： 平时成绩占10%，期末笔试占30%，期末实践考核占60%
	设计网站首页，添加框架页	4	任务四：添加框架页，设计首页	1．设计首页为框架页 2．讲解演示框架页的制作方法，操作步骤	1．掌握Dreamweaver中文本的编辑方法 2．掌握给文本添加链接的方法	
	布局表格设计网页的布局，综合利用各种工具制作二级页面	8	任务五：利用布局表格和布局单元格制作二级页面	讲解布局视图、布局表格和布局单元格控制页面布局的操作	1．掌握Dreamweaver中插入图片的方法 2．设置图片链接	
	CSS样式的应用	6	任务六：应用CSS样式	1．讲解各种CSS样式 2．编辑样式 3．给页面添加样式	学习利用CSS样式控制网页风格	
	简单的层和时间轴动画	4	任务七：层和时间轴动画	1．层和时间轴的概念 2．利用层和时间轴制作简单动画	熟练掌握Dreamweaver中制作动画的操作方法	
	表单制作，实现交互	8	任务八：学习表单对象	1．介绍各个表单对象 2．制作表单页面，实现交互	1．会添加表单对象 2．掌握表单页面的制作	
	HTML语言语法，常用标签	8	任务九：学习HTML语言	1．HTML语言语法简介 2．常见标签的用法	1．使用Dreamweaver生成代码 2．有阅读简单代码的能力	
	完善页面，设置链接		任务十：添加超级链接	1．设置各个页面间的链接 2．设置文字间的链接	掌握给各种对象添加链接的方法	
	配置IIS，测试并发布站点	4	任务十一：测试站点	1．安装IIS，配置IIS 2．介绍域名、空间的概念 3．管理IIS，发布站点	初步了解Dreamweaver、网络应用程序及网络数据库，结合实现个性化网页	

表 5.25　《网络综合布线实训》课程能力培养和教学内容

整体预设能力目标	课程教学内容	学时	单元教学内容		单元能力培养目标	考核要求
			任务名称	教学内容描述		
1．掌握网络综合布线的国家标准和行业规范，并能熟练地运用于网络综合布线工程的设计、施工、测试和验收等工程组织与管理环节	网络布线概述	6	任务一： 双绞线与 RJ45 水晶头的制作，构建简单对等网	1．网络布线系统的含义 2．网络发展经历的阶段 3．未来的网络布线系统 4．设计网络的物理布局拓扑结构的方法 5．网络的分类 6．常用的网络协议	1．了解网络系统布线的几种标准 2．掌握网络的几种拓扑结构 3．了解根据不同划分的标准对网络进行的分类 4．了解每类网络都由哪些网络组成 5．了解常用的网络协议	考核方式： 课程的考核成绩由平时成绩、期末笔试和期末实践考核三部分组成，按权重构成总成绩。 考核内容： 平时成绩包括各任务完成情况；期末笔试包括基础理论和实践理论；期末实践考核包括完成任务过程考核、答辩等。
	网络硬件设备的选择	12	任务二： 项目各部分采用的传输介质、网卡、交换机和路由器的选择	1．局域网传输介质的选择 2．网络适配器的选择 3．集线器的选择 4．交换机的选择 5．路由器的选择	1．了解局域网的主要传输介质 2．了解网卡的分类和选择 3．了解集线器的工作原理和选择 4．了解交换机的工作原理和选择，了解以太网技术特点和分类 5．了解路由器的工作原理	
	网络布线的设计	10	任务三： 读懂某校园网标书，设计施工进度表，模拟现场勘查、工作区设计、水平系统设计和垂直系统设计，书写方案	1．考虑用户的实际业务需求 2．工程质量与效益 3．实地勘查及方案设计	1．了解用户的行业需求 2．了解用户的网络使用环境 3．了解用户的预算的投入 4．清楚如何控制工程质量，学会设计简单的施工进度计划表 5．能根据实际的需要进行现场实地勘查	

续表

整体预设能力目标	课程教学内容	学时	单元教学内容		单元能力培养目标	考核要求
			任务名称	教学内容描述		
2. 培养良好的职业道德和熟练技能	网络布线施工	12	任务四： 水平子系统线缆敷设施工，垂直子系统线缆敷设施工，线缆的标注	1．水平子系统的施工 2．垂直子系统的施工 3．线缆在敷设时的预留和线缆的标注 4．配线架及面板模块的安装 5．测试与认证	1．掌握线缆的保护方式，掌握水平子系统中线缆的敷设方法 2．了解垂直系统中的线缆敷设的基本要求，掌握垂直系统中的线缆敷设的方法 3．掌握线缆在敷设时的预留，掌握和运用线缆的标注方法 4．了解配线架的作用，学会配线架及模块的安装 5．掌握线缆测试仪的使用方法，并能熟练应用网络测试仪对网络线缆全面测试	总成绩构成权重： 平时成绩占10%，期末笔试占30%，期末实践考核占60%
	一个校园网的设计实例	8	任务五： 某校园网建设的具体步骤	1．系统集成设计方案 2．校园网具体实施步骤	1．了解用户的需要 2．掌握校园网的设计方案 3．掌握校园网的拓扑结构图，设备连接、调试 4．掌握校园网中相应的软件的安装与调试，VLAN 和 IP 的划分	

表 5.26　“网络服务器搭建与管理”课程能力培养和教学内容

整体预设能力目标	课程教学内容	学时	单元教学内容		单元能力培养目标	考核要求
			任务名称	教学内容描述		
掌握服务器在Windows Server 2008操作系统和Linux操作系统上的搭建、配置、应用及管理的方法	网站服务器的基础知识和网站服务器设计方案及应用	4	任务一：WEB 服务器的搭建	1. 了解网站服务器的基础知识，包括硬件知识、网络知识等 2. 网站服务器简介，包括 FTP 服务器、DNS 服务器和 DHCP 服务器等 3. 了解网站服务器设计方案	1. 了解网站服务器的基础知识 2. 学会在 Windows Server 2008 操作系统平台下搭建 Web 服务器	考核方式： 课程的考核成绩由平时成绩、期末笔试和期末实践考核三部分组成，按权重构成总成绩。 考核内容： 平时成绩包括各任务完成情况；期末笔试包括基础理论和实践理论；期末实践考核包括完成任务过程考核、答辩等。 总成绩构成权重： 平时成绩占 10%，期末笔试占 30%，期末实践考核占 60%
	网站服务器常用软件及配置	18	任务二：服务器常用软件 IIS、Apache 的安装配置	1. Windows 服务器平台环境配置 2. 网站服务器常用软件介绍，包括 IIS、Apache 等 3. Linux 操作平台与常用软件的安装	1. 服务器操作系统 Windows Server 2008 和 Linux 操作系统的安装配置 2. 服务器常用软件 IIS、Apache 的安装配置	
	构建 Web 网站服务器	6	任务三：Web 服务器的搭建和管理	1. Web 服务器基础 2. 用 IIS 构建 Web 服务器 3. 用 Apache 创建 Web 服务器 4. 用 Tomcat 创建 Web 服务器	1. 掌握 Web 服务器基础知识 2. 使用目前流行的服务器软件搭建 Web 服务器的方法，如用 IIS 创建 Web 服务器、Apache 创建 Web 服务器、Tomcat 创建 Web 服务器等	
	构建 FTP 服务器	10	任务四：FTP 服务器的搭建和管理	1. FTP 服务器基础 2. 利用 IIS 搭建 FTP 服务器 3. 利用 Serv-U 搭建 FTP 服务器	主要介绍了 FTP 服务器的基础知识，使用常用软件 IIS、Serv-U 创建 FTP 服务器	
	Web 网站的发布		任务五：网站发布前的域名注册、虚拟空间申请及网站发布实例	1. 域名注册 2. 虚拟空间申请 3. 网站的发布	网站发布前的域名注册、虚拟空间申请及网站发布实例	

续表

整体预设能力目标	课程教学内容	学时	单元教学内容		单元能力培养目标	考核要求
			任务名称	教学内容描述		
	Web 网站服务器的管理		任务六：Web 网站服务器的管理	1．远程管理 Web 服务器 2．Web 服务器的安全管理	讲述了 Web 服务器的安全管理，分别介绍了服务器系统的安全管理、服务器杀毒软件及反病毒软件在安全方面的管理及应用	

表 5.27 “网络设备配置与管理”课程能力培养和教学内容

整体预设能力目标	课程教学内容	参考学时	单元教学内容		单元能力培养目标	考核要求
			任务名称	教学内容描述		
掌握计算机网络原理，计算机网络传输介质，二层交换机、三层交换机和路由器的基本配置	计算机网络传输介质	4	任务一：网线的制作	1．网络传输介质的分类 2．双绞线的线序 3．RJ-45 头的制作 4．测线仪的使用	1．了解网络传输介质 2．掌握直连线、交叉线的制作方法 3．学会使用常用测线工具	考核方式： 课程的考核成绩由平时成绩、期末笔试和期末实践考核三部分组成，按权重构成总成绩。 考核内容： 平时成绩以各任务完成情况。期末笔试包括基础理论和期末实践理论；期末实践考核包括完成任务过程考核、答辩等。
	交换机的基本配置	8	任务二：组建简单局域网	1．计算机网络的分类 2．交换机工作原理 3．局域网的概念 4．简单局域网的互联	1．了解各种计算机网络的分类方法 2．掌握交换机的工作原理 3．熟悉交换机的基本使用方法，学会组建简单局域网	
	路由器的基本配置	8	任务三：局域网互联	1．路由器工作原理 2．广域网的概念 3．局域网的互联	1．掌握路由器的工作原理 2．掌握三层交换机的工作原理 3．熟悉路由器和三层交换机的基本使用方法，实现局域网的互联	

续表

整体预设能力目标	课程教学内容	参考学时	单元教学内容		单元能力培养目标	考核要求
			任务名称	教学内容描述		
	VLAN 的划分	8	任务四：VLAN 的划分和配置	1．VLAN 的概念及划分 VLAN 的作用 2．划分 VLAN 的方法 3．链路聚合的原理和配置方法 4．VLAN 间的通信	1．掌握 VLAN 的原理 2．掌握链路聚合的原理 3．掌握 VLAN 的划分方法 4．掌握 VLAN 间的通信	总成绩构成权重：平时成绩占 10%，期末笔试占 30%，期末实践考核占 60%
	路由配置	8	任务五：路由配置	1．掌握路由原理 2．静态路由的配置 3．动态路由的配置	1．掌握路由原理 2．掌握静态路由的配置方法 3．掌握 RIP 的配置方法 4．掌握 OSPF 的配置方法	
	访问控制列表	6	任务六：ACL 的配置与调试	1．路由器包过滤技术 2．访问控制列表的配置 3．防火墙技术	1．熟悉路由器的包过滤技术——访问控制列表 2．掌握访问控制列表的配置方法 3．灵活设计防火墙	
	地址转换	6	任务七：NAT 的配置与调试	1．地址转换技术 2．静态地址转换的配置 3．动态地址转换的配置	1．熟悉地址转换特性 2．掌握静态地址转换的配置方法 3．掌握动态地址转换的方法	

表 5.28 “CorelDraw 实训”课程能力培养和教学内容

整体预设能力目标	课程教学内容	参考学时	单元教学内容		单元能力培养目标	考核要求
			任务名称	教学内容描述		
1．掌握工具箱中各种工具按钮的使用方法 2．熟练应用各工具按钮进行矢量图形的绘制与编辑修改 3．熟练应用轮廓工具条和填充工具条中的各按钮进行图形的填充 4．熟练应用交互式工具按钮的功能	卡片的简单设计，CorelDRAW 基本操作	6	任务一：电话卡、银联卡和会员卡设计	1．熟悉 CorelDRAW 的窗口界面 2．熟悉矩形工具、挑选工具、调色板、基本形状工具和文本工具的使用 3．文件的保存	学会使用工具箱中的工具绘制图形，使用文本工具创建美术字文本及对象的编辑操作	考核方式： 课程的考核成绩由平时成绩和期末考试成绩两部分组成。
	图形绘制、文本创建和图片导入	6	任务二：节日贺卡设计	1．矩形椭圆形工具、挑选工具、调色板、基本形状工具、文本工具和轮廓工具的使用 2．文件的导入 3．掌握群组命令的应用 4．熟悉造型、变换泊坞窗的操作	1．学会使用工具箱中的工具按钮绘制图形、填充颜色和创建文本 2．学会使用造型、变换泊坞窗实现对图形的编辑修改 3．最后用导入的图片设计一张贺卡	
	图形的绘制与填充、图层的应用、交互式工具和度量工具的操作	10	任务三：户型图设计	1．图形的绘制、转换为曲线命令的应用 2．理解图层的概念并掌握图层的使用 3．使用图案填充工具、交互式阴影工具 4．交互式连线工具和度量工具的使用	1．学会使用形状工具对绘制的图形的修改方法及填充图案的操作 2．学会使用图层 3．学会给图形添加阴影效果 4．学会给图形添加标注	

续表

整体预设能力目标	课程教学内容	参考学时	单元教学内容		单元能力培养目标	考核要求
			任务名称	教学内容描述		
5．掌握外部图片的导入与效果菜单中对图片的调整操作与效果处理 6．掌握各泊坞窗的操作方法 7．应用以上知识熟练地进行各种标志、模型、商标和广告等的制作及复杂的排版效果	辅助线、条形码的创建及立体效果图的制作	8	任务四：包装设计	1．辅助线的设置和使用 2．熟悉封套泊坞窗的使用 3．在 CorelDRAW 中复制对象的几种方法 4．填充工具和图纸工具的应用 5．条形码的创建 6．添加透视点命令的使用方法	1．学会使用辅助线进行图形的绘制 2．学会使用填充工具条中的各填充按钮的使用 3．学会制作立体包装效果图	考核内容： 平时成绩由平时的上机实习情况来定，每完成一个任务记一次成绩，基本模仿教师讲授的要点完成的算合格，有创意内容的加分；期末考试时由学生自己设计成品图。
	段落文本的创建，图片放置到窗口中、图文排版效果	10	任务五：灯箱广告设计	1．图片的导入与图框精确剪裁 2．使用文本工具创建段落文本并掌握段落文本框的链接操作 3．交互式封套工具和交互式阴影工具的使用	1．掌握图片放置在容器中的操作 2.学会使用 CorelDRAW 对图片和段落文本进行排版操作 3．使用填充工具制作立体效果的图形	
	图片的效果调整、交互式工具的操作方法	10	任务六：书籍封面设计	1．图片的导入与图框精确剪裁及效果菜单中对位图的调整，以及效果处理 2．交互式透明工具、交互式轮廓图工具 3．掌握条形码的创建方法	1．学会使用外部图片，并对图片进行各种调整设置来制作书籍封面 2．学会条形码的创建	
	复杂图形的绘制、编辑和填充及美术字的制作	10	任务七：手提袋设计	1．手绘工具、贝塞尔工具和钢笔工具的操作方法 2. 文本的创建及变形修改（拆分、转换为曲线） 3．渐变填充的应用	1．掌握绘制和填充手提袋图形，让其具有立体效果 2．对文本使用拆分和转换为曲线命令，制作各种美术字的能力	

续表

整体预设能力目标	课程教学内容	参考学时	单元教学内容		单元能力培养目标	考核要求
			任务名称	教学内容描述		
8．培养自学能力、解决问题的能力及对新技术信息的掌握能力	综合所学知识完成主页效果图	16	任务八：主页设计	1．使用各工具按钮绘制图形、编辑图形和填充图形 2．图片导入、图片效果调整 3．图片与文本的编辑排版	熟练工具箱中各工具的使用，制作 Logo、导航，使用图片和文本完成主页效果图	总成绩构成权重： 平时成绩占总分的 40%，期末考试成绩占总成绩的 60%

3）信息类专业方向综合实训课程，相关内容如表 5.29～表 5.31 所示。

表 5.29 "网站建设综合实训"课程能力培养和教学内容

整体预设能力目标	课程教学内容	学时	单元教学内容		单元能力培养目标	考核要求
			任务名称	教学内容描述		
1．了解网站的基本概念，掌握网站建设的基础知识 2．掌握网站功能的需求分析和网站结构的规划方法	网站的基本概念和互联网的拓扑结构，网站和互联网的关系及网站的构成要素	8	任务一：画出互联网上网站的拓扑结构	1．举例说明大、中、小网站的概念 2．讲解网站的组成形式包括域名、IP 地址和服务器空间等 3．介绍网站和互联网之间的关系 4．描绘互联网上的常见设备和拓扑结构	认识互联网和网站的关系，掌握构成网站的基本要素，理解互联网拓扑结构	考核方式： 课程的考核成绩由平时成绩、期末笔试和期末实践考核三部分组成，按权重构成总成绩。
	通过安装 VM 虚拟机软件，实现在同一台机器上安装多个操作系统来搭建网站开发和测试平台	8	任务二：搭建网站开发和调试环境	1．安装 VM 虚拟机 2．在 VM 下安装网络操作系统 Windows Server 2008 3．配置 Windows Server 2008 和 IIS 6.0，分配 IP 地址，搭建网站开发和调试环境 4. 讲解 VM 虚拟机的功能和基本操作方法，创建单机条件下网站的开发环境	了解网站开发平台的必要条件，掌握单机下搭建网站开发和测试平台的能力	

续表

整体预设能力目标	课程教学内容	学时	单元教学内容		单元能力培养目标	考核要求
			任务名称	教学内容描述		
	以中小企业“大维广告公司”的网站设计为例，讲解网站前期规划的流程和需求分析报告的写法	10	任务三： 对“大维广告公司”的网站设计进行规划和需求分析	1．拟订“大维广告公司”的业务范围、网站的定位、功能需求、网站内容和组织形式等 2．规划出网站栏目：公司简介、行业新闻、联系我们和留言反馈 3．写出“大维广告公司”的需求分析报告	掌握网站设计和前期规划的基本流程，具备对网站进行前期规划和需求分析的能力，掌握网站需求分析报告的写法	
3．掌握网站前台设计的基本方法和常用工具软件 4．掌握动态网站的开发方法和网站前后台整合的基本技能	利用 Photoshop 对“大维广告公司”网站的首页和内页进行平面美工设计，包括网站的首页、二级页面、三级页面的风格、标志和导航等要素	12	任务四： 设计网站的 Logo 任务五： 设计网站的 Banner 和导航条 任务六： 网站首页 任务七： 按照统一的风格设计二级页面	1．Photoshop 图像处理的相关知识讲解 2．网站图片的发布大小和格式的选择 3．网站模版风格和网站配色的指导方法 4．各个图片处理的实际操作 5．整个页面的平面设计方法	掌握利用图像处理软件对网站前台进行平面设计的方法，掌握网站图片制作和选择的标准，提升审美观念并掌握网页配色的基本方法，掌握对首页和内页进行设计的技能	考核内容： 平时成绩包括各任务完成情况；期末笔试包括基础理论和实践理论；期末实践考核包括完成任务过程考核、答辩等。
	利用 Dreamweaver 和 Photoshop 对平面设计进行网站的具体实施并实现页面之间的链接	10	任务八： 将“大维广告公司”首页和内页的平面设计生成网页 任务九： 将“大维广告公司”首页和内页进行链接	1．在 Photoshop 中对图像切片，并发布为网页文件和图片文件 2．在 Dreamweaver 中对网页文件进行再编辑 3．对网页文件超链接进行处理 4．利用 CSS 对网站进行风格管理	掌握多种工具软件相配合时进行网站实施的基本方法，掌握网页之间链接的基本方法，掌握 CSS 对网站进行风格管理的基本方法	

续表

整体预设能力目标	课程教学内容	学时	单元教学内容		单元能力培养目标	考核要求
			任务名称	教学内容描述		
5．掌握网站发布的基本方法和对IIS进行管理及配置的技能 6．掌握在互联网上实际建站的技能 7．掌握必要的安全知识、网站维护和管理的基本技能	通过为公司网开发并站添加留言板，讲授ASP动态网页程序设计和数据库在程序中的应用，以及如何对动态网站进行整合的操作	24	任务十： 开发简单的留言板程序 任务十一： 将留言板程序与“大维广告公司”现有网站进行整合	1．用ASP编写简单的留言板程序 2．将留言板程序整合到现有网站 3．检查留言板动态ASP文件的执行权限 4．调整留言板程序中数据库连接文件的参数，实现对数据库的正常连接 5．整站调试	掌握动态网页设计的基本技能，掌握对数据库的连接和操作的基本过程，掌握整合动态网站的基本流程	总成绩构成权重： 平时成绩占10%，期末笔试占30%，期末实践考核占60%
	域名的申请方法，网站空间的购买和设置，网站的具体上传和发布、调试和维护	10	任务十二： 在互联网上正式发布“大维广告公司”网站	1．域名注册机构介绍 2．域名的选择和申请 3．网站的备案程序 4．网站空间的选择和常用技术指标 5．使用FTP软件对网站进行上传和下载 6．对网站进行配置和发布的基本方法	掌握在互联网上实际建站的技能，包括对实际网站进行上传、发布、配置和调试的基本技能，对域名进行解析、绑定的基本方法	

表 5.30　“中小型企业网搭建与管理综合实训”课程能力培养和教学内容

整体预设能力目标	课程教学内容	学时	单元教学内容		单元能力培养目标	考核要求
			任务名称	教学内容描述		
掌握企业网络搭建、Windows Server 2008 服务器架设、Fedora 8 服务器架设和典型企业网络的搭建及应用等	VLAN 规划与部署	2	任务一： VLAN 规划与部署	VLAN 规划与部署	根据实际企业网络的需求，会进行 VLAN 划分	考核方式： 课程的考核成绩由平时成绩、期末笔试和期末实践考核三部分组成，按权重构成总成绩。 考核内容： 平时成绩包括各任务完成情况；期末笔试包括基础理论和实践理论；期末实践考核包括完成任务过程考核、答辩等。
	IP 地址规划	2	任务二： IP 地址规划	IP 地址规划	根据实际企业网络合理分配 IP 地址	
	网络互联设备	1	任务三： 网络互联设备管理	VLAN 的配置	掌握划分 VLAN 的方法	
	配置 IP	1	任务四： IP 连通模式设计与部署	IP 地址、子网掩码的配置等	掌握 IP 地址、子网掩码的配置等	
	静态路由	2	任务五： 静态路由设计与配置	静态路由的设计和配置	掌握路由器、三层交换机静态路由的设计和配置	
	RIP 协议	2	任务六： RIP 动态路由设计与配置	RIP 动态路由设计与配置	掌握 RIP 动态路由设计与配置	
	OSPF 协议	2	任务七： OSPF 动态路由设计与配置	OSPF 动态路由设计与配置	掌握 OSPF 动态路由设计与配置	
	STP 生成树协议	2	任务八： 企业网络冗余设计与部署	1．链路聚合 2．STP 生成树协议	1．掌握链路聚合的配置 2．掌握 STP 生成树的配置	
	端口绑定	2	任务九： 交换机端口安全部署	端口绑定的配置	掌握端口绑定的配置	
	ACL 访问控制列表	2	任务十： IP 访问控制列表规划与部署	ACL 访问控制列表的配置	掌握 ACL 的配置	

续表

整体预设能力目标	课程教学内容	学时	单元教学内容		单元能力培养目标	考核要求
			任务名称	教学内容描述		
	Internet 互联	2	任务十一：企业网与 Internet 互联	企业网与 Internet 互联	掌握企业网与 Internet 互联的配置	总成绩构成权重：平时成绩占 10%，期末笔试占 30%，期末实践考核占 60%
	Windows Server 2008 服务器架设	8	任务十二：Windows Server 2008 服务器架设	在 Windows Server 2008 平台下的服务器架设	1. 架设企业域服务环境 2. 架设 DNS 服务器 3. 架设 DHCP 服务器 4. 架设 WEB 服务器 5. 架设 FTP 服务器 6. 架设文件服务器 7. 架设打印服务器 8. 架设 VPN 服务器 9. 架设终端服务器	
	Fedora 8 服务器架设	6	任务十三：Fedora 8 服务器架设	在 Fedora 8 平台下的服务器架设	1. 架设 DNS 服务器 2. 架设 DHCP 服务器 3. 架设 Web 服务器 4. 架设邮件服务器 5. 架设 FTP 服务器 6. 架设 Samba 服务器	
	企业网络的搭建	2	任务十四：企业网络的搭建	绘制典型企业网络拓扑图	绘制典型企业网络拓扑图	
	企业网络的应用	2	任务十五：企业网络的应用	企业网络的应用	企业网络的应用	

表 5.31　“平面设计综合实训”课程能力培养和教学内容考核要求及参考学时

整体预设能力目标	课程教学内容	参考学时	单元教学内容		单元能力培养目标	考核要求
			项目（任务）名称	教学内容描述		
1. 掌握平面广告的设计原则、平面广告设计的构成要素和平面广告的版面编排知识 2. 懂得色彩与印刷的基础知识，印刷分类及常用印刷制作尺寸与纸张等内容 3. 熟练重点使用平面设计常用图形图像处理软件Photoshop CS、CorelDRAW 12	1. 根据风格的统一性原则，符合审美规律的原则设计方案 2. 设计本学校的标准色和标准字 3. 熟练运用 CorelDRAW 的基本工具，设计海报、书封面和校报 4. 运用 Photoshop CS 处理名片、海报、书封面和校报中用到的图片，灵活动用软件的各种滤镜及图像色调色彩的调整知识，打造图片的新奇效果	6	设计本学校的Logo	1. 分组讨论 2. 确定设计方案 3. 用哪种软件都可	能够根据学校的特色和理念设计并制作 Logo	具有象征意义的方案基本正确
		8	设计在校园内的禁止骑车标牌	1. 构思慎重推敲，构图美观 2. 运用软件工具箱基本工具制作	颜色鲜明，文字简洁使用 CorelDRAW 的基本工具设计制作	表意准确美观、醒目，有自己独特表现力
		8	设计学校领导名片及办公桌标识牌	1. 决定名片设计的尺寸和形状 2. 确立图案或学校标志的位置 3. 预留人名和职称空间	Photoshop 处理图片，CorelDRAW 设计名片，名片构成要素视觉统一设计	把名片持有人的简明信息标注清楚，并 以此为媒体向外传播
		12	设计学校教师男装（西装、白领和领带）、女装（裙装、西式礼装	主要使用钢笔工具设计，各部分比例适宜，在实际中有可操作性	通过分析教师的职业特点，设计可操作性强的服装式样	服装符合职业特点
		6	设计以学校代表建筑为背景的学校宣传海报	1. 处理图片，实现新颖的特效 2. 运用得心应手的软件，制作有一定魅力的海报	可以使用 Corel DRAW 软件绘制、编辑、修复图像及创建图像特效，能极致地展现学校的独特之处	选好背景图并做精心的处理，加上精练的文字，具有一定吸引力

续表

整体预设能力目标	课程教学内容	参考学时	单元教学内容		单元能力培养目标	考核要求
			项目（任务）名称	教学内容描述		
4．平面设计软件的配合使用 5．多学习勤观察，提高自己的创新造力，使设计方案富有新意 6．具有较强的团队合作能力	5．设计 Logo 名片、禁止骑车标牌、名片、办公桌标识牌、海报服装、服饰规范；设计教师男装（西服礼装、白领和领带）、女装（裙装、西式礼装）和轿车时，学生可选择制作方便的软件，如 Corel DRAW 12 6．体会并总结三款软件各自的优势，在以后的设计中择优而用	6	为记载本校近 10 年发展历程的书设计封套	1．根据内容、种类和风格，对封套的设计有正确的定位 2．用 CorelDRAW 导入图片素材，稍做处理，添加文字及条码	培养对书的封套设计艺术性、美观性和实用性的理解能力，提高设计能力	包括封面、封底和书脊，有书的名称，文字和图片的结合恰到好处
		8	设计学校校报	1．设计好版面布局，标题醒目 2．掌握 CorelDRAW 中的钢笔式具和矩形工作及文本工具	培养对版面语言的掌控能力	版面结构布局合理，分割的对比关系、题图文的对比关系合理
		6	设计学校轿车	1．设计车的外形。 2．运用合适的工具绘制外观 3．填充合适的颜色	掌握 Photoshop 使用的妙处	外观大方，线条清晰，加上学校的 Logo

（五）专业教学策略的研究

总课题研究是以就业为导向的课程体系，目的是深化职业教育教学改革，提高学生的全面素质和综合职业能力，使其成为技术型应用人才。而要达到上述目的，除教学目标和教学内容之外，主要取决于教学的策略，教学策略的制定需从教学程序、教学形式、教学情景、教学方法和教学媒体等几个方面考虑[①]。

培养电子与信息技术专业学生的职业特质，即依据教学任务，培养学生的独立分析问题能力和创新能力，培养学生的自学能力和协作学习能力，使其能够听取别人不同的意见，客观分析对任务完成的利与弊，具有不怕困难、不断求索的意识与素质，提高用所学的技术解决问题的各种能力。在总课题研究提出的过程导向、情景导向和效果导向三种教学策略中，电子与信息技术专业教学策略的设计，主要采用过程导向的教学策略，即首先在教学过程中，使学生熟悉职业活动的工作过程，然后按过程的先后顺序开展教学活动，简单地说就是“学中干，干中学”，也可表示为“好奇→兴趣→生疑→思考→释疑→成就感”。这样，有了学习的目的和兴趣，为了达到过程中任务所期望的效果，学生会努力学习，努力创新，不断提高解决实际问题的能力。

依据总课题研究，过程导向教学策略的教学过程可以设计为任务描述、任务分析、相关知识、技能训练、态度养成、完成任务和学习评价七个环节[②]。任务描述的目的是让学生进入工作角色，提高教学效能；任务分析是根据任务需求，明确所需的能力；相关知识是以学生为主体，自主学习或听教师讲授来储备与任务相关的知识；技能训练是以教师为主导，加强学生灵活运用知识完成任务的能力，不用定法，学生自己动脑筋想办法完成任务；态度养成是指学生理解到正在学习的知识、技能是有用的；完成任务是学生独立或者分组完成服务，形成严格的工作程序、工作规范和操作标准，保证操作结果符合质量要求的意识与素质的整合环节。学习评价能够使学生产生成就感，更能激发其学习的主动性和自信心。

在电子技术专业过程导向教学策略设计时，采用工作过程系统化课程教学模式，以根据企业的任务设计的完整工作程序为课程的总体设计，使学生在与职业情景相近的实训室里完成实训任务。教师应该把职业教育专业教学的方法理论用于实训课程中，激发学生的智慧。

（六）专业教师团队的建设

专业教师团队应具备专业带头人 2 人（电子技术类 1 人、信息类 1 人）和专

① 邓泽民，2016．职业教育教学设计[M]．4 版．北京：中国铁道出版社．

② 邓泽民，2012．职业教育教学论[M]．4 版．北京：中国铁道出版社．

业各核心课程负责人，具备双师型教师90%以上，聘请师资数50%的行业企业技术骨干担任兼职教师。通过校企联合开展科研项目，加强专业建设和教学改革，培养专业带头人，定期派教师深入企业实践学习，积累电子与信息技术方面的实际经验，制订可行的培训考核方案，敦促教师尽快提高设计和实施过程教学的能力，形成一支技能水平高、授课方法新和评价效果好的师资队伍。

1. 专业带头人的基本要求

专业带头人应能够把握当前中职教育的定位，有丰富的教学经验和优秀的教学策略，对专业发展方向有把握能力，能在工学结合人才培养模式下设计工作过程系统化的课程模式，能组织协调本部分的成员团结协作，发挥教研的作用，构建出一个成熟且可实施的基于工作过程的课程体系。

2. 电子技术类专业各课程专任教师、兼职教师的配置要求

电子技术类专业各课程专任教师兼职教师的配置要求如表5.32所示。

表5.32 电子技术类专业各课程专任教师、兼职教师的配置与要求（按每年招300名学生配置）

序号	课程名称	专任教师		兼职教师	
		数量	要求	数量	要求
1	电工技术基础	2	双师型、理论实践一体化教学	1	理论实践一体化教学
2	电子技术基础	2	双师型、理论实践一体化教学	1	理论实践一体化教学
3	通信网基础	2	双师型、理论实践一体化教学	1	理论实践一体化教学
4	数字通信技术	2	双师型、理论实践一体化教学	1	理论实践一体化教学
5	单片机工程应用	2	双师型、理论实践一体化教学	1	具备工程实践经验
6	音视频原理与维修	2	双师型、理论实践一体化教学	1	具备维修实践经验
7	Protel电路设计实训	2	双师型、理论实践一体化教学	1	具备工程实践经验
8	电子测量实训	2	双师型、理论实践一体化教学	1	具备工程实践经验
9	电子工艺技能综合实训	2	双师型、理论实践一体化教学	1	理论实践一体化教学
10	媒体技术与仿真实训	2	双师型、理论实践一体化教学	1	具备仿真软件实践经验
11	电子整机装配项目实训	2	双师型、理论实践一体化教学	1	具备家电维修经验
12	电子设计综合实训	2	双师型、理论实践一体化教学	1	具备电子设计实践经验
13	嵌入式系统开发综合实训	2	双师型、理论实践一体化教学	1	具备工程实践经验
14	电子EDA设计综合实训	2	双师型、理论实践一体化教学	1	具备工程实践经验
15	程控交换系统综合实训	2	双师型、理论实践一体化教学	1	具备工程实践经验
16	移动通信系统综合实训	2	双师型、理论实践一体化教学	1	具备工程实践经验

3. 信息类专业各课程专任教师、兼职教师的配置与要求

信息类专业各课程专任教师、兼职教师的配置与要求如表5.33所示。

表5.33 信息类专业各课程专任教师、兼职教师的配置与要求（按每年招300名学生配置）

序号	课程名称	专任教师		兼职教师	
		数量	要求	数量	要求
1	计算机应用基础	3	双师型、理论实践一体化教学	1	理论实践一体化教学
2	C语言基础	2	双师型、理论实践一体化教学	1	理论实践一体化教学
3	计算机网络基础	2	双师型、理论实践一体化教学	1	理论实践一体化教学
4	图形图片处理Photoshop	2	双师型、理论实践一体化教学	1	理论实践一体化教学
5	动漫设计Flash	2	双师型、理论实践一体化教学	2	理论与项目经验
6	数据库应用基础（Access）	2	双师型、理论实践一体化教学	1	理论实践一体化教学
7	网络编程语言（ASP）	2	双师型、理论实践一体化教学	1	理论实践一体化教学
8	Dreamweaver实训	2	双师型、理论实践一体化教学	1	理论实践一体化教学
9	CorelDraw	2	双师型、理论实践一体化教学	1	理论实践一体化教学
10	网络设备配置与管理	2	双师型、理论实践一体化教学	1	具备网络管理经验
11	网络服务器搭建与管理	2	双师型、理论实践一体化教学	2	理论实践一体化教学
12	网络安全	2	双师型、理论实践一体化教学	2	具备维护网络安全经验
13	网络综合布线实训	2	双师型、理论实践一体化教学	2	具备网络工程布线经验
14	网站建设综合实训	2	双师型、理论实践一体化教学	1	具备网站开发实践经验
15	中小型企业网搭建与管理综合实训	2	双师型、理论实践一体化教学	2	具备网络搭建实践经验
16	平面设计综合实训	2	双师型、理论实践一体化教学	1	具备完成项目实践经验

（七）专业实训条件的配备

遵循职业教育实训整体规划、系统优化和资源整合的原则，设计技能训练、任务训练、项目训练和职业岗位训练的必备场所[①]。真实典型的企业项目能提高学生的实际动手能力，使教学更贴近生产实际，学生既能完成实训教学环节又能体验到企业员工的身份，免得初进企业“水土不服”、束手无策，为企业节约了岗前培训的成本，使学生受到企业的好评。学校不仅应有实验实训教学设备，也应有完善的规章制度，以保障实训室起到应有的作用，为以工作过程系统化为课程模

① 邓泽民，韩国春，2008．职业教育实训设计[M]．北京：中国铁道出版社．

式的实训项目提供配套的实训软硬件条件。电子与信息技术专业实验实训条件基本配置及要求如表 5.34 和表 5.35 所示。

表 5.34　电子技术类实验实训条件基本配置及要求

序号	实验实训室名称	功能	设备基本配置要求	面积/m^2	备注
1	物理实验室（2 个）	光学、电学和磁学等物理实验	实验台 40 台	100	
2	电工实验室（2 个）	简单直流电路、复杂直流电路、交流电路、磁路和三相交流电路等实验	电工实验台 40 台	100	
3	电子实验室（2 个）	常用电子仪器的应用，放大电路、反馈电路、集成运放电路、组合逻辑电路和时序逻辑电路实验	模拟数字实验台 20 台、数字试验箱 20 套、示波器 40 台、万用表 40 台、晶体管特性图示仪 2 台	100	
4	电子虚拟实训室	进行电工、电子仿真实验，电子制图软件实训	微机 40 台、EWB 仿真软件、电工仿真软件和 PROTE 软件	50	
5	PLC 实验室	典型 PLC 各种单元模块训练	西门子 PLC 实验系统和 PC 机各 40 台	50	维修电工培训鉴定
6	单片机实验室（2 个）	单片机典型实验项目训练	单片机实验台 20 台、单片机试验箱 20 套、PC 机 20 台	100	
7	传感器实验室	各种传感器性能应用与模拟测试	传感器实验台 20 台	50	
8	电力拖动与照明实训室	各种电机控制实训 各种照明系统实训	电力拖动与照明控制实训台 15 台	50	维修电工培训鉴定
9	无线电装接实训室（2 个）	各种电路的组装调试	测试仪器、工具 40 套、焊接生产线 2 套	100	无线电装接工鉴定
10	程控交换实训室	程控交换项目实训	程控交换设备 20 套	50	
11	移动通信设备实训室	移动通信设备实训	移动通信设备实验台 20 台	50	
12	通信原理实训室	移动通信原理实训	移动通信设备实验台 20 台	50	
13	数字通信实训室	数字通信项目实训	数字通信项目实验台 20 台	50	
14	音视频实训室	音响设备、视频设备项目实训	电视 20 台、液晶电视 2 台、示波器 5 台、万用表 50 台	50	家用电子产品维修工鉴定

表 5.35　信息类实验实训条件基本配置及要求

序号	实验实训室名称	功能	设备基本配置要求	面积/m^2	备注
1	软件设计实训室(2个)	办公应用软件的训练	学生计算机 90 台、交换机 12 台、服务器 2 台	100	办公软件操作员培训及鉴定
2	平面设计实训室(2个)	平面设计相关课程实训及综合实训	学生计算机 90 台、交换器 12 台、服务器 2 台	100	图形处理操作员培训及鉴定
3	动漫设计实训室(2个)	动漫设计相关课程实训及综合实训	学生计算机 90 台、交换机 12 台、服务器 2 台	100	
4	网站建设实训室(2个)	网站建设相关课程实训及网站发布实训	学生计算机 90 台、交换机 12 台、服务器 2 台	100	
5	微机组装与维护实训室	训练计算机组装、系统及应用软件安装和防病毒软件使用，外设安装及简单故障排除	学生计算机 50 台、万用表 25 台、电脑配件若干	50	
6	华为网络实训室	交换机、路由器的基本配置，TCP/IP 基础协议，使网络畅通	路由器 MSR 20-20 24 台、三层交换机 E328 8 台、二层交换机 E126 24 台、计算机 24 台	50	
7	综合布线实训室	网络配线和端接实训； 网络链接分析和测试	工具箱 50 套、穿线器 25 套、跳线测试适配器 1 台、网络寻线测试仪 8 台、万用表 6 台	50	

五、电子与信息技术专业教学整体解决方案实施

从参加课题的各学校专业教学整体解决方案的实施分析，由于有了配套教材和课件等教学资源的支撑，实施新方案的阻力并没有预想的大。教师需要建立现代教学的理念和提高教学开发和组织实施的能力，为了消除教师对新方案的抵制，学校采用了引导消除抵制模式（LOC 模式），分为以下五个阶段实施。

（一）教师把握整体解决方案

电子与信息技术专业教学团队向实施的教师讲解专业教学整体解决方案，使所有成员都清楚地了解专业教学整体解决方案的培养目标和教学策略，了解所任教课程的地位和作用，加强个人实践能力，并能根据企业的任务设计教学内容。

（二）教师必备教学能力培训

用职业教育课件设计的方式培训教学能力，不但可以使教师学习掌握系统的教学理论、教学方法和教育技术，还可以训练教师的专业实践能力，以解决我国专业教师普遍存在的教学能力和专业实践能力薄弱的问题[①]。

（三）设施、材料与教材准备

对原有教室和实训室，按照情景导向教学的要求进行改造，使得教学情景与职业活动情景一致起来，从而提高职业教育的教学效能。教室全部配上投影仪和展示台，实训室的布局也发生变化。例如，网络机房中原先是摆放成一排排的计算机，把路由器和交换机放在机房的一端，现在是每 4 个计算机组成一圈，中间放路由器和交换机，学生分组实训、协作学习。学校和企业联合，在实训室中完成企业任务，形成教学、实训和实习在校内外密切衔接的组合模式。遵循职业活动逻辑、学习动机发展逻辑和能力形成心理逻辑相统一的原则，设计编写行动导向的专业课程的教材[②]。

（四）方案实施的评价与激励

对一年级新生全部采用新方案进行教学，二年级学生按原教学计划继续开展教学。一年级新生的学习兴趣较浓，动手能力也强，对于出现的问题能找对思路，说明新方案的效果不错。但是按新方案实施教学，教师付出的努力和辛苦会多些，为了鼓励教师施行新方案，激发其积极性和主动性，凡参加专业教学整体解决方案实施的教师，若教学符合专业教学整体解决方案的要求，课时费在原来基础上乘以系数 1.5 支付。

（五）方案实施效果调查分析

通过调查的全国 6 所中等职业学校电子与信息技术专业 3 年的教学实践，为对电子与信息技术专业教学整体解决方案进行较为客观的评价，本课题分别对学生、企业和教师进行了调查。

1. 学生的评价

在学校学习期间，我们通过工作过程系统化的分科和专业综合实训，加强了

① 邓泽民，马斌，2011．职业教育课件设计[M]．北京：中国铁道出版社．

② 邓泽民，侯金柱，2006．职业教育教材设计[M]．北京：中国铁道出版社．

动手实践能力，取得了相应的中级职业资格证书，更好地发挥了个人的主观能动性和想象力，同时也学会了怎样团结协作。在完成专业综合实训时有些问题需要自己解决，有些困难需要自己克服，这也锻炼了我们的耐心和勇气，找到了一种成就感并感受到了一种学习的快乐。这些为我们顶岗实习及毕业后的就业打下良好的综合基础，使我们能很快适应岗位和进入角色，得到了领导和同事的肯定。

2. 企业的评价

学生有较高的动手操作能力，能够根据实际问题设计可行的方案，能够根据企业的项目和任务，结合其特点提出创新的观点；没有与同事合作不愉快的事情发生，有较强的协作意识；遇到一点困难就逃避的现象少了，不怕困难的劲头足了；遵守企业的规章制度，违纪的少了；学生不再感到手足无措，进入企业很快找到感觉、进入角色，深受企业的认同。

3. 教师的评价

随着对电子与信息技术技能型人才职业特质的理解，我们对职业教育定位、职业教育课程内容的选择标准有了新的认识。我们加强参加企业实践的紧迫感，提升自己实际做企业项目的经验，从而完成切合实际的工作过程导向的教学结构设计，解决实施过程中的问题，不再做只会口头说教的教师，这样才能指导学生动手动脑并完成实训，提高技能，适应企业需求。学生就业效果好，我们的教学技巧和实践能力也能得到提高。

六、实践结论

1）电子与信息技术技能型人才的职业特质是伴随着计算机信息化软件和工程软件的发展，以及计算机硬件中电路的集成度提高而对人才提出的必然要求。依据这种要求，课程体系的构建和人才培养模式应以就业为导向，以能力为本位，以校企合作的方式把专业知识融入企业中的典型工作任务中，有的放矢，培养出能够服务企业的一流人才。

2）电子与信息技术技能型教学要把人才职业特质和职业能力的形成作为教学过程的中心。培养学生具有一定的职业资格，将工作过程实训贯穿于整个专业教学中，在工作过程中将理论知识与实际技能结合起来，使学生体验创新的乐趣与辛苦。在综合实训中可以打破学科的界限来设计实训项目。

3）职业特质的形成需要行动导向的教学策略，师资队伍的教学过程设计能力与实施能力十分重要。要做到使学生在同样的工作过程中，最大限度地获得经验知识，需要配备了解企业需求的骨干教师。负责课程建设、综合实训项目开发和实施。加强师资培训，使教师清楚工作过程系统化课程的建设思路；选派教师去企业学习实践，真正参与项目实践，了解企业中的工作任务，整合学生的实训内容，并安排部分教师带领学生顶岗实习，找到学生实际工作中应用技术的差距，更好地设计实训任务。

4）职业特质的形成需要合适的实训设备。学生没有直接的职业工作经验而要获得企业需要的工作能力，需加强实验实训室的建设，充分利用好实训室这个教学媒体。把想象中很难的任务简单化，把很抽象的知识具体化，可达到事半功倍的效果。例如，在华为网络机房，学生能通过服务器的正确配置，达到几台计算机互通互联，把现实中一个完整的网络工程真正地搬进学校实训室，提高实践动手能力。

5）通过实现专业培养方案，加强专业整体能力和水平。学校的硬件实训设施明显加强；教师的实践能力和钻研教学设计的热情大大提高；学生的学习兴趣得到激发，个人职业规划越来越有可行性。学生参加省、市各种竞赛取得的成绩有所提高。

方案六

输配电专业教学整体解决方案研究与实践

课题编号：BJA060049-ZZKT006

一、问题的提出

（一）电力行业发展的趋势

中国电力行业的发展印证着中国经济的腾飞。预计 2030 年后，核电、风电和太阳能发电将成为 2030～2050 年中国新增发电的三大主力，它们将分别占到新增装机份额的 27%、32%和 20%左右。预计到 2050 年，燃煤发电装机比例将由 2020 年的 60%左右下降到 40%左右。即使到 2050 年，燃煤发电装机比例也居于主导地位，但通过发展核电、气电等非煤电项目，对新增燃煤机组应用新的清洁技术和工艺，燃煤机组的污染物排放可以大幅降低，中国发电能源结构将进一步优化。

中国电网的发展方向：一方面，加快推进电网技术升级，提高输电能力，合理优化走廊规划，尽可能将优质通道用于更高电压等级输电，提高通道利用效率，提高电网总体的安全可靠性和抵御灾害能力；另一方面，要考虑适当提高电网建设标准，推行差异化设计原则，在重大灾害发生的情况下，确保骨干网架、战略性输电通道、重要电源送出线路和重要用户供电线路正常运行，保障重要用户电力供应。

（二）电力行业发展对输配电技能型人才的要求

我国电力行业的快速发展，对中等职业教育输配电技能型人才提出了更高的要求。近几年，中等职业学校的发展很快，办学特色的价值已日益显现出来，培养的人才职业特色浓厚，受到了企业的欢迎。职业教育的目标是为企业提供所需要的人力资源。企业需要的人力资源是多种类型的，这就需要有多种类型的教育和其相对应。企业不能一味地追求高学历人才，而是要追求能与特定工作岗位相匹配的人才。中等职业教育办学特色价值的日益显现，说明我国企业已逐步步入理性用人阶段。企业用人的理性化，为中等职业教育发展奠定了坚实的基础。

电力行业基本划分为发电、供电两大系统及发电、输电、供电和用电四大环节。电力企业充分利用现代通信和信息技术，在电力数字化和自动化的发展基础上，不断深化发电、输电、变电、配电、用电和调度环节的数据采集、传输、存储和利用，实现数据采集数字化、生产过程自动化、业务处理互动化、经营管理信息化和战略决策科学化；充分开发电力企业各项业务与信息资源，深化系统应用，实现经营决策智能分析、管理控制智能处理和业务操作智能作业。

电力行业属于资金密集型、知识与技术密集型、设备密集型和管理密集型的高风险行业。电力产品单一，即电能，有着发、输、配和用电同时完成且不能储存的特点。电力产品按能源类型可分为火电、水电、风电和核电等。与其他行业相比，电力行业的销售模式、生产运行、维护维修和安全环保等方面都受到国家与行业法规的直接监管，是社会公用事业的重要组成部分。同时，其直接关系到国家能源安全和国民经济命脉，是提高经济效益的重要途径之一，在经济社会中发挥着重要的基础性作用。

本课题通过对山东地区的多家不同类型的电源、热电和供电企业调查发现：中等职业教育电力专业毕业生与企业的要求存在一定差距，主要表现为企业需求与学生培养目标的错位。毕业生拿着国家承认的各种学历证书却难以适应企业需求，企业也为招不到合适的人而心急如焚，不得不将新员工再次送入培训中心或相应部门“回炉”。

二、研究内容与方法

（一）研究内容

为解决企业提出的中等职业教育输配电专业毕业生教学内容与职业岗位需求脱节问题，本课题将首先对中等职业教育输配电技能型人才的职业特质和职业能力进行研究，然后研究设计出适合电力企业技能型人才职业特质和职业能力形成的教学整体解决方案，并通过教学整体解决方案实施，探索中等职业教育输配电专业教学理论。

（二）研究方法

1）调查法。对中等职业教育输配电技能型人才的职业活动进行调查，并在此基础上分析中等职业教育输配电技能型人才职业活动的特点，提出中等职业教育输配电技能型人才职业特质的基本内涵。

2）文献法。查阅有关文献、论文和研究成果，以及企业职业岗位的工作任务、岗位标准和职业要求等，掌握企业需求现状、研究现状，形成典型工作任务、能力要求和职业标准。

3）实验法。通过适合中等职业教育输配电技能型人才职业特质形成的教学整体解决方案的实施，对建立在中等职业教育输配电技能型人才特质基础上的中等职业教育专业教学方案进行验证，探索中等职业教育输配电专业的教学理论方法。

三、输配电技能型人才职业特质研究

职业特质是指从事不同职业的人所特有的职业素质，是能将工作中成就卓越与成就一般的人区别开来的深层特征①。总课题对于职业特质的研究，提出了可以从两个方向开展研究，一是在同一职业中发现成就卓越者，通过调查分析方法，研究他们与成就一般者不同的深层特征；二是通过分析职业活动，研究取得职业活动卓越效果的人具备的职业素质。本课题采用第二种方法。

（一）输配电技能型人才职业活动调查

1. 职业面向的调查

（1）就业企业类型和岗位工作统计

本研究通过对山东电力技术学校 600 名毕业生就业岗位的调查发现，输配电专业毕业生就业岗位类型多达 37 个，职业生涯发展也有 5 大领域。就业企业类型及人数和岗位类型如表 6.1 所示。

表 6.1　就业企业类型及人数和岗位类型

就业企业类型统计		岗位统计
就业企业类型	就业人数	岗位类型及工作
发电厂、热电企业	57	二次线安装 厂用电安装 电缆安装 厂用电值班
供电公司	181	高压线路带电检修 送电线路运行与检修 配电线路运行与检修

① 邓泽民，2012．职业教育教学论[M]．4 版．北京：中国铁道出版社．

续表

<table>
<tr><th colspan="3">就业企业类型统计</th><th>岗位统计</th></tr>
<tr><th colspan="2">就业企业类型</th><th>就业人数</th><th>岗位类型及工作</th></tr>
<tr><td colspan="2"></td><td></td><td>电力电缆运行与检修
电缆安装
送电线路架设
农网配电营业
高压电气安装
变电一次安装</td></tr>
<tr><td colspan="2">超高压公司</td><td>53</td><td>高压线路带电检修
送电线路运行与检修
电力电缆运行与检修
电缆安装
送电线路架设
高压电气安装
变电一次安装</td></tr>
<tr><td colspan="2">送变电工程公司</td><td>248</td><td>送电线路架设
高压电气安装
电缆安装
变电一次安装</td></tr>
<tr><td colspan="2">电力建设公司</td><td>28</td><td>电缆安装
输配电安装
高压电气安装</td></tr>
<tr><td colspan="2">自主创业</td><td>6</td><td>输配电器材销售
配电设备制造
电力线材制造</td></tr>
<tr><td rowspan="4">其他</td><td>中小型厂矿企业</td><td>11</td><td>企业电工
内线安装</td></tr>
<tr><td>低压电器制造企业</td><td>7</td><td>低压电器制造
销售
售后服务</td></tr>
<tr><td>杆塔制造企业</td><td>5</td><td>杆塔设计
销售</td></tr>
<tr><td>电力线缆生产企业</td><td>4</td><td>电线制造
电缆制造
销售</td></tr>
</table>

（2）毕业生就业岗位分析

从毕业生就业企业岗位分析可以看出，学生在送变电工程公司从事送电线路架设、高压电气安装、电缆安装和变电一次安装等约占 41.3%，在供电公司从事高压线路带电检修、送电线路运行与检修、配电线路运行与检修、电力电缆运行与检修、电缆安装、送电线路架设、农网配电营业、高压电气安装和变电一次安装等约占 30.2%，在发电厂、热电企业从事二次线安装、厂用电安装、电缆安装和厂用电值班等占 9.5%，在超高压公司从事高压线路带电检修、送电线路运行与检修、电力电缆运行与检修、电缆安装、送电线路架设、高压电气安装和变电一次安装等约占 8.8%，在电力建设公司从事电缆安装、输配电安装和高压电气安装等约占 4.7%，自主创业占 1.0%，其他占 4.5%；主要面向送电线路架设、高压电气安装、电缆安装、变电一次安装、高压线路带电检修、送电线路运行与检修、配电线路运行与检修、电力电缆运行与检修和农网配电营业等工作。毕业生从事工作岗位分布如图 6.1 所示。

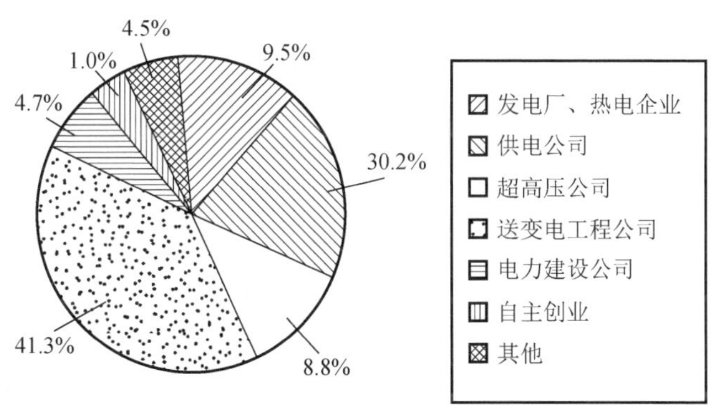

图 6.1 毕业生从事工作岗位分布

职业生涯发展领域：一是成为电力生产一线骨干；二是发展专业技能，成为技师、高级技师；三是发展电力行业专业技术，进入技术部门工作，有的成为工程师、高级工程师；四是进入管理岗位，担任企业的部门负责人、企业经理等；五是创业，经营输配电器材销售、配电设备制造、电力线材制造公司等。

2. 职业活动的分析

为了客观掌握中等职业教育输配电专业毕业生工作中的职业活动，本课题邀请山东电力高等专科学校、山东电力集团检修公司、国网电力科学研究院、江西电力职业技术学院、内蒙古电力学校、广东电力工业职业技术学校、临汾电力高级技工学校和西安电力高等专科学校等企业院校 14 位专家，应用现代职业分析方法①，对中等职业教育输配电技能型人才职业活动进行分析，提出了中等职业教育输配电技能型人才职业活动表。输配电技能型人才职业活动表如表 6.2 所示。

① 邓泽民，郑予捷，2009. 现代职业分析手册[M]. 北京：中国铁道出版社.

表 6.2　输配电技能型人才职业活动表

<table>
<tr><th colspan="2">职业活动领域</th><th>任务</th></tr>
<tr><td rowspan="11">职业共性活动领域</td><td rowspan="11">高压电工</td><td>钳工基本技能</td></tr>
<tr><td>常用电工仪器、仪表的使用</td></tr>
<tr><td>工程起重和搬运技能</td></tr>
<tr><td>典型电气线路识读和绘图</td></tr>
<tr><td>施工安装图识读和绘图</td></tr>
<tr><td>常用低压电器的安装与维修</td></tr>
<tr><td>安全工器具的使用</td></tr>
<tr><td>紧急救护</td></tr>
<tr><td>工程文件的整理、撰写</td></tr>
<tr><td>工作票的填写与使用</td></tr>
<tr><td>内线安装</td></tr>
<tr><td rowspan="20">职业方向活动领域</td><td rowspan="6">送电线路运行与检修</td><td>送电线路的巡视、检查与缺陷处理</td></tr>
<tr><td>送电线路的运行与维护</td></tr>
<tr><td>送电线路检测</td></tr>
<tr><td>送电线路停电检修</td></tr>
<tr><td>送电线路带电作业</td></tr>
<tr><td>送电线路工程验收</td></tr>
<tr><td rowspan="9">配电线路运行与检修</td><td>配电线路的巡视</td></tr>
<tr><td>配电设备的运行维护</td></tr>
<tr><td>配电变压器的运行维护</td></tr>
<tr><td>配电线路停电检修</td></tr>
<tr><td>配电线路带电作业</td></tr>
<tr><td>配电线路工程验收</td></tr>
<tr><td>电力电缆敷设及附件安装</td></tr>
<tr><td>电力电缆试验与故障查找</td></tr>
<tr><td>环网柜、分支箱的操作与运行维护</td></tr>
<tr><td rowspan="5">送电线路架设</td><td>施工测量</td></tr>
<tr><td>杆塔基础及接地装置施工</td></tr>
<tr><td>杆塔组立与导线架设</td></tr>
<tr><td>张力放线</td></tr>
<tr><td>施工质量与验收检查</td></tr>
</table>

（二）输配电技能型人才职业活动特点分析

通过分析输配电技能型人才职业活动发现，输配电技能型人才职业活动都是严格按照工作程序、操作规范和安全规程顺序展开的，如图 6.2 所示。

	过程1	过程2	过程3	……
任务A	活动A1	活动A2	活动A3	……
任务B	活动B1	活动B2	活动B3	……
任务C	活动C1	活动C2	活动C3	……
⋮	⋮	⋮	⋮	

图 6.2　中等职业教育输配电技能型人才活动过程导向示意图

从图 6.2 中可以看出，输配电专业人员采取什么行动，取决于任务的不同和所处的工作阶段的变化。工作过程、操作规范和安全规程是随着任务和工作阶段变化的。输配电技能型人才职业活动的特点是由过程顺序所支配，即输配电技能型人才的职业活动具有典型的过程导向特点①②。

（三）输配电技能型人才职业特质内涵

从文献检索中，没有发现有关中等职业教育输配电技能型人才特质研究的文献，但在国家职业资格标准中有相关的描述：严格执行工作票、工作程序、工作规范、作业指导书和安全工作规程；具有高度的责任心；团结协作，文明生产；爱护设备及工具、量具。那么，具有什么职业特质的人才能在工作中表现出上述职业胜任特征？本课题依据输配电技能型人才职业活动具有典型的过程导向特点分析提出输配电技能型人才特质的内涵。

上述胜任特征虽然由多个特征单元构成，但其核心是严格执行工作票、作业指导书和安全工作规程。因为只有做到了这一点，才能在保证工作安全的前提下，使工程施工和维护维修达到要求的标准。因此，输配电技能型人才特质的职业特质定义为依据任务，严格执行工作票、作业指导书和安全工作规程，做到用严格的工作程序、工作规范和操作标准保证操作结果符合质量要求的意识与素质。

四、中等职业教育输配电专业教学整体解决方案设计

职业特质的形成取决于专业教学的各个方面和各个环节，为了发挥教学系统整体突现性原理的作用，本课题对中等职业教育输配电专业教学进行整体解决方案设计。目前，主要的办学形式有企业办学校、学校办企业及学校和企业合作办学三种。由于参加本课题研究的学校基本采用第三种办学形式，下面中等职业教育输配电专业教学整体解决方案设计基于上述第三种形式。

---

① 邓泽民，陈庆合，2006．职业教育课程设计[M]．北京：中国铁道出版社．

② 邓泽民，陈庆合，2011．职业教育课程设计[M]．2 版．北京：中国铁道出版社．

（一）专业的职业面向分析

中等职业教育输配电专业依据对毕业生就业和企业需求的调查，主要对应输变电企业、发电企业、热电企业和供电企业等方向。毕业生职业生涯发展的主要方向：一是成为初级工、中级工、高级工、技师和高级技师等，发展生产技能；二是进入管理岗位；三是成为企业或培训中心的培训师。专业职业方向划分如表6.3所示。

表6.3　专业职业方向划分

职业岗位	专业方向	专业群名称	对应岗位的职业资格证书
送电线路运行	送电线路运行与检修方向	输配电	送电线路工中级工或高级工
送电线路检修			
配电线路工	配电线路运行与检修方向		配电线路工、电力电缆工、农网配电营业工中级工或高级工
电力电缆工			
农网配电工			
线路工程测量	电力线路安装方向		送电线路架设工中级工或高级工
架空线路架设			

（二）就业证书需求的分析

依据国家持证上岗和就业准入的相关政策并调查企业发现，中等职业学校输配电专业学生一般要求具有国家计算机等级考试证书、焊工证、钳工证、电工证和相应岗位的职业资格证书。

除考取上述职业资格证外，学生还可根据自己的兴趣、优势和职业生涯发展方向，考取英语等级证书。

（三）专业培养目标的确定

依据教育部教职成〔2009〕2号《教育部关于制定中等职业学校教学计划的原则意见》对中等职业教育培养人才类型的定位、国家职业资格标准及中等职业教育发展趋势输配电技能型人才的要求，确定输配电专业培养目标。本专业主要面向送变电工程公司、供电公司、电气安装工程公司或其他电力企业，培养从事架空送电运行与检修、配电线路运行与检修、电力电缆运行与检修及送电线路架设等工作，适应现代工业化建设的发展，具有公民基本素养和职业生涯发展基础的中等应用型技能人才。

（四）专业课程体系的构建

中等职业学校的课程设置分为公共基础课程、专业核心课程、专门化方向课程和专业实践课程，着力打造职业教育四级平台教学模式。

第一级平台为公共基础课程平台，或称工具平台。所开设的课程按照培养社会人的要求，体现必需和够用的原则，加强外语、计算机和人文课程教学。

第二级平台为专业核心课程平台。该平台以人为本，保证学生可持续发展，按照培养职业人的要求开设专业理论课程，突出夯实的原则，为学生打下比较坚实的专业理论知识基础。

第三级平台为专门化方向课程平台。该平台以就业为导向开设课程，打造学生的拓宽和外延，突出以职业岗位为标准的原则，为学生的就业奠定基石。

第四级平台为专业实践课程平台，所开设的课程按照培养能工巧匠的要求，突出实用和娴熟的原则，运用高科技手段和科学的训练方法进行。

通过四级平台教学模式的运行，学生在知识结构方面必须掌握：①一定的基础理论知识，包括语文、数学、英语和计算机应用基础。基础理论知识是胜任本职工作的文化科学基础，同时也是学生毕业后继续学习的基础。②一定的专业技术知识，包括职业技能的基本知识和同类技术的安装、使用、维护、维修及管理知识。它是岗位群所必需的专业知识，既要有一技之长，又要做到触类旁通；它是能完成、胜任本职工作的前提，同时也是向专业化专门人才发展的前提。③一定的相关知识，包括法律知识、人文知识、管理知识、营销知识和公共礼仪知识等。

为了保证中等职业教育输配电技能型人才职业特质和职业能力的形成，专业必修课程和专业选修课程类型以职业活动课程为主，辅以知识课程和技术课程。课程体系结构如图 6.3 所示。

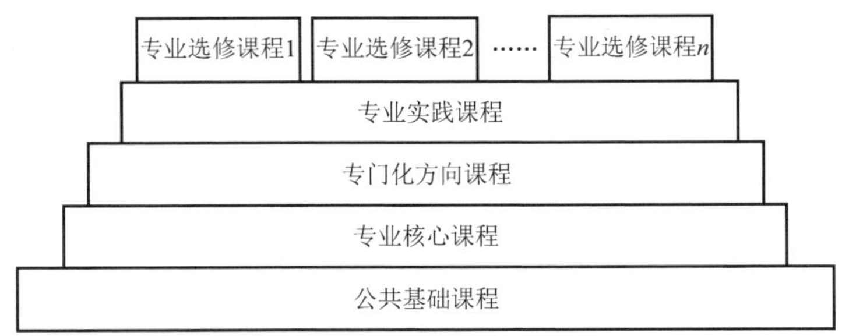

图 6.3　中等职业教育输配电专业课程体系结构示意图

1. 专业必修课程

依据由企业提出的输配电专业职业活动和国家颁布的相关职业资格标准，确定公共基础课程、专业核心课程、专门化方向课程和专业实践课程。输配电专业课程体系如图 6.4 所示。

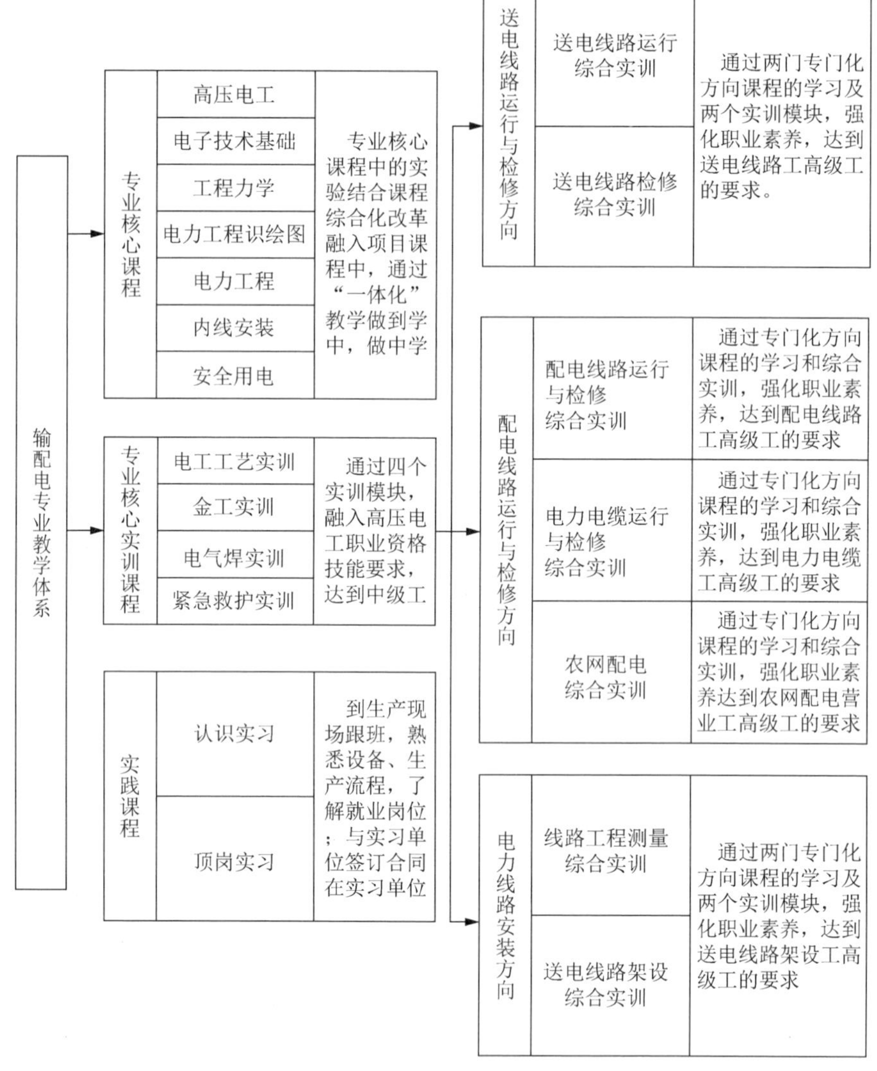

图 6.4　输配电专业课程体系

2. 专业课程安排

明确理论教学与实践教学各占的比例、文化教学与专业教学各占的比例。文化教学占 35%左右，专业教学占 65%左右；理论教学与实践教学各占 50%左右。分学期用表格形式体现，形成教学计划。

3. 专业核心课程标准

专业核心课程标准如表 6.4～表 6.10 所示。

表 6.4　“高压电工”课程能力培养和教学内容

整体预设能力目标	课程教学内容	参考学时	单元教学内容		单元能力培养目标	考核要求
			项目（任务）名称	教学内容描述		
1. 掌握电路的基本概念与基本定律 2. 掌握电工仪表的原理和使用，并学会应用仪表测量各物理量	1. 电路的基本概念与电路分析	8	任务一： 电路物理量测量	理论学习： 1. 电路与电路模型 2. 电路图 3. 电路的三种状态 4. 电路的主要物理量（电流、电压、电位、电势、功率和电能） 5. 电流表、电压表原理 6. 电压源与电流源 7. 电阻和电导 8. 欧姆定律分析 实训项目：（注：以下所有实训项目通过电路仿真软件和实际操作两种方式实施） 1. 电压、电位测量 2. 简单电路电流及功率测量 3. 根据电阻色环辨别阻值	1. 会用直流电流表测量电路电流 2. 会用直流电压表测量电路电压 3. 会电阻器色环识别	考核方式： 课程的考核成绩由笔试（课堂练习和试卷两部分组成）、实践考核两部分组成，按权重构成总成绩。
		6	任务二： 简单电路分析	理论学习： 1. 直流单臂电桥原理 2. 基尔霍夫定律 3. 电阻的连接 4. 支路电流法 5. 叠加原理 6. 戴维南定理	1. 会应用直流单臂电桥测量电阻 2. 能用基尔霍夫定律解决电路问题	

续表

整体预设能力目标	课程教学内容	参考学时	单元教学内容		单元能力培养目标	考核要求
			项目（任务）名称	教学内容描述		
3. 掌握电阻电路的分析方法 4. 掌握磁场与磁路	2. 磁场与电感元件			实训项目： 1. 应用直流单臂电桥测量电阻 2. 验证基尔霍夫定律 3. 验证叠加定理 4. 验证戴维南定理	3. 能用支路电流法解决电路问题 4. 能用叠加原理解决电路问题 5. 能用戴维南定理解决电路问题	考核内容： 笔试包括基础理论和实践理论，实践考核包括完成任务过程考核等
		6	任务三： 磁场与电感元件	理论学习： 1. 磁场及物理量 2. 电磁感应现象 3. 电感元件 实训项目： 1. 分析楞次定律实验现象 2. 验证左右手定则	1. 能用磁场基本定则判断电磁关系 2. 能用楞次定律判断电磁关系	
		6	任务四： 电场和电容	理论学习： 1. 电场及物理量 2. 电容器及电容元件 实训项目： 1. 观察电容元件电压电流变化波形 2. 电容器的检测	会用万用表检测电容器	

续表

整体预设能力目标	课程教学内容	参考学时	单元教学内容		单元能力培养目标	考核要求
			项目（任务）名称	教学内容描述		
5．掌握电场及电容 6．掌握正弦交流电路	3．电场和电容 4．正弦交流电路	4	任务五： 正弦交流电基本概念	理论学习： 1．正弦量三要素 2．正弦量的相量表示法 3．交流电压表及电流表的原理 实训项目： 1．正弦交流电的波形观察 2．交流电压和电流测量	1．会用示波器观察正弦量波形 2．会用交流电流表测量电路电流 3．会用交流电压表测量电路电压	
		10	任务六： 单一参数电路元器件的交流电路	理论学习： 1．电阻元件的交流电路 2．电感元件的交流电路 3．电容元件的交流电路 4．单相有功功率表原理 实训项目： 1．测量电阻元件中的电压、电流及其相位差 2．测量电感元件中的电压、电流及其相位差 3．测量电容元件中的电压、电流及其相位差 4．交流电路功率测量	1．会用交流电流表测量各元件电路电流 2．会用交流电压表测量各元件电路电压 3．会用功率表测量元件功率	

续表

整体预设能力目标	课程教学内容	参考学时	单元教学内容		单元能力培养目标	考核要求
			项目（任务）名称	教学内容描述		
7. 掌握三相交流电路 8. 掌握变压器的原理及运行	5. 三相交流电路 6. 变压器	10	任务七： RLC 串联电路	理论学习： 1. RL 串联电路 2. RLC 串联电路 3. 电路的谐振 4. 功率因数 实训项目： 1. 元件参数测定 2. 串联交流电路的电压、电流和功率测量，观察电压、电流相位关系 3. 荧光灯电路实验	1. 会串联电路的电路分析和计算 2. 会分析串联电路电压和功率分配 3. 会分析有功、无功、视在功率及功率因数的意义 4. 会分析电路谐振	
		10	任务八： 三相交流电路研究	理论学习： 1. 三相电源的连接 2. 三相负载的连接 3. 三相对称电路分析 4. 三相电路的功率测量 实训项目： 1. 三相星形及三角形电路接线 2. 三相星形及三角形电路电压电流测量 3. 三相功率表接线及功率测量 4. 三相电能表接线及电能测量 5. 电路仿真实验三相电路故障排除	1. 会三相电源和三相负载连接 2. 会分析三相电源和三相负载的电压电流关系 3. 会分析三相电路各种连接方式的优缺点 4. 能对三相电路故障进行分析 5. 会三相星形及三角形电路接线 6. 会使用三相功率表测量功率 7. 会使用三相电能表测量电能	

续表

整体预设能力目标	课程教学内容	参考学时	单元教学内容		单元能力培养目标	考核要求
			项目（任务）名称	教学内容描述		
9．掌握电动机的原理及特性	7．电动机	10	任务九： 变压器的原理及运行	理论学习： 1．变压器的工作原理 2．变压器的基本结构 3．变压器的铭牌 4．变压器的空载运行 5．变压器的负载运行 6．变压器的参数测定 7．变压器的运行特性 实训项目： 1．变压器空载试验 2．变压器短路试验	1．会分析变压器的基本原理 2．会分析变压器的运行原理 3．会画变压器空载运行等效电路 4．会试验测定变压器参数	
		8	任务十： 三相变压器的运行	理论学习： 1．三相变压器的磁路系统 2．三相变压器的连接组别 3．绕组和磁路对空载电动势的影响 实训项目： 三相变压器极性及组别测定	1．会分析三相变压器的空载电动势影响因素 2．能对三相变压器进行极性及组别测定	
		8	任务十一： 三相异步电动机的原理和拖动	理论学习： 1．三相异步电动机的基本结构 2．三相异步电动机的工作原理 3．异步电动机的电磁转矩 4．三相异步电动机的机械特性	1．会分析三相异步电动机的基本原理 2．会分析计算三相异步电动机电磁转矩和功率问题	

表 6.5　“电子技术基础”课程能力培养和教学内容

整体预设能力目标	课程教学内容	参考学时	单元教学内容		单元能力培养目标	考核要求
			任务名称	教学内容描述		
1. 能识别和测试常用电子元器件 2. 会使用常用的电子仪器、仪表对产品进行调试 3. 能分析各项任务的功能	直流稳压电源的制作与调试的相关知识	14	任务一：直流稳压电源的制作与调试	1. 半导体器件：二极管、三极管和场效应管 2. 示波器、万用表的使用 3. 整流、滤波和稳压电路的组成、工作原理 4. 直流稳压电源的制作与调试要点	1. 能正确使用电子仪器、仪表：示波器、万用表 2. 能识别半导体器件，判别其管脚 3. 会组装、调试直流稳压电源	理论与技能考核按权重相结合。
	交流放大电路及其应用	18	任务二：音频功率放大器的制作与调试	1. 交流放大电路的组成、工作原理和分析方法 2. 多级放大电路的组成和分析方法 3. 负反馈放大电路 4. 功率放大电路 5. 音频功率放大器的制作与调试要点	1. 会观察、分析静态偏置对输出信号波形的影响 2. 会分析负载对电压放大倍数的影响 3. 会测试多级放大器 4. 会组装、调试音频功率放大器	
	集成运算放大器及其应用	6	任务三：低频信号发生器的制作与调试	1. 直接耦合放大电路 2. 集成运算放大器特性 3. 反相、同相连接的运算放大器 4. 集成运算放大器线性应用 5. 集成运算放大器非线性应用 6. 低频信号发生器的制作与调试要点	1. 会分析集成运算放大器线性应用的特点 2. 会分析集成运算放大器非线性应用的特点——比较器、方波发生器的特点 3. 会组装、调试交通灯的信号发生器	

续表

整体预设能力目标	课程教学内容	参考学时	单元教学内容		单元能力培养目标	考核要求
			任务名称	教学内容描述		
4．能完成任务的制作与调试工作 5．能查找问题并排除故障	门电路及组合逻辑电路的应用	10	任务四： 交通灯的译码显示器的制作与调试	1．逻辑代数 2．基本逻辑门电路、复合门电路 3．组合逻辑电路分析与设计 4．交通灯的译码显示器的制作与调试要点	1．会分析组合逻辑电路的工作原理 2．能合理选用芯片 3．会组装、调试交通灯的译码显示电路	基础理论掌握扎实，仪器、仪表的正确使用，电路制作、调试熟练
	触发器的应用	6	任务五： 交通灯的控制器的制作与调试	1．基本 RS 触发器、可控 RS 触发器、JK 触发器与 D 触发器的功能 2．交通灯的控制器的制作与调试要点	1．会分析各类触发器的工作原理 2．能合理选用芯片 3．会组装、调试交通灯的控制器	
	时序逻辑电路的应用	6	任务六： 交通灯的定时器的制作与调试	1．计数器的功能 2．交通灯的定时器的制作与调试要点	1．会分析时序逻辑电路的工作原理 2．能合理选用芯片 3．会组装、调试交通灯的定时器	
	555 定时器的应用	4	任务七： 交通灯的秒脉冲发生器的制作与调试	1．555 定时器的组成、功能及应用 2．交通灯的秒脉冲发生器的制作与调试要点	1．会分析定时器的工作原理 2．能合理选用芯片 3．会组装、调试交通灯的秒脉冲发生器	

续表

整体预设能力目标	课程教学内容	参考学时	单元教学内容		单元能力培养目标	考核要求
			任务名称	教学内容描述		
6．会使用书籍、网络等资源搜集资料，拓展知识	交通灯整机电路的调试	8	任务八：交通灯整机电路的调试	任务四～任务七的连接	能进行任务四～任务七的连接及调试	

表 6.6 "工程力学"课程能力培养和教学内容

整体预设能力目标	课程教学内容	参考学时	单元教学内容		单元能力培养目标	考核要求
			任务名称	教学内容描述		
1．能够初步学会应用静力学的理论和分析方法，解决一些简单的工程实际问题 2．掌握构件的强度、刚度及稳定性的计算方法，为相关后继课程打好必要的基础	静力学基础	12	任务一：平面力系的平衡方程的应用	1．静力学基本概念与物体受力分析 2．汇交力系的基本概念与力偶系的基本概念 3．平面任意力系的平衡条件和平衡方程，物体系的平衡及静定和静不定问题	1．会基本的物体受力分析和受力图 2．会使用平衡方程求解未知力 3．会平面桁架杆件内力的计算	考核方式： 课程的考核成绩由期末笔试和平时表现（课后练习和课堂提问两部分组成）按权重构成总成绩。

续表

整体预设能力目标	课程教学内容	参考学时	单元教学内容		单元能力培养目标	考核要求
			任务名称	教学内容描述		
3. 培养自学能力，提高归纳总结和知识迁移的能力 4. 培养辩证唯物主义世界观及独立分析、解决问题的能力	材料力学杆件的基本变形	24	任务二：杆件的常见变形的内力分析和强度计算	1. 轴向拉伸和压缩 2. 材料的力学性能及常见电厂金属材料的命名 3. 剪切与挤压的实用计算 4. 圆轴的扭转的应力计算 5. 圆轴的扭转的强度计算 6. 平面弯曲的内力分析 7. 平面弯曲的弯矩图的作法 8. 平面弯曲的应力计算	1. 会强度计算 2. 知道材料拉伸压缩实验的性能指标及电厂常见金属材料的牌号和命名 3. 会剪切和挤压的实用计算 4. 会扭矩及扭矩图的画法，以及扭转时的应力分析 5. 会圆轴扭转的强度与刚度计算 6. 会剪力方程和弯矩方程、剪力图和弯矩图的作法 7. 具备提高梁弯曲强度的解决能力	考核内容： 期末笔试、课堂提问包括基础理论和实践理论等。
	材料力学杆件的组合变形	6	任务三：组合变形分析	1. 复杂应力状态的概念及分析 2. 组合变形的强度计算	1. 知道复杂应力的特点和概念 2. 能利用强度理论对复合变形进行分析	
	材料力学压杆稳定	6	任务四：压杆的稳定性计算	1. 压杆稳定的概念 2. 两端铰支细长压杆的临界应力，其他支座条件下细长压杆的临界应力 3. 欧拉公式的适用范围、经验公式，压杆的稳定校核 4. 提高压杆稳定性的措施	1. 会杆件的稳定计算 2. 知道提高压杆稳定性的措施	

续表

整体预设能力目标	课程教学内容	参考学时	单元教学内容		单元能力培养目标	考核要求
			任务名称	教学内容描述		
	材料力学交变应力与疲劳破坏	4	任务五：提高疲劳强度的有效措施	1．疲劳失效的概念与特征、影响疲劳寿命的因素、有限寿命设计与无限寿命设计的概念和交变应力的概念 2．交变应力的循环特性及其类型 3．材料受交变应力时的破坏现象分析 4．持久极限及其测定，提高构件疲劳强度的措施	1．知道影响疲劳寿命的因素、交变应力的循环特性及其类型 2．会材料受交变应力时破坏现象分析 3．知道提高构件疲劳强度的措施	总成绩构成权重：平时表现占50%，期末笔试占50%

表 6.7 “电力工程识绘图”课程能力培养和教学内容

整体预设能力目标	课程教学内容	参考学时	单元教学内容		单元能力培养目标	考核要求
			任务名称	教学内容描述		
1．掌握电力绘图的方法、步骤及技巧，能灵活应用各种绘图命令，具备独立完成较复杂电气图的能力	电力识绘图的基本规定和平面图形的绘制	8	任务一：应用CAXA电子图板绘制平面图形	1．简述电力识绘图的基本规定 2．设置绘图环境 3．使用直线、圆、矩形、圆弧、平行线、复制、移动和删除等命令绘制平面图形	1．会合理地设置绘图环境 2．会进行平面图形的绘制	软件操作熟练，图形符合规范
	投影和视图的基本知识	8	任务二：投影和视图的基本知识	1．投影图、视图的形成原理 2．点、直线和平面的投影特性 3．轴测图基本知识 4．基本体的视图	1．能绘制轴测图 2．会画基本体的视图	理论与绘图技能考核相结合

续表

整体预设能力目标	课程教学内容	参考学时	单元教学内容		单元能力培养目标	考核要求
			任务名称	教学内容描述		
2. 培养绘制和阅读电力工程图样的能力 3. 培养基本的空间想象和分析能力	组合体	8	任务三： 组合体的形体分析和三视图	1. 组合体的投影特性 2. 形体分析的基本方法 3. 组合体的读、画和标注方法	1. 能对组合体进行形体分析 2. 会读、画和标注组合体	组合体三视图的绘制和识读
	机件的表达方法	12	任务四： 机件的表达方法	1. 基本视图画法 2. 斜视图、局部视图和旋转视图的构图方法 3. 常用剖视图的画法 4. 常用剖面图的画法 5. 常见的其他表达方法	1. 能识读基本视图、斜视图、局部视图和旋转视图 2. 会绘制常用剖视图 3. 会绘制常用剖面图	软件操作熟练，表达方法规范
	零件图	4	任务五： 零件图的识读	1. 零件图的作用和内容 2. 零件图的技术要求和工艺结构 3. 零件图的识读方法和步骤	1. 能识读零件图 2. 会绘制简单零件图	识读零件图
	装配图	4	任务六： 装配图的识读	1. 装配图的作用和内容 2. 装配图的表达方法 3. 装配图的识读方法和步骤	1. 能识读装配图 2. 会绘制简单装配图	识读装配图
	表面展开图	6	任务七： 电力生产常用表面展开图	1. 线段实长的求法 2. 应用平行线法和放射线法作表面展开图 3. 电力生产常用表面展开图画法	能绘制和识读电力生产常用表面展开图	识读电力生产常用表面展开图
	常见电力工程图	8	任务八： 常见电力工程图简介	1. 电力安装图的基本知识 2. 热力系统图简介 3. 电气图的基本知识	能识读常见电力工程图	识读常见电力工程图

表 6.8 “电力工程”课程能力培养和教学内容

整体预设能力目标	课程教学内容	参考学时	单元教学内容		单元能力培养目标	考核要求
			项目（任务）名称	教学内容描述		
1. 会分析电力线路的结构和电气参数，会电力网的潮流计算和导线截面选择 2. 能分析电力系统中性点各种运行方式的特点及应用范围	电力网及电力系统	20	任务一：学习基本知识	电力网及电力系统的概念，电力网额定电压，电力网的结构形式，电力系统中性点运行方式	1. 理解电力系统要求指标的含义 2. 电力网各种接线方式的应用 3. 会分析电力系统各种运行方式的适用范围	理论与技能考核相结合。 理论以基本概念为主，注重电气接线、电力线路、电气设备、继电保护和防雷设备的基本工作原理、基本结构、用途的分析和基本计算。
			任务二：计算电力线路的结构和电气参数	电力线路结构，电力参数计算	1. 会正确选用架空线路和电缆线路 2. 会计算线路参数	
			任务三：计算电力网功率	电压损失及功率损耗，电力网的功率分布	1. 能进行电压损失及功率损耗计算 2. 能进行开、闭式电网的功率分布计算	
			任务四：调整电力网无功功率	无功功率的频率和电压特性，无功电源，无功功率的平衡及电压调整	1. 能正确应用各种调压方式 2. 能正确进行无功功率调整	
			任务五：选择导线	导线选择的基本原则，导线原则的步骤	能正确选择输电线路导线	
	电力系统短路	5	任务六：掌握短路的定义及类型	短路的概念及类型，短路的特征，短路的危害	1. 会分析电力系统各种类型短路存在的系统 2. 熟知短路的特征及危害	
			任务七：计算电路短路	无限大容量系统供电电路内三相短路，发电机供电电路内三相短路	1. 会计算无限大容量系统供电电路三相短路时的短路电流 2. 能利用短路电流运算查曲线计算发电机供电电路三相短路时的短路电流	

续表

整体预设能力目标	课程教学内容	参考学时	单元教学内容		单元能力培养目标	考核要求
			项目（任务）名称	教学内容描述		
3. 会计算短路电流 4. 能正确选用高低压电器，会分析变电站一次接线	电气设备及接线	30	任务八： 高压开关电器	开关电器的灭弧，断路器，隔离开关	1．会分析断路器灭弧能力不够对断路器的危害 2．能正确对断路器和隔离开关进行操作 3．分析隔离开关断开负荷电路的危害	技能以能力考核为主，注重各种接线图的应用、阅读，电器和导线的选用，电气设备的操作，继电保护配置、保护范围的确定和保护配合。
			任务九： 互感器	互感器接线及要求，电压互感器，电流互感器	1．会分析互感器各种接线的适用范围 2．能分析互感器的误差影响因素	
			任务十： 熔断器	熔断器的作用与特性，低压熔断器，高压熔断器	1．会应用熔断器的保护特性曲线 2．能正确选用熔断器	
			任务十一： 低压电器	闸刀开关、接触器和低压断路器	1．能正确选用低压电器 2．会绘制利用接触器控制电动机的接线	
			任务十二： 电气主接线	单母线接线，双母线接线，无母线接线	1．能分析各种接线的特点及适用范围 2．会进行简单的倒闸操作	
	电力系统继电保护	30	任务十三： 基本知识	继电保护的任务及要求，继电保护的基本构成	1．会分析继电保护选择性、速动性、可靠性和灵敏性不满足要求对电力系统的危害 2．能分析继电保护各构成部分的关系	

续表

整体预设能力目标	课程教学内容	参考学时	单元教学内容		单元能力培养目标	考核要求
			项目（任务）名称	教学内容描述		
5. 理解各种继电保护的原理、接线和配置 6. 能分析雷电过电压和内部过电压产生的过程，能分析输电线路的防雷措施			任务十四：输电线路的电流保护	线路相间故障的三段式电流保护，电网相间短路的方向电流保护，电网的接地保护	1. 会分析阶段式电流保护的工作原理、各段的保护范围及动作时限配合 2. 会阅读继电保护接线图	理论考核占30%，技能考核占70%
			任务十五：输电线路的距离保护	距离保护概述，三段式距离保护	1. 会分析距离保护的原理及时限特性 2. 能分析距离保护各段的保护范围	
			任务十六：输电线路的全线速动保护	输电线路的纵联差动保护，输电线路的光纤保护	1. 会分析输电线路纵联差动、光纤保护原理 2. 会判断保护的动作条件	
			任务十七：输电线路自动重合闸	输电线路自动重合闸概述，重合闸装置简介	会分析各种重合闸装置在不同运行方式下的工作过程	
			任务十八：电力变压器继电保护	变压器保护配置，变压器气体保护，纵联差动保护，过电流和过负荷保护，零序电流保护	1. 会分析变压器各种保护的保护范围及配合 2. 能阅读变压器保护接线图	
	输电线路防雷	15	任务十九：雷电过电压及防雷设备	电力系统过电压、雷电过电压及防雷设备	1. 能分析雷电过电压产生的原因 2. 会计算避雷针、线的保护范围及避雷器的配置 3. 会计算防雷接地电阻	
			任务二十：输电线路防雷	输电线路感应雷过电压、输电线路直击雷过电压及耐雷水平，输电线路雷击跳闸率，输电线路防雷措施	1. 分析输电线路防雷保护性能 2. 应用输电线路防雷措施	

表 6.9　“内线安装”课程能力培养和教学内容

整体预设能力目标	课程教学内容	参考学时	单元教学内容		单元能力培养目标	考核要求
			任务名称	教学内容描述		
1. 会使用常用电工工具 2. 能识别常用低压电器 3. 会使用常用的电子仪器、仪表对低压电器进行测试 4. 能进行室内配线和照明电路的安装 5. 能进行电动机和低压配电盘的安装和故障排除	1. 常用电工工具使用 2. 电工材料的特性 3. 低压电器的基本原理和使用 4. 室内培训和照明线路安装 5. 电动机安装和维护 6. 低压配电装置安装与维修	10	任务一：常用电工工具及电工材料	1. 常用电工工具的使用 2. 电工安全用具的使用 3. 常用导电材料的特性 4. 常用绝缘材料和磁性材料的特性	1. 掌握电工工具的使用方法 2. 掌握电工安全用具的使用方法 3. 熟悉电工材料的特性及应用	基本原理扎实，电工工具和电工材料选择的正确使用
		10	任务二：低压电器	1. 低压电器的分类 2. 常用低压电器的结构原理 3. 低压电器的应用	1. 熟悉低压电器的分类 2. 掌握常用低压电器的结构原理 3. 了解常用低压电器的使用注意事项	低压电器的结构原理分析正确
		10	任务三：室内配线	1. 室内配线的基本要求 2. 室内配线的分类 3. 导线连接与封端	1. 熟悉室内配线的基本要求和工序 2. 掌握预埋件的施工要求 3. 掌握明敷、暗敷两种敷设方式的配线过程及工艺要求 4. 掌握导线的封端和连接原理	理论与实践相结合。熟悉室内配线工艺流程，掌握导线技能
		10	任务四：电气照明安装	1. 常用电气照明电路 2. 照明灯具的安装 3. 照明灯具的检修	1. 熟悉电气照明的基本电路 2. 了解电光源的基本原理及应用 3. 掌握照明灯具的安装要求 4. 掌握照明灯具的检修技能	理论与实践相结合。电气照明线路布置合理。掌握照明灯具的安装与检修技能
		12	任务五：电动机安装与维护	1. 电动机的安装 2. 电动机控制电路安装 3. 典型机床控制电路识读 4. 可编程序控制器应用	1. 掌握电动机的安装技术 2. 熟悉电动机控制回路原理与安装技术 3. 熟悉典型机床控制电路原理及检修技术 4. 熟悉可编程序控制器的原理与应用	理论与实践相结合。典型机床控制电路原理图识读正确。掌握可编程序控制器的应用

续表

整体预设能力目标	课程教学内容	参考学时	单元教学内容		单元能力培养目标	考核要求
			任务名称	教学内容描述		
		12	任务六：低压配电装置安装	1. 照明动力配电盘的安装 2. 低压配电盘的安装 3. 接地装置的安装	1. 熟悉照明动力配电盘与低压配电盘的接线原理与安装过程 2. 了解接地装置的种类和应用	理论与实践相结合。掌握低压配电装置的安装与检修技术

表 6.10 “安全用电”课程能力培养和教学内容

整体预设能力目标	课程教学内容	参考学时	单元教学内容		单元能力培养目标	考核要求
			项目（任务）名称	教学内容描述		
1. 会解读电力安全工作规程 2. 能正确使用和管理安全工器具 3. 掌握安全防护技术及应用能力	1. 电力安全工作规程（线路部分、变电部分） 2. 电力安全工器具的使用和管理规定	4	任务一：电力安全工作规程（线路部分）	1. 电力线路安全工作的组织措施 2. 电力线路安全工作的技术措施	能够熟读并解释每项措施	正确判断违反电力安全工作规程（线路部分）的操作
		4	任务二：电力安全工作规程（变电部分）	1. 高压设备巡视的基本要求 2. 电气设备上安全工作的组织措施 3. 电气设备上安全工作的技术措施	能够熟读并解释每项内容	正确判断违反电力安全工作规程（变电部分）的操作

续表

整体预设能力目标	课程教学内容	参考学时	单元教学内容		单元能力培养目标	考核要求
			项目（任务）名称	教学内容描述		
4. 了解人体触电伤害方式，提高现场急救能力 5. 培养勇于创新、爱岗敬业的工作作风和解决问题的能力 6. 培养诚实、守信、善于沟通和合作的品质，为发展职业能力奠定基础	3. 安全防护技术及应用 4. 触电伤害与现场急救	6	任务三：安全工器具的使用和管理	1. 基本安全工器具操作 2. 辅助安全工器具操作 3. 防护安全用具操作	能够用安全工器具进行现场操作	操作正确规范，符合管理规定
		6	任务四：安全防护技术及应用	1. 安全间距规定和安全标示牌 2. 保护接地、接零装置的安装 3. 电气装置防火与防爆操作演练	能够熟知电气安全间距，悬挂标示牌，能够对电气装置灭火	正确悬挂标示牌，正确进行灭火
		6	任务五：触电伤害与现场急救	1. 人体触电的方式 2. 脱离电源 3. 现场触电的救护方法	提高人体防止触电的能力，能够进行平地脱离电源的操作，能够进行杆上或高处营救的操作	操作正确
		6	任务六：心肺复苏法	1. 判断患者意识，摆正患者体位 2. 通畅气道 3. 进行人工呼吸 4. 胸外按压	会进行心肺复苏法的操作	操作正确

4. 专门化方向课程标准

专门化方向课程标准如表 6.11～表 6.17 所示。

表 6.11 “送电线路运行综合实训”课程能力培养和教学内容

整体预设能力目标	课程教学内容	参考学时	单元教学内容		单元能力培养目标	考核要求
			项目（任务）名称	教学内容描述		
1. 掌握送电线路运行、维护的技能 2. 掌握送电线路运行分析和工程验收 3. 培养自学能力和对新技术信息的获取掌握能力 4. 培养勇于创新、爱岗敬业的工作作风和解决问题的能力 5. 培养具有诚实、守信、善于沟通和合作的品质，为发展职业能力奠定基础	1. 送电线路规程和运行标准 2. 送电线路的巡视检查 3. 送电线路运行维护和事故防范 4. 送电线路运行管理和工程验收	10	任务一：送电线路的巡视	1. 杆塔与基础的巡视 2. 导线、避雷线的巡视 3. 绝缘子及其连接金具的巡视 4. 沿线护区内的巡视	能及时发现线路各部件存在的缺陷和危及线路安全的因素	巡视方法正确，内容齐全，符合《架空输电线路运行规程》（DL/T 741—2010）巡视的要求
		10	任务二：运行中的线路测量	1. 运行线路杆塔的测量 2. 导地线弧垂的观测 3. 运行线路交叉跨越垂距的测量	能进行弧垂的观测，能够进行交叉跨越的测量	测量方法正确，根据《架空输电线路运行规程》运行标准的要求和测量结果，判断线路运行状况
		20	任务三：送电线路运行管理	1. 线路运行的计划管理 2. 线路运行的缺陷管理 3. 线路运行的设备管理	能够掌握线路运行管理的要点、运行管理的要求	正确做好运行管理工作，符合《架空输电线路运行规程》技术管理的要求
		14	任务四：送电线路工程验收	1. 杆塔工程的验收 2. 导地线及附件的验收 3. 基础及接地工程验收 4. 线路防护区验收	能编写送电线路工程验收方案	正确按照验收规范要求进行验收
		10	任务五：状态巡视	1. 状态巡视内容 2. 状态巡视的组织方式	能够熟悉线路的危险点及特殊区域、状态巡视的组织方式，能够按危险点预控开展状态巡视及处理	正确进行状态巡视和检测工作

表 6.12　“送电线路检修综合实训”课程能力培养和教学内容

整体预设能力目标	课程教学内容	参考学时	单元教学内容		单元能力培养目标	考核要求
			项目（任务）名称	教学内容描述		
1. 掌握送电线路停电检修、带电检修和状态检修技能 2. 掌握送电线路检修方案的编写 3. 培养自学能力和对新技术信息的获取掌握能力 4. 培养勇于创新、爱岗敬业的工作作风和解决问题的能力 5. 培养具有诚实、守信、善于沟通和合作的品质，为发展职业能力奠定基础	1. 送电线路规程和检修标准 2. 送电线路停电检修和带电作业 3. 送电线路状态检修 4. 送电线路施工检查与验收	15	任务一：送电线路抢修	1. 了解设备损坏情况和现场环境 2. 确定抢修方案人员 3. 按预先制订的应急预案（抢修机制）实施抢修	能够组织线路抢修工作	正确地制订送电线路抢修方案
		15	任务二：送电线路状态检修	1. 了解状态检修线路基本情况 2. 确定状态检修开展项目 3. 建立状态检修线路设备台账	能够结合其他的检修方式（故障检修、定期检修和主动检修）一起，形成综合的检修方式，根据设备的健康状态来安排检修计划，实施设备检修	正确地对送电线路进行状态检修
		10	任务三：送电线路工程检查与验收	1. 杆塔工程的验收 2. 导地线及附件的验收 3. 基础及接地工程验收 4. 线路防护区验收	能编写送电线路工程验收方案	正确地按照验收规范要求进行验收，对线路工程进行评级
		20	任务四：送电线路停电检修	1. 导地线检修 2. 杆塔检修 3. 拉线、横担更换 4. 绝缘子、金具更换 5. 接地装置检修	能够制订停电检修计划、编制检修方案	按照作业指导书要求正确地进行操作
		10	任务五：送电线路带电作业	1. 确定作业方法 2. 人员组织 3. 操作步骤 4. 安全注意事项	会使用绝缘工具进行绝缘子带电检测、更换	按照作业指导书要求正确地进行带电更换线路元件的操作

表 6.13 “配电线路运行与检修综合实训”课程能力培养和教学内容

整体预设能力目标	课程教学内容	参考学时	单元教学内容		单元能力培养目标	考核要求
			项目（任务）名称	教学内容描述		
1．掌握配电线路运行、维护、检修、运行分析与工程验收 2．培养自学能力和对新技术信息的获取掌握能力	1. 配电网络中供电电气设备的规范、规程和运行标准（包括10kV 配电线路、配电变压器和断路器等电气设备） 2. 配电线路的施工工艺	10	任务一：配电线路的巡视与操作	1．布置任务 2．编制配电线路巡视作业指导书 3．巡视配电线路 4．断路器、负荷开关和跌落式熔断器的操作	能正确填写、审核操作票，能进行配电线路的巡视，会操作断路器、负荷开关和跌落式熔断器等配电开关	巡视方法正确，巡视项目、内容齐全，正确进行配电开关操作
		10	任务二：配电线路维护	1．配电线路常见缺陷处理 2．导线弧垂、交叉跨越距离和风偏距离的测量 3．接地电阻、绝缘电阻的测量	能进行配电线路的日常维护。能发现配电线路的常见缺陷，能对配电线路的缺陷进行分析处理	正确进行配电线路日常维护，缺陷处理工艺、质量满足要求
		15	任务三：配电设备维护	1．配电变压器日常维护和缺陷处理 2．配电变压器接地电阻、绝缘电阻的测量 3．柱上断路器、负荷开关操作机构维护 4．柱上隔离开关的维护 5．跌落式熔断器的维护 6．避雷器的维护	能对配电变压器及配电设备进行日常维护和缺陷分析处理，能进行缺陷的全过程闭环管理	维护方法正确，缺陷处理工艺、质量满足验收标准
		10	任务四：配电所运行维护	1．填写配电室、开闭所和箱式变电站的操作票 2．配电室、开闭所和箱式变电站的停、送电操作 3．配电室、箱式变电站和开闭所的维护	能填写和审核开闭所、箱式变电站的操作票，能进行停、送电操作，能发现和处理配电室、箱式变电站和开闭所的常见缺陷	操作票填写正确，缺陷处理工艺、质量满足要求

续表

整体预设能力目标	课程教学内容	参考学时	单元教学内容		单元能力培养目标	考核要求
			项目（任务）名称	教学内容描述		
3．培养勇于创新、爱岗敬业的工作作风和解决问题的能力 4．培养具有诚实、守信、善于沟通和合作的品质，为发展职业能力奠定基础	3．电气设备的投退操作和维护 4．配电线路的故障分析和处理 5．配电线路的验收	15	任务五：配电线路停电检修	1．检修绝缘子、金具、跌落式熔断器和避雷器等线路附件 2．更换及修补导线 3．绝缘导线的损伤处理 4．编写事故抢修预案，组织抢修	能正确填写和使用工作票，能进行配电线路常规检修项目操作，能编写事故抢修预案和组织抢修	检修预案编写正确，检修工艺、质量符合规范，满足验收标准
		12	任务六：配电线路带电作业	1．绝缘斗臂车带电作业 2．地电位带电作业 3．绝缘操作工器具的维护	会使用绝缘斗臂车、绝缘操作工器具，能进行带电工器具正确存放和试验，能进行配电线路带电断接引流线、带电更换线路附件等常规带电作业项目	带电作业方法、流程正确，安全措施到位
		12	任务七：配电线路施工	1．配电线路定位、复测 2．杆塔基础施工、杆塔组立 3．导线架设	能正确使用测量仪器进行线路定位测量和复测；能利用人字抱杆和吊车进行立杆，能制作各种拉线；会进行立杆工作	施工方法、流程正确，质量符合要求
		8	任务八：架空配电线路工程验收	1．编制验收报告 2．现场验收 3．验收综合评价 4．验收资料整理	能进行配电工程自验收、预验收、过程验收和竣工验收	验收项目、内容、标准和方法符合验收规范

表 6.14　“电力电缆运行与检修综合实训”课程能力培养和教学内容

整体预设能力目标	课程教学内容	参考学时	单元教学内容		单元能力培养目标	考核要求
			项目（任务）名称	教学内容描述		
1. 熟悉电力电缆基本知识 2. 掌握配电电缆线路运行、维护和检修技能 3. 掌握电缆运行分析与工程验收 4. 培养自学能力和对新技术信息的获取掌握能力 5. 培养勇于创新、爱岗敬业的工作作风和解决问题的能力 6. 培养具有诚实、守信、善于沟通和合作的品质，为学生发展职业能力奠定基础	1. 电力电缆的基本知识 2. 电气接线、机械装配识绘图 3. 电缆的附件安装和施工工艺 4. 电缆的运行维护和试验技能 5. 电缆的工程验收	16	任务一：电缆敷设	1. 施工方案编制 2. 施工工器具、材料准备 3. 电缆展放	能够编制施工方案，正确使用工器具进行电缆敷设	编写施工方案正确，敷设工艺符合施工规范
		12	任务二：电缆附件安装	1. 电缆剥切 2. 终端头安装 3. 中间头安装	能进行电缆终端头、中间头的安装	安装流程正确，安装工艺、质量符合要求
		10	任务三：电缆试验	1. 交流耐压试验 2. 直流泄漏试验	能进行接线和试验，撰写试验报告	试验结果分析判断正确
		8	任务四：电缆巡视	1. 布置任务 2. 编制电缆巡视作业指导书 3. 巡视电缆线路 4. 缺陷分析及处理	能进行电缆构筑物、本体、附件和分支箱的巡视及日常维护	巡视方法正确、内容齐全，正确处理电缆线路缺陷
		12	任务五：电缆故障查找	1. 确定故障性质 2. 故障测距 3. 故障精确定点	会选择使用故障测试仪器，判断故障性质、接线	故障点查找正确
		8	任务六：电缆工程验收	1. 编制验收报告 2. 现场验收 3. 验收综合评价 4. 验收资料整理	能进行电缆工程自验收、预验收、过程验收和竣工验收	验收项目、内容、标准和方法符合验收规范

表 6.15　“农网配电综合实训”课程能力培养和教学内容

整体预设能力目标	课程教学内容	参考学时	单元教学内容		单元能力培养目标	考核要求
			项目（任务）名称	教学内容描述		
1．掌握农网配电线路运行、维护、检修、运行分析与工程验收 2．培养自学能力和对新技术信息的获取掌握能力	1．农网配电网络中供电电气设备的规范、规程和运行标准（包括 10kV 配电线路、配电变压器和断路器等电气设备）	12	任务一：配电线路的巡视与操作	1．布置任务 2．编制配电线路巡视作业指导书 3．巡视配电线路 4．断路器、负荷开关和跌落式熔断器的操作	能正确填写、审核操作票，能进行配电线路的巡视，会操作断路器、负荷开关和跌落式熔断器等配电开关	巡视方法正确、内容齐全，正确进行配电开关操作
		15	任务二：配电线路维护	1．配电线路常见缺陷处理 2．导线弧垂、交叉跨越距离和风偏距离的测量 3．接地电阻、绝缘电阻的测量	能进行配电线路的日常维护。能发现配电线路的常见缺陷，能对配电线路的缺陷进行分析处理	正确进行配电线路日常维护，缺陷处理工艺、质量满足要求
		15	任务三：配电设备维护	1．配电变压器日常维护和缺陷处理 2．配电变压器接地电阻、绝缘电阻的测量 3．柱上断路器、负荷开关操作机构维护 4．柱上隔离开关的维护 5．跌落式熔断器的维护 6．避雷器的维护	能对配电变压器及配电设备进行日常维护和缺陷分析处理，能进行缺陷的全过程闭环管理	维护方法正确，缺陷处理工艺、质量满足验收标准

续表

整体预设能力目标	课程教学内容	参考学时	单元教学内容		单元能力培养目标	考核要求
			项目（任务）名称	教学内容描述		
3．培养勇于创新、爱岗敬业的工作作风和解决问题的能力	2．低压电气设备的安装和施工工艺 3．电能计量装置的安装	12	任务四：配电线路检修	1．检修绝缘子、金具、跌落式熔断器和避雷器等线路附件 2．更换及修补导线 3．绝缘导线的损伤处理 4．编写事故抢修预案，组织抢修 5．带电断、接引流线	能正确填写和使用工作票，能进行配电线路常规检修项目操作，能编写事故抢修预案和组织抢修，能进行地电位断、接引流线	检修预案编写正确，检修工艺、质量符合规范，满足验收标准
		10	任务五：装表接电	1．接户线、进户线安装 2．导线连接 3．电能计量装置安装	能合理选择导线，能进行导线连接；会进行接户线、进户线安装；能进行电能计量装置的安装	导线接头制作正确；接户线、接户线、计量装置安装规范，符合计量规程
		8	任务六：室内配线	1．槽板配线 2．线管配线 3．照明灯具安装	能进行室内线路明敷、暗敷两种方式的配线，能进行各种灯具的选择和安装，能安装和正确使用剩余电流保护装置	导线接头连接可靠，布线及灯具安装工艺、质量符合要求
		10	任务七：低压电器安装	1．电动机控制回路安装 2．低压配电盘安装	能选用和安装低压电器，能进行电动机控制回路安装，能进行低压配电盘安装	低压电器的选择正确；元器件布置合理，线路接线规范

续表

整体预设能力目标	课程教学内容	参考学时	单元教学内容		单元能力培养目标	考核要求
			项目（任务）名称	教学内容描述		
4．培养具有诚实、守信、善于沟通和合作的品质，为发展职业能力奠定基础	4．电气设备的故障分析和处理	12	任务八：配电线路施工	1．配电线路定位、复测 2．杆塔基础施工、杆塔组立 3．导线架设	能正确使用测量仪器进行线路定位测量和复测，能利用人字抱杆和吊车进行立杆，能制作各种拉线，会组织立杆工作	施工方法、流程正确，质量符合要求
		6	任务九：架空配电线路工程验收	1．编制验收报告 2．现场验收 3．验收综合评价 4．验收资料整理	能进行配电工程自验收、预验收、过程验收和竣工验收	验收项目、内容、标准和方法符合验收规范

表 6.16　“线路工程测量综合实训”课程能力培养和教学内容

整体预设能力目标	课程教学内容	参考学时	单元教学内容		单元能力培养目标	考核要求
			项目（任务）名称	教学内容描述		
1．掌握线路工程测量仪器的使用方法 2．掌握线路复测、分坑测量、弧垂观测和交叉跨越测量技能 3．培养自学能力和对新技术信息的获取掌握能力	1．经纬仪、全站仪的使用 2．架空线路的定线、交叉跨越、平断面图和杆塔定位等设计测量的基本内容	10	任务一：复测	1．制订复测方案 2．测量仪器的检验 3．钉桩、补桩	能使用测量仪器对设计部门已测定线路进行全面复核测量	复测数据符合《220kV 及以下架空送电线路勘测技术规程》(DL/T 5076—2008）要求

续表

整体预设能力目标	课程教学内容	参考学时	单元教学内容		单元能力培养目标	考核要求
			项目（任务）名称	教学内容描述		
4．培养勇于创新、爱岗敬业的工作作风和解决问题的能力 5．培养具有诚实、守信、善于沟通和合作的品质，为发展职业能力奠定基础	3．施工复测分坑、基础操平找正及弧垂观测的步骤和方法	20	任务二：分坑测量	1．制订分坑测量方案 2．测量仪器的检验 3．根据基础类型进行基础坑位测定及坑口放样	能使用测量仪器对校核过的杆塔位桩进行分坑	分坑数据符合《35kV～220kV 架空送电线路测量技术规程》要求
		20	任务三：弧垂观测	1．确定观测方法 2．测量仪器的检验 3．操作仪器，记录数据	能使用等长法、异长法和角度法观测弧垂	正确使用仪器进行线路弧垂观测，并判断弧垂是否满足要求
		10	任务四：交叉跨越测量	1．工器具准备检验 2．操作仪器，记录数据 3．分析测量数据	会使用仪器进行线路交叉跨越距离的测量	正确使用仪器进行线路交叉跨越距离测量，并判断交叉跨越距离是否满足要求

表 6.17 “送电线路架设综合实训”课程能力培养和教学内容

整体预设能力目标	课程教学内容	参考学时	单元教学内容		单元能力培养目标	考核要求
			项目（任务）名称	教学内容描述		
1．掌握送电线路基础、接地装置的施工与工程验收 2．掌握送电线路基础、接地装置的施工与工程验收掌握杆塔组立和导线架设	1.送电线路的复测分坑 2．基础施工、接地工程	10	任务一：基础施工	1．准备基础材料 2．复测分坑 3．基坑开挖 4．混凝土及其配制 5．混凝土浇制	了解基础施工材料，能进行杆塔基础施工	施工质量符合施工及验收规范中对基础的要求

续表

整体预设能力目标	课程教学内容	参考学时	单元教学内容		单元能力培养目标	考核要求
			项目（任务）名称	教学内容描述		
3．掌握电力线路施工方案编写与验收检查 4．培养自学能力和对新技术信息的获取掌握能力 5．培养勇于创新、爱岗敬业的工作作风和解决问题的能力 6．培养具有诚实、守信、善于沟通和合作的品质，为发展职业能力奠定基础	3. 杆塔组立和导线架设 4. 施工质量管理和验收	20	任务二： 杆塔组立	1．工器具、材料准备 2．现场布置 3．组立操作步骤 4．安全措施	能用各组塔方法进行组塔操作	施工质量符合施工及验收规范中对杆塔的要求
		20	任务三： 架线	1．技术准备 2．施工机具的准备 3．施工现场的准备 4．放线操作 5．导地线连接 6．紧线	会进行导线架设方案制订，能进行架线操作	施工质量符合施工及验收规范中对架线施工的要求
		10	任务四： 接地装置施工	1．确定接地体材料及布置形式 2．开挖接地槽 3．接地体连接 4．回填土 5．接地引下线连接 6．接地电阻测量	会进行接地装置施工，能进行接地电阻测量	施工质量符合接地装置施工及验收规范中的要求
		10	任务五： 施工验收	1．杆塔工程的验收 2．导地线及附件的验收 3．基础及接地工程验收 4．线路防护区验收	能编写送电线路工程验收方案，熟悉《110～500kV架空送电线路施工及验收规范》（GB 50233—2014）	正确按照施工及验收规范要求进行验收，对线路工程进行评级

5. 专业核心实训课程标准

专业核心实训课程标准如表 6.18～表 6.21 所示。

表 6.18 “电工工艺实训”课程能力培养和教学内容

整体预设能力目标	课程教学内容	参考学时	单元教学内容		单元能力培养目标	考核要求
			项目（任务）名称	教学内容描述		
1．培养电气工程项目控制要求的分析归纳能力 2．培养电气控制方案的初步设计能力 3．培养低压电器的选型能力 4．培养电气控制原理图和安装接线图的绘制能力	1．电动机控制线路的连接 2．室内布线 3．导线的连接	26	任务一：电动机控制线路的连接	1．布置任务 2．分组讨论 3．确定控制方案 4．列出元器件清单 5．编制安装接线工艺 6．安装低压电器 7．电路接线 8．主回路、控制回路测量 9．通电试车	1．能够分析归纳工程项目的控制要求，制订控制方案初稿 2．学会器件选型 3．能够编制安装接线工艺 4．学会低压电器安装方法，正确连接电路 5．学会应用仪器仪表测量电路的方法，学会安全送电的方法	1．控制方案基本正确 2．元器件清单正确 3．工艺编制合理 4．电器布局合理，电路整齐 5．送电安全规范
		26	任务二：室内布线	1．布置任务 2．分组讨论 3．确定布线方案 4．列出照明元器件清单 5．编制安装接线工艺 6．安装照明元器件 7．电路布线 8．照明回路测量 9．通电试验	1．能够分析归纳工程项目的控制要求，制订控制方案初稿 2．学会器件选型 3．能够编制安装接线工艺 4．学会照明元器件安装方法，正确连接电路及合理布线 5．学会应用仪器仪表测量电路的方法 6．学会安全送电的方法	1．布线方案基本正确 2．元器件清单正确 3．工艺编制合理 4．电器布局合理，电路整齐、美观 5．送电安全规范

续表

整体预设能力目标	课程教学内容	参考学时	单元教学内容		单元能力培养目标	考核要求
			项目（任务）名称	教学内容描述		
5. 培养电气控制线路的安装、接线能力 6. 培养电气控制线路的操作使用、性能调试和故障检修技能 7. 培养电工仪器仪表的使用能力 8. 培养团队合作的能力	4. 绳扣打系 5. 登杆训练 6. 绝缘子绑扎	8	任务三： 导线连接	1. 单股导线的直线连接及 T 形分支连接 2. 多股导线的直线连接及 T 形分支连接 3. 单股导线与软线的连接 4. 导线线头与接线桩的连接方法	学会导线的连接方法和应用	导线的连接方法和应用
		4	任务四： 绳扣打系	直扣、活扣、倒扣、背扣、倒背扣、拴马扣、猪蹄扣、抬扣、登山扣、紧线扣和死活瓶扣等	学会绳扣的系法和应用	绳扣的系法和应用
		6	任务五： 登杆训练	1. 掌握脚扣的使用方法 2. 上下电杆的技巧	学会脚扣的使用方法及上下电杆的技能	脚扣的使用方法及上下电杆的技能
		8	任务六： 绝缘子绑扎	1. 单十字绑扎方法及工艺要求 2. 双十字绑扎方法及工艺要求	学会单十字、双十字绑扎方法，学会杆上绑扎绝缘子	1. 单十字、双十字绑扎方法 2. 杆上绑扎绝缘子

表 6.19　“金工实训”课程能力培养和教学内容

整体预设能力目标	课程教学内容	参考学时	单元教学内容		单元能力培养目标	考核要求
			项目（任务）名称	教学内容描述		
1. 获得较系统的钳工技术知识，能够掌握钳工基本操作技能 2. 了解必要的安全知识，为进一步学习专业知识和今后从事专业技术工作打下一定的基础	本实训重在进行钳工操作的训练，主要学习内容： 1. 钳工基本常识和一般钳工安全技术 2. 量具的使用 3. 画线的方法 4. 锯割操作方法 5. 锉削操作方法	4	任务一：测量	1. 普通量具的使用方法 2. 精密量具的使用方法 3. 精密量具的保养方法	1. 能用游标卡尺准确地测量工件尺寸 2. 能用游标量角器准确地测量工件角度	1. 正确使用各种量具 2. 正确保养精密量具
		2	任务二：画线	1. 画线工具的使用方法 2. 画线的工艺步骤	1. 能正确使用画线工具 2. 能正确掌握画线工艺	1. 画线方法正确 2. 准确地画出四方体，尺寸误差不得超过±0.5mm
		12	任务三：锯割	1. 锯条的安装及选用 2. 锯割方法	1. 能正确选择锯条并安装 2. 能正确使用钢锯锯割工件	1. 锯割姿势正确 2. 锯割工件尺寸误差不得超过±1mm
		10	任务四：锉削	1. 锉刀的选用 2. 锉削方法	1. 能正确选择锉刀 2. 能掌握各种锉削方法	1. 锉削姿势正确 2. 锉削尺寸误差不得超过±0.06mm
		2	任务五：钻孔	1. 了解各种钻床的特点 2. 掌握钻孔的方法 3. 钻孔安全技术	1. 能会使用各种钻床 2. 能独立完成孔的加工	1. 刃磨钻头合格 2. 掌握钻孔安全技术
		4	任务六：螺纹加工	1. 了解螺纹的应用 2. 了解攻丝、套丝的加工方法	1. 能独立完成内、外螺纹加工 2. 能掌握攻丝、套丝的加工要领	1. 能分清头攻、二攻 2. 掌握螺纹加工方法

续表

整体预设能力目标	课程教学内容	参考学时	单元教学内容		单元能力培养目标	考核要求
			项目（任务）名称	教学内容描述		
3. 培养独立工作能力与团队合作精神 4. 培养分析与解决工程实际问题的能力	6. 钻孔方法 7. 螺纹加工方法 8. 一般热处理技术 9. 一般装配和维修技术 10. 钳工综合作业技术	2	任务七：热处理	了解正火、退火、回火和淬火的应用	1. 能掌握淬火的方法 2. 能掌握热处理安全技术	錾子淬火符合要求
		2	任务八：台虎钳的拆装	钳工装配和维修基本知识	1. 能独立完成台虎钳的拆卸和安装 2. 能掌握装配安全技术	1. 安装顺序正确 2. 工具摆放整齐
		14	任务九：铆锤的制作	1. 加工工艺的制定 2. 加工方法和工具的选用	能按图纸独立完成铆锤的加工	1. 各种工使用正确 2. 各种加工方法正确

表 6.20 “电气焊实训”课程能力培养和教学内容

<table>
<tr><th rowspan="2">整体预设能力目标</th><th rowspan="2">课程教学内容</th><th rowspan="2">参考学时</th><th colspan="2">单元教学内容</th><th rowspan="2">单元能力培养目标</th><th rowspan="2">考核要求</th></tr>
<tr><th>项目（任务）名称</th><th>教学内容描述</th></tr>
<tr><td rowspan="2">1. 了解焊条电弧焊的基本原理
2. 了解气割的基本原理
3. 能够进行钢板焊条电弧焊平角焊操作
4. 能够进行钢板直线气割操作
5. 培养执行焊接工艺文件的能力</td><td rowspan="2">1. 焊条电弧焊的基础知识、设备及安全操作
2. 气割的基础知识、设备及安全操作</td><td>16</td><td>任务一：
钢板平角焊</td><td>1. 焊条电弧焊的基本原理
2. 焊条电弧焊设备
3. 焊条电弧焊的安全要求
4. 焊条电弧焊引弧、收弧、运条和接头等操作方法
5. 钢板焊条电弧焊平角焊</td><td>1. 了解焊条电弧焊的基本原理
2. 会引弧、收弧、运条和接头等基础要领操作
3. 会用焊条电弧焊焊接钢板平角位置</td><td>1. 掌握焊条电弧焊的基本原理并能够进行基本手法操作
2. 能够进行焊条电弧焊钢板平角焊的基本操作
3. 角焊缝尺寸符合标准要求</td></tr>
<tr><td>16</td><td>任务二：
钢板气割</td><td>1. 气割的基本原理
2. 气割常用气体
3. 气割设备及安全操作
4. 气割基本操作练习
5. 钢板直线气割</td><td>1. 了解气割的基本原理
2. 会操作气割的点火、熄火及火焰调整等
3. 会钢板的直线气割</td><td>1. 掌握气割的基本原理并能够进行气割基本手法的操作
2. 能够进行钢板直线气割操作
3. 割口平直、光滑</td></tr>
</table>

表 6.21 “紧急救护实训”课程能力培养和教学内容

<table>
<tr><th rowspan="2">整体预设能力目标</th><th rowspan="2">课程教学内容</th><th rowspan="2">参考学时</th><th colspan="2">单元教学内容</th><th rowspan="2">单元能力培养目标</th><th rowspan="2">考核要求</th></tr>
<tr><th>项目（任务）名称</th><th>教学内容描述</th></tr>
<tr><td>1. 能在现场及时采取正确的急救措施</td><td>1. 创伤急救</td><td>12</td><td>任务一：
创伤急救</td><td>1. 正确判断创伤情况
2. 制订正确得当的抢救方案</td><td>1. 学会争分夺秒地利用最佳抢救时机
2. 学会正确判断创伤类型，创伤后身体各部位止血、包扎、固定和转运的急救知识</td><td>1. 抢救及时</td></tr>
</table>

续表

整体预设能力目标	课程教学内容	参考学时	单元教学内容		单元能力培养目标	考核要求
			项目（任务）名称	教学内容描述		
2. 学会正确判断创伤类型、创伤后身体各部位止血、包扎、固定和转运的急救知识，即抢救伤员最有效、最可行的措施 3. 正确掌握利用心肺复苏法抢救伤员的方法	2. 触电急救	12	任务二：创伤急救	3. 实施正确得当的抢救措施：止血、包扎、心肺复苏和转送	3. 学会针对伤员的病情采取正确得当的止血、包扎、固定和转运等的急救知识 4. 能够利用心肺复苏法抢救伤员	2. 对病情判断正确 3. 抢救措施得当
		12	任务三：触电急救	1. 脱离电源 2. 判断伤情 3. 制订正确得当的抢救方案 4. 实施正确得当的抢救措施：止血、包扎、心肺复苏和转送	1. 学会正确的脱离电源的方法 2. 学会正确判断触电伤员的病情 3. 学会针对伤员的病情采取正确得当的止血、包扎、固定和转运等的急救知识 4. 能够利用心肺复苏法抢救伤员	

6. 专业实践课程标准

专业实践课程标准如表 6.22 和表 6.23 所示。

表 6.22 “认识实习”课程能力培养和教学内容

整体预设能力目标	课程教学内容	参考学时	单元教学内容		单元能力培养目标	考核要求
			项目（任务）名称	教学内容描述		
1．了解电力系统基本知识及发电厂生产过程 2．了解发电厂升压站系统组成及主要设备工作原理 3．了解各电压等级输配电线路的组成及运行维护日常工作 4．培养勇于创新、爱岗敬业的工作作风和解决问题的能力 5．培养诚实、守信、善于沟通和合作的品质，为发展职业能力奠定基础	1．按规学习与考试 2．发电厂设备及系统介绍 3．发电厂全厂参观及跟班实习 4．输配电线路组成 5．供电公司输配电工区跟班实习 6．编制实习报告	60	任务一：发电厂认识实习	1．按规学习与考试 2．电能产生原理介绍 3．发电厂主要设备及基本原理 4．发电厂生产流程 5．发电厂运行与检修规程 6．撰写实习报告	初步了解和认识发电厂主要设备、生产过程及基本操作。熟悉发电厂基本工作性质	了解和认识发电厂主要设备、生产过程。熟悉发电厂主要电气设备原理。正确撰写实习报告
		60	任务二：输配电线路认识实习	1.按规学习与考试 2．输配电线路的结构、作用、分类及特点 3．线路运行维护基本知识 4．输配电线路的检修基本知识 5．线路运行与检修的岗位职责 6．撰写实习报告	熟悉输配电线路的组成、作用，熟悉线路运行与检修基本工作性质	熟悉输配电线路的组成、作用。线路运行与检修岗位职责明确。正确撰写实习报告

表 6.23 “顶岗实习”课程能力培养和教学内容

整体预设能力目标	课程教学内容	参考学时	单元教学内容		单元能力培养目标	考核要求
			项目（任务）名称	教学内容描述		
1．熟悉输配电施工现场、检修现场岗位职责、规程和规范 2．掌握输配电线路施工基本技能	1．送电线路架设工岗位职责、规程规范，送电线路施工技能 2．输配电线路检修岗位职责、检修规程和规范	120	任务一：送电线路施工顶岗实习	1．按规学习与考试 2．线路基础施工 3．杆塔组立 4．导线架设 5．撰写实习报告	熟悉送电线路架设工知识和本岗位的各种规章制度，熟悉生产现场施工规范，能组织送电线路的杆塔组立和导线架设工作	熟练掌握现场规程规范，正确编制线路施工方案，正确撰写实习报告

续表

整体预设能力目标	课程教学内容	参考学时	单元教学内容		单元能力培养目标	考核要求
			项目（任务）名称	教学内容描述		
3．掌握各电压等级输配电线路基本检修技能 4．培养勇于创新、爱岗敬业的工作作风和解决问题的能力 5．培养诚实、守信、善于沟通和合作的品质，为发展职业能力奠定基础	3．送变电工程公司跟班实习 4．供电公司输电工区跟班实习 5．编制实习报告	240	任务二：输配电线路运行检修顶岗实习	1．按规学习与考试 2．线路运行与维护 3．线路检修 4．线路带电作业 5．撰写实习报告	熟悉送、配电线路工知识和本岗位的各种规章制度，掌握供电公司线路运行与检修运行规程和管理规范，熟悉线路运行、维护和检修流程和方法，能编写线路运行与检修作业指导书并进行线路检修作业	熟练掌握现场规程规范，正确编制线路运行与检修作业指导书，正确撰写实习报告

（五）专业教学策略的研究

依据总课题对职业教育教学理论研究，职业教育教学的目的是学生职业特质和职业能力的形成，而职业特质与职业能力的形成除教学内容之外，主要取决于教学的策略。

为了培养输配电专业学生依据教学任务，严格把握并执行工作程序、工作规范、工艺文件和安全操作规程，做到用严格的工作程序、工作规范和操作标准，保证操作结果符合质量要求的意识与素质，形成输配电技能型人才的职业特质，在总课题研究提出的过程导向、情景导向和效果导向三种教学策略[①②]中，输配电专业教学策略的设计，应根据输配电技能型人才职业活动主要由过程顺序和规范支配、追求标准和质量的特点，主要采用过程导向教学策略，即在把握过程的情况下，为了达到任务所期望的效果，选择工作程序、工作规范、工艺文件和安全操作规程的方式及过程。

过程导向教学策略的教学过程可以设计为任务描述、任务分析、相关知识、技能训练、态度养成、完成任务和学习评价七个环节[③]。在这里，任务是输配电技能型人才职业活动中的典型任务或者项目；任务描述是对典型任务的描述，目的

① 邓泽民、赵沛，2008．职业教育教学设计[M]．北京：中国铁道出版社．

② 邓泽民、赵沛，2009．职业教育教学设计[M]．2版．北京：中国铁道出版社．

③ 邓泽民，2012．职业教育教学论[M]．4版．北京：中国铁道出版社．

是让学生进入工作角色，为实现以学生为中心的教学提供前提；任务分析是在专业教师的主导下，以学生为主体，应用相关知识对完成任务的工作程序、工作规范、工艺文件和安全操作规程进行分析，提出工作方案；相关知识、技能训练和态度养成是对任务进行分析，并完成任务的相关知识的学习、技能的训练和态度的养成过程；完成任务是学生独立或者分组完成服务，形成严格的工作程序、工作规范和操作标准，保证操作结果符合质量要求的意识与素质的整合环节；学习评价能够使学生产生成就感，更能激发其学习的主动性和自信心。

在输配电专业过程导向教学策略设计时，专业各课程教学团队要根据职业能力对应的典型工作任务，对项目（或任务）中的关键节点进行剖析，进行课程的总体设计和单元教学设计。采用基于工作过程系统化教学方法，如咨询、计划、决策、实施、检测和评价等方法，并借助现代教育技术与配置的教学资源，营造一个学习情景，让学生在生动直观的教学情景中积极思考、主动参与、动手动脑。综合实训项目开发要提炼专业面向典型工作任务，形成工学结合的实训体系，结合企业典型产品，设计层次递进的综合实训项目，构建工学结合人才培养体系，真正形成活动导向的教学模式。可选用的教学方法很多，比较典型的有项目教学法、任务驱动教学法、思维导图法、头脑风暴法、卡片展示法和演示教学法，可以灵活使用。例如，在任务分析时，可以选用思维导图法、头脑风暴法和卡片展示法等；在技能训练时，可选用演示教学法；在完成任务时，可选用项目教学法、任务驱动教学法等。

（六）专业教师团队的建设

专业教师团队应具备专业带头人 1 人和各专业核心课程、专门化方向课程负责人，双师型教师占 50%以上，兼职教师占 40%以上。采用外引内培的方式，通过与企业合作开展科研项目、技术服务和国内外访问学者，参与专业建设和教学改革，培养专业带头人；通过多种形式组织教师深入企业，参与技术服务和技术改造，积累工程方面的实际经验；加大培训考核力度，提升教师水平和能力，建成一支既有高技能水平，又在输配电技术领域有较高技术造诣的专兼结合师资队伍。

1. 专业带头人的基本要求

专业带头人应具有较高的中职教育认识能力，能把握专业发展方向，具备课程开发能力、教研教改能力和学术研究能力，尤其是应用技术开发能力、组织协调能力，能带领专业建设团队构建基于工作过程的层次化、模块化课程体系。

2. 专任教师、兼职教师的配置与要求

专任教师、兼职教师的配置与要求如表 6.24 所示。

表 6.24　专任教师、兼职教师的配置与要求（按每年招 200 名学生配置）

序号	课程名称	专任教师		兼职教师	
		数量	要求	数量	要求
1	高压电工	2	双师型、理论实践一体化教学		
2	电子技术基础	2	双师型、理论实践一体化教学		
3	工程力学	1	双师型、理论实践一体化教学		
4	电力工程识绘图	1	双师型、理论实践一体化教学		
5	内线安装	2	双师型、理论实践一体化教学	1	具备现场工作实践经验
6	电力工程	1	双师型、理论实践一体化教学	1	理论实践一体化教学
7	安全用电	1	双师型、理论实践一体化教学	1	具备安全技能等级证书
8	电工工艺实训	2	双师型、理论实践一体化教学	1	理论实践一体化教学
9	金工实训	2	双师型、理论实践一体化教学	1	具备数控机床操作经验
10	电气焊实训	2	双师型、理论实践一体化教学	1	具备高压焊工技能证书
11	紧急救护实训	2	双师型、理论实践一体化教学	1	具备紧急救护技能证书
12	送电线路运行综合实训	2	双师型、理论实践一体化教学	2	具备现场工作实践经验
13	送电线路检修综合实训	4	双师型、理论实践一体化教学	2	具备现场工作实践经验
14	配电线路运行与检修综合实训	2	双师型、理论实践一体化教学	2	具备现场工作实践经验
15	电力电缆运行与检修综合实训	4	双师型、理论实践一体化教学	2	具备现场工作实践经验
16	农网配电综合实训	2	双师型、理论实践一体化教学	2	具备现场工作实践经验
17	线路工程测量综合实训	4	双师型、理论实践一体化教学	2	具备现场工作实践经验
18	送电线路架设综合实训	4	双师型、理论实践一体化教学	2	具备现场工作实践经验

（七）专业实训条件的配备

遵循职业教育实训设计的基本原则和模式，以仿真的职场环境为学生的项目训练与综合职业能力的培养营造实际职场的工作氛围；选择真实典型的工作任务或操作项目进行设计开发，形成具有典型工作任务完整工作过程的综合实训项目；与企业共建具有良性运行机制的学习型生产性实训基地①。实训基地应能承担输配电专业类实验实训任务和职业技能培训鉴定，为学生提供开展课外技能和实验活动，进行基本技能训练、职业技能训练、真实工程背景实习和创新与创业训练的渐进式实践教学必备的设备和场所，还应建立健全实验实训教学文件、各项规章

① 邓泽民，韩国春，2008．职业教育实训设计[M]．北京：中国铁道出版社．

制度和运行保障机制。输配电专业实验实训设备配置及要求如表 6.25 所示，建立了具备与综合实训项目工作过程系统化相配套的实训软硬件条件。

表 6.25　输配电专业实验实训设备配置及要求

序号	实验实训室名称	功能	设备基本配置要求	面积/m^2	备注
1	电工技术实训室	交直流电路实验、电工测量、磁电路的测量和电拖实验等	综合性电工技术实验台 40 套	100	
2	电子技术实训室	常用电子仪器的应用、负反馈放大器和运算放大器等各种电子实验，译码器和计数器等各种数字电路实验	综合性电子试验台 40 套，示波器、信号发生器、真空毫伏表、稳压电源、万用表和工具各 40 套	100	
3	电工技能实训室	电动机控制、仪表照明	仪表及电动机技能实训考核装置 10 套	100	
4	电控实验室	直流、交流电动机性能测试，典型电气控制	电机及电气技术实验装置 12 套	100	高压电工培训鉴定
5	内线安装实训室	室内布线、灯具安装	室内接线板 10 面、线缆暗敷管 10 组、照明控制器 8 套、照明场景 4 种	100	内线安装
6	装表接电实训室	高供高计、高供低计装表接电	装表接电盘 20 套	100	农网配电营业工培训鉴定
7	典型客户配电室	10kV 配电室停送电操作、变压器巡视、高低压设备巡视和中置柜检修	配电变压器 1 台、高压盘 10 面、低压盘 6 面、功补偿装置 2 套	200	农网配电工、高压电工培训鉴定
8	输电线路实训场	可以开展 110kV、220kV 和 500kV 线路的运行维护、检修等项目的培训	110kV、220kV 和 500kV 实训线路各一条	10 000	送电线路工培训鉴定
9	配电线路实训场	可以开展 10kV 配电线路运行维护、停电检修及带电检修等项目培训	10kV 单回线路、10/0.4kV 同杆架设线路、10kV 双回线路、10kV 地面模拟线路各 1 条，登杆训练场 1 个	7 000	配电线路工培训鉴定
10	导线接续室	可以实现导线、避雷线和液压耐张线夹的连接方法及连接工艺的现场培训	超高压液压泵、125T 分离式液压钳、导线、各规格钢模、各种液压接续管和液压耐张线夹等工器具材料	200	配电线路工、送电线路工培训鉴定

续表

序号	实验实训室名称	功能	设备基本配置要求	面积/m^2	备注
11	金具识别室	可以实现对输配电线路金具识别的培训	各种类型的输电线路金具和配电线路金具	200	配电线路工、送电线路工培训鉴定
12	电缆故障测寻室	可以实现电缆的故障探测、在线检测等项目的培训	西安四方、淄博科汇电气有限公司和上海惠东等厂家的多种电缆故障探测设备、电缆故障模拟柜	100	电力电缆工培训鉴定
13	电缆附件安装室	可以实现电缆头冷缩和热缩的制作工艺项目	制作电缆终端和中间接头用的各种工器具、电缆及电缆附件	200	电力电缆工培训鉴定
14	电缆搪铅室	可以开展电缆终端或接头的金属外壳和电缆金属护套之间的搪铅密封的操作步骤和工艺的培训	电缆搪铅用的液化气、液化喷枪、封铅、尾管和 110kV 电缆等基本工器具及材料	200	电力电缆工培训鉴定
15	带电作业实训场	可开展 10/110/220/500kV 各电压等级的带电作业培训项目	总面积为 500m^2 的带电作业工具库房，室内配备了与 10/110/220/500kV 电压等级带电作业项目相适应的专用工具、安全工具、个人防护用具、材料、车辆及检测仪器	17 000	带电作业工培训鉴定

由于中等职业教育输配电专业教学主要采用工作导向的教学策略开展教学活动，一体化教室采用了生产过程或流程、工艺式设计。在这种车间教学的组织形式中，教师有三重身份——教师、技术主管和车间主任；而学生有两重身份——班组长、值班员（操作员）。通过这种与生产实际完全相同的实践锻炼，培养学生的专业技术、团队精神、设备工艺水平和检修技巧，提升教师的教学能力、技术服务能力、动手能力和科研能力。

五、输配电专业教学整体解决方案实施

从参加课题的各学校专业教学整体解决方案实施分析，由于有了配套教材和课件的支撑，实施新方案的阻力并没有预想的大。为了消除教师对新方案的抵制，学校采用了引导消除抵制模式（LOC 模式），分为以下五个阶段实施。

（一）教师把握整体解决方案

中等职业教育输配电专业教学整体解决方案研究设计团队向实施的教师讲解专业教学整体解决方案，使所有成员都清楚了解专业教学整体解决方案，了解课程的地位和作用，并能与企业技术人员共同开发教学内容，明确自己的角色，把握自己的任务。

（二）教师必备教学能力培训

专业教师的中等职业教育输配电专业教育观念的转变、职业形象的塑造和工作过程导向教学策略的学习运用是人员准备的主要内容。中等职业教育输配电专业教育观念的转变主要通过专家讲座、观摩情景导向教学和工作导向教学等形式完成；职业形象的塑造主要通过对专业教师进行职业形象设计、配备职业装和职业形象训练达到预期目标；工作过程导向教学策略的培训通过课件设计进行。通过职业教育课件设计，不但可以使教师学习掌握系统的教学理论、教学方法和教育技术，同时还可以训练教师的专业实践能力，解决我国专业教师普遍存在的教学能力和专业实践能力薄弱的问题[①]。

通过教师必备能力培训，使所有成员都具备专业教学整体解决方案实施的专业教学能力，主要是专业实践教学能力。

（三）设施、材料与教材准备

对原有教室和实训室，按照行动教学的要求进行改造，形成了职业工作过程和教学情景一体化教室、实训室，与合作企业一起研究确定学生实习的职业岗位，形成校内外教学、实训和实习密切衔接的校企合作教学、实训和实习组合新模式。由于项目学校中等职业教育输配电专业的教师大多没有在中等职业教育职场长期工作的经历，他们普遍缺乏中等职业教育的典型职业工作过程的经验。因此，教学需要理实一体的教材支撑，理实一体教材设计与编写应遵循职业活动逻辑、学习动机发展逻辑和能力形成逻辑相统一原则[②]。

（四）方案实施的评价与激励

对一年级新生全部采用新方案进行教学，其他年级学生仍按原计划继续开展教学，但教学策略普遍采用工作过程导向和任务教学策略。为了保证方案的实施，应加强阶段性教学效果评价；为激发教师积极性，对参加专业教学整体解决方案

① 邓泽民，马斌，2011．职业教育课件设计[M]．北京：中国铁道出版社．

② 邓泽民，侯金柱，2006．职业教育教材设计[M]．北京：中国铁道出版社．

实施的教师，若教学符合专业教学整体解决方案的要求，课时费在原来基础上乘以系数 1.5 支付。

（五）方案实施效果调查分析

通过中等职业教育输配电专业 3 年（2008～2010 年）的教学实践，为对中等职业教育输配电专业教学整体解决方案进行较为客观的评价，本课题分别对学生、企业和教师进行了调查。

1. 学生的评价

经过在学校 3 年的学习，学校实验实训设备完备，每学期都安排 1～2 个月在实训基地进行综合实训，专业课程都在实验示范中心上课，我们动手实践能力明显加强，并取得了职业资格证书。学校专业教师教学水平高、操作能力强，经常外聘企业工程技术人员担任上课任务，保证了我们的教学质量。输配电专业所有课程都有数字化教学资源系统和综合实训网站，为我们自主学习提供了方便。我们毕业后在工作岗位上适应得很快，这和在学校期间的学习提高是分不开的。

2. 企业的评价

山东省电力学校注意到贴近企业真实环境，培养学生综合职业能力，能够完成企业的项目和任务，注意到企业生产管理、工艺管理的具体要求，注意到协作能力等方面的培养。从目前在企业工作的学生来看，学生严格执行工作程序、工作规范、工艺文件和安全操作规程的意识明显增强；具有高度的责任心，追求标准、卓越的创新精神明显增强；职业生涯发展方向感明显增强，从事高技能成就事业的信心明显增强。学生工作上手快，具备独立完成工作任务的能力，受到企业的欢迎。

3. 教师的评价

输配电技能型人才特质内涵的提出十分关键，使我们对职业教育教学有了全新的认识；一体化技能教室、实训室的职业工作过程和工作任务导向的教学结构设计，完成了由以教师为中心教学到以学生为中心教学的转变，教学效能明显提高。

六、实践结论

1）在我国，由于输配电工作规程中不按操作程序、操作规范操作，忽视安全规程，出现了许多安全事故，造成了严重的人身伤亡和财产损失。中等职业教育输配电技能型人才职业特质的提出，对于提高我国职业教育的教学质量十分必要，对培养学生规范意识、安全意识能起到十分积极的作用。尤其是随着我国高压输配电的发展，输配电技能型人才更要具备职业特质。

2）要把技能型人才职业特质和职业能力的形成作为专业教学的目标，并以职业特质和职业能力的形成为主线设计专业整体解决方案。

3）职业特质的形成需要行动导向的教学策略。针对师资队伍的现状还不能完全适应职业教育发展要求的问题，职业特质的形成需要组建课程和综合实训的教学团队，教学团队由学科带头人、骨干教师和企业兼职教师组成，负责课程建设、实施和综合实训项目的开发及实施。

4）结合企业典型生产过程和工作任务，开发合适的综合实训项目对于培养学生的职业特质十分必要。按照生产性实训的要求，对专业实训项目和内容进行整合，制订具有真实工程背景的生产性实训教学大纲，加大产学合作力度，积极引进适合专业实训的国内外知名企业，联合建设产学结合的生产性实训中心。生产性实训中心按照企业的环境设计，安排工作岗位和功能区域，注意学生生产工艺环节和质量管理的训练，建成集培训、鉴定和技术服务于一体的实训基地等做法十分有效。

方案七

机械制造技术专业教学整体解决方案研究与实践

课题编号：BJA060049-ZZKT007

一、问题的提出

（一）机械制造业发展的趋势

世界上各个工业国经济上的竞争主要是制造技术的竞争。在各个国家的生产力的构成中，制造技术的作用一般占 55%～65%。各国都通过提高产业竞争力和发展高新技术来抢占未来经济制高点，面对现代制造技术带来的挑战和机遇，必需不断提高企业的自主开发能力和制造技术水平。

一方面，机械制造工业依靠信息科学、材料科学来改造自己；另一方面，信息科学、材料科学也必须依赖机械制造技术来取得新的进展。机械制造技术是当今高科技的综合利用，现代机械制造技术不仅在其信息处理与控制等方面运用了微电子、计算机技术和激光加工技术，在加工机理、切削过程乃至所用的刀具方面也渗透着当代高新技术。

（二）机械制造业发展对技能型人才的要求

中等职业教育应把以就业为导向作为办学宗旨，主动适应区域经济的发展，注重内涵建设。以机械为主的专业结构与海峡西岸经济区主导产业及福建省支柱产业紧密对接，提供了高技能人才支撑和技术服务保障，在培养高素质技能型人才、推广应用现代制造业先进技术和服务“三农”等方面发挥着巨大作用。但企业反映中等职业学校培养的机械制造技术技能型人才，在产品加工的工艺、加工参数的选择、产品的质量控制、机床的维修维护及加工过程中体现的职业特质与企业的要求具有很大的差距。

通过对漳州、福州、泉州、厦门、三明、龙岩和南平等福建省内大部分地区的机械制造、机电、汽车和模具类行业的调研发现，具有机械制造技术素质的机械制造蓝领型、银领型和金领型的技能型人才是企业所急需的。

二、研究内容与方法

（一）研究内容

本课题将首先对机械制造技术技能型人才的职业特质进行研究，然后研究设计出适合机械制造技术技能型人才的职业特质和职业能力形成的教学整体解决方案，并通过教学整体解决方案的实施，探索机械制造技术专业的教学理论。

（二）研究方法

1）调查法。特别是现代职业分析方法对机械制造技术技能型人才的职业活动进行调查，并在此基础上分析机械制造技术技能型人才职业活动的特点，提出机械制造技术技能型人才职业特质的基本内涵。

2）文献法。广泛收集国内外相关资料，对大量资料进行分析、综合、比较、筛选与归纳，为课题的深入研究提供广阔的思路。

3）总结法。对职业学校机械制造技术专业教学进行研究和总结，充分发挥学校和企业的优势，校企合作、工学结合，研究设计适合机械制造技术技能型人才职业特质和职业能力形成的教学整体解决方案。

4）实验法。通过适合机械制造技术技能型人才职业特质形成的教学整体解决方案的实施，对中等职业教育机械制造技术专业教学方案进行验证，探索机械制造技术专业的教学理论方法。

三、机械制造技术技能型人才职业特质研究

职业特质是指从事不同职业的人所特有的职业素质，是能将工作中成就卓越与成就一般的人区别开来的深层特征[①]。总课题对于职业特质的研究，提出了可以从两个方向开展研究，一是在同一职业中发现成就卓越者，通过调查分析方法，研究他们与成就一般者不同的深层特征；二是通过分析职业活动，研究取得职业活动卓越效果的人具备的职业素质。本课题采用第二种方法。

（一）机械制造技术专业职业活动调查

1. 职业面向的调查

本研究通过对集美轻工业学校、福建工业学校、南平工业技术学校、福建建

① 邓泽民，2012．职业教育教学论[M]．4 版．北京：中国铁道出版社．

阳农业工程学校、福州工业学校 5 所学校 1200 名毕业生就业岗位的调查发现，中等职业学校机械制造技术专业毕业生就业主要有两个方向：在生产第一线从事机械冷加工（车工、铣工和磨工）和钳工（普通钳工、装配钳工和机修钳工）等。职业生涯发展领域有 5 个方面：生产一线工艺的设计与实施，工装设计、制造与调试，机床的安装、调试、维护、改装与修理，产品的销售及售后服务，机械加工质量分析与控制等。

2. 职业活动的分析

为了客观掌握中等职业学校机械制造技术专业毕业生工作中的职业活动，本课题邀请了福建戴姆勒汽车工业有限公司、厦门工程机械有限公司、厦门大金龙客车有限公司、福建省南平铝业有限公司、福建省南平南孚电池有限公司和福建南纸股份有限公司等十几家企业的机械工程技术专家，应用现代职业分析方法[①]，对机械制造技术技能型人才职业活动进行分析，提出了机械制造技术技能型人才职业活动表，如表 7.1 所示。

表 7.1　机械制造技术技能型人才职业活动表

就业岗位	任务	
普通车床操作工	识读零件图	看懂零件与装配图
		读懂加工零件的技术要求
		应用 AutoCAD 软件测绘机械零件图样
	普通车床操作与加工	熟练操作 CA6140、C620 等普通卧式车床
		熟悉刃磨普通车刀及麻花钻
		熟悉零件材料与热处理的基础知识
		对零件进行工艺分析及加工
		有完整的产品质量意识
		熟悉使用铣床、磨床进行零件加工
		对机床进行日常维护及二级保养
普通钳工	普通钳工操作与加工	了解金属切削及刀具的基本知识
		掌握划线知识
		掌握钳工基本操作（锯、錾和锉等）
		掌握孔加工（钻、扩、锪和铰）及攻、套螺纹加工
		掌握刮削、研磨的基本操作
		熟练进行手工电弧焊的操作

① 邓泽民，郑予捷，2009．现代职业分析手册[M]．北京：中国铁道出版社．

续表

就业岗位	任务	
装配钳工	零部件装配	规范操作装配钳工的常规工具
		分析装配工艺，确定装配方法
		掌握固定连接的装配
		掌握传动机构的装配
		掌握轴承与轴组的装配
		检测装配精度，调整装配误差
		了解液压传动系统，熟悉典型液压传动元件的修复与装配
机修钳工	机械修理	规范操作机修钳工常规工具、量具和夹具
		掌握划线知识
		熟悉零部件的静平衡和动平衡的调校
		掌握普通机床的安装与调试知识
		掌握普通机床的维修与保养知识
		掌握机床几何精度的检查方法
		掌握机床的运行检查方法
		能进行基本的车、铣加工
		了解液压传动系统，熟悉典型液压传动元件的修复与装配

（二）机械制造技术技能型人才职业活动特点

在生产企业接受机械产品的订单后，必须针对各种零件的特点和加工技术要求，根据现有生产条件、相应技术标准及技术资料，编制出机械加工工艺、装配工艺，经过机械加工和必要的热处理达到图样规定的机构形状和技术要求，最后装配成满足性能要求的产品。因此，机械制造技术技能型人才的职业活动都是严格按照制造程序和操作规程展开的，如图 7.1 所示。

	过程阶段1	过程阶段2	过程阶段3	…
任务A	活动A1	活动A2	活动A3	…
任务B	活动B1	活动B2	活动B3	…
任务C	活动C1	活动C2	活动C3	…
⋮	⋮	⋮	⋮	

图 7.1　机械制造技术技能型人才职业活动过程导向示意图

从图 7.1 中可以看出，一个现代制造企业能否完成相关的订单任务，取决于企业员工对零件的特点和加工技术要求的掌握及对生产条件的理解，根据积累的经验和技术才能生产出符合要求的产品。在产品生产过程中，机械制造技术技能型人才采取什么行动，取决于产品任务的不同和所处的加工阶段的变化。产品一旦确定，制造程序和操作规范标准就确定了。机械制造技术技能型人才职业活动受过程支配，具有典型的过程导向特点[①②]。

（三）机械制造技术技能型人才职业特质内涵

在国家职业资格标准中，对职业能力特征的描述如下：严格执行工作程序、工作规范、工艺文件和安全操作规程，具有高度的责任心，团结协作，爱护设备及工具、夹具、刀具、量具。国家职业资格标准对机械制造技术技能型人才职业能力特征的描述，虽然由多个特征单元构成，但其核心是严格执行工作程序、工作规范、工艺文件和安全操作规程。因为只有做到了这一点，才能保证工作安全，保证加工精度。因此，机械制造技术技能型人才的职业特质定义为依据产品，能够进行专业决策，严格把握并执行工作程序、工作规范、工艺文件和安全操作规程，做到用严格的工作程序、工作规范和操作标准，保证产品的加工精度和质量的意识与素质。

四、机械制造技术专业教学整体解决方案设计

职业特质的形成取决于专业教学的各个方面和各个环节，为了发挥教学系统整体突现性原理的作用，本课题对机械制造技术专业教学进行整体解决方案设计。根据机械制造企业以工作任务为导向的特点，机械制造技术专业教学进行整体解决方案设计是基于工作过程为导向、理实一体化的教学模式。

（一）专业的职业面向分析

根据《中等职业学校专业目录》，本专业主要面向各类机械制造企业，培养在生产第一线从事机械冷加工的车工（兼有铣工和磨工的操作能力）、钳工（兼有装配钳工和机修钳工的操作能力）等，兼具从事一线工艺设计与实施，工装设计、制造与调试，机床安装、调试、使用、维护、改装与修理，机械加工质量分析与控制，产品销售及售后服务，基层生产管理等综合能力的中等应用型技能人才。

（二）就业证书需求的分析

依据国家持证上岗的相关政策，并调查相关现代制造业企业发现，中等职业学校机械制造技术专业学生就业一般要求取得相应岗位的职业资格证书。

---

① 邓泽民，陈庆合，2006．职业教育课程设计[M]．北京：中国铁道出版社．

② 邓泽民，陈庆合，2011．职业教育课程设计[M]．2 版．北京：中国铁道出版社．

机加工方向的毕业生可根据自己的兴趣、优势和职业生涯发展方向，在车工（四级）、铣工（五级）、磨工（五级）和计算机辅助机械设计绘图员（四级）等国家职业资格证书中，选择考取3、4个证书。

钳加工方向的毕业生可根据自己的兴趣、优势和职业生涯发展方向，在普通钳工（四级）、装配钳工（五级）、机修钳工（五级）和计算机辅助机械设计绘图员（四级）等国家职业资格证书中，选择考取3、4个证书。

在通过相关证书的基础上通过进一步的训练取得相关职业资格的高级（三级）证书。

（三）专业培养目标的确定

依据教育部教职成〔2009〕2号《教育部关于制定中等职业学校教学计划的原则意见》对中等职业教育培养人才类型的定位、国家职业资格标准及机械制造技术发展对专业技能型人才的要求，确定机械制造技术专业的培养目标。本专业面向制造业，培养热爱祖国，拥护党的基本路线，德、智、体、美全面发展，具有与本专业相适应的文化水平、良好的职业道德和创新精神，掌握本专业的基础知识、基本技能及较强的实际工作能力，熟悉专业生产与管理，取得中级或高级职业资格证书，能适应企业需要的技能型人才。

（四）专业课程体系的构建

依据教育部教职成〔2009〕2号《教育部关于制定中等职业学校教学计划的原则意见》，中等职业学校的课程设置分为公共基础课程和专业技能课程两类①。公共基础课程按照国家统一要求②安排，专业技能课程按照机械制造技术专业毕业生就业岗位和职业生涯发展领域分为专业基础模块、专业核心技能模块、专业拓展模块、选修模块和实习模块，形成基础平台加职业生涯发展方向的课程体系结构。为了保证机械制造技术技能型人才职业特质和职业能力的形成，机械制造技术专业课程体系结构如图7.2所示③④。

1. 专业必修课程

依据由企业提出的机械制造技术专业职业活动和国家颁布的相关职业资格标

① 教职成〔2009〕2号《教育部关于制定中等职业学校教学计划的原则意见》.

② 教职成〔2008〕6号《教育部关于中等职业学校德育课课程设置与教学安排的意见》.

③ 邓泽民，陈庆合，2006．职业教育课程设计[M]．北京：中国铁道出版社.

④ 邓泽民，陈庆合，2011．职业教育课程设计[M]．2版．北京：中国铁道出版社.

准，确定知识课程、技术课程和职业活动课程，如表 7.2 所示。

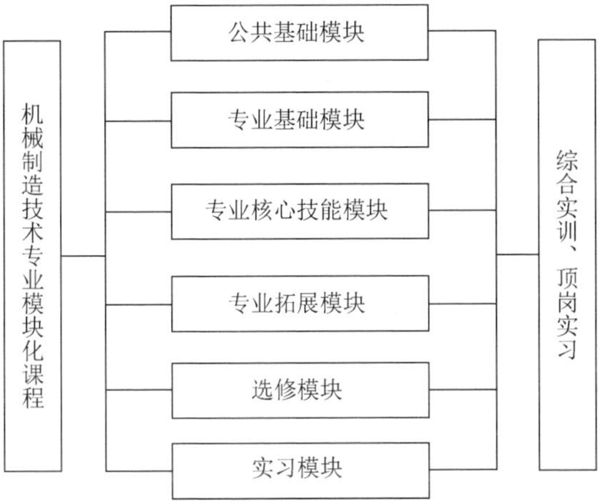

机械制造技术专业模块化课程

公共基础模块

专业基础模块

专业核心技能模块

专业拓展模块

选修模块

实习模块

综合实训、顶岗实习

图 7.2　机械制造技术专业课程体系结构示意图

表 7.2　机械制造技术专业必修课程

任务		知识/技术课程	职业活动课程
普通车床操作	识读零件图	机械制图、机械基础、金属材料及热处理、公差与配合、机械加工技术、零件测量与质量控制技术、车工工艺学、机械 CAD/CAM	车床操作与加工
	车床操作与加工		
钳加工	识读零件图	机械制图、机械基础、金属材料及热处理、公差与配合、机械加工技术、零件测量与质量控制技术。 钳工工艺学、液压与气动技术	普通钳工 机修钳工 装配钳工
	钳工操作与加工		
计算机绘图	识读零件图	机械制图、计算机 CAD 绘图	计算机辅助设计 CAD
	计算机绘图实操		

2. 专业拓展课程

根据学生职业生涯发展的不同方向，设置“零件检测”“特种加工”“PLC 应用技术”等为专业选修课程。专业选修课程的内容要依据机械零件检测工、机械特种加工和机床装调维修工要求的职业活动和国家职业资格标准设计。

3. 专业课程安排

把相关的专业核心课程以理实一体的模式安排在专门的实训周中，并根据教育部教职成〔2009〕2 号《教育部关于制定中等职业学校教学计划的原则意见》，按每学年为 52 周，其中教学时间 40 周（含复习考试），假期 12 周，周学时一般为 28 学时，三年总学时数为 3000～3300 学时，公共基础课程学时一般占总学时的三分之一，选修课程学时占总学时的比例应不少于 10%等规定，形成教学计划。

（五）专业教学策略的研究

依据总课题对于职业教育的教学理论研究，职业教育教学的目的是学生职业特质的形成，而职业特质的形成除教学内容之外，主要取决于教学的策略。

为了培养机械制造技术专业学生能根据企业的生产要求完成符合质量要求的产品，并具有优良的职业素养的技能型人才的职业特质，在总课题研究提出的过程导向、情景导向和效果导向三种教学策略[①②]中，机械制造技术专业教学策略的设计，根据机械加工技能型人才职业活动，借鉴德国职业教育的工作任务导向（项目导向）法，运用七段法进行教学模式与教学方法改革，突出教、学、做一体化，激发学生的学习兴趣，提高学生学习的主动性，使学生具备自我学习的能力，掌握专业核心技能，具有良好的团队合作精神和较强的独立工作能力。

依据总课题研究，工作任务导向教学策略的教学过程可以设计为如图 7.3 所示的七段法教学模式。

在进行机械制造技术专业工作任务导向教学策略设计时，按照理实一体化的课程体系，建立一个开放式的教学环境，坚持教、学、做合一，采用任务驱动型教学、案例教学和理实一体化教学等方法，实现教学方法的现代化和多样化。

（六）专业教师团队的建设

专业带头人要具有专业发展方向把握能力、课程开发能力、教研教改能力和组织协调能力，并能带领专业教师团队学习掌握先进职业教育理论与先进汽车维护维修技术，开发构建基于工作过程的课程体系，开展行动教学和教学研究工作；骨干教师要具备双师型教师资格。

双师型教师的比例至少要达到 80%；聘请企业优秀技能型人才担任兼职教师

① 邓泽民，赵沛，2008．职业教育教学设计[M]．北京：中国铁道出版社．

② 邓泽民，赵沛，2009．职业教育教学设计[M]．2 版．北京：中国铁道出版社．

或技术顾问，每个专业方向的企业兼职教师或技术顾问要达到2、3位。学校要鼓励教师参与校企合作，参与教学研究与科研项目，参与专业建设和教学改革；培养专业带头人；要加强内外培训，提升教师的教学水平和教学能力。

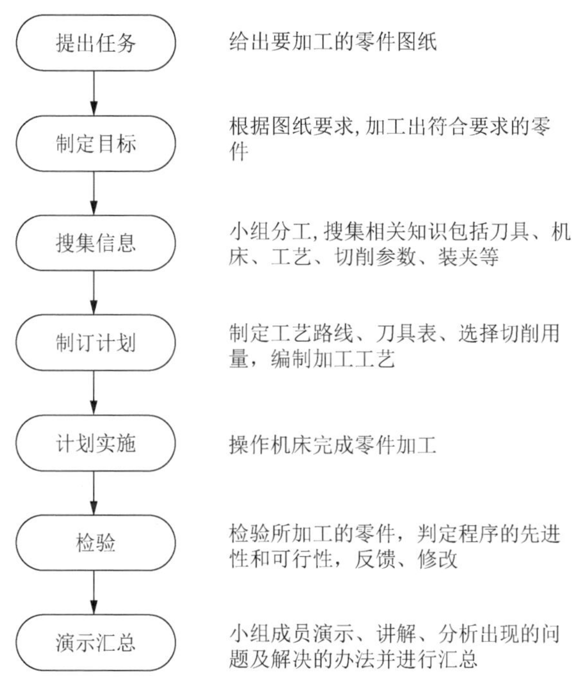

图7.3　七段法教学模式

（七）专业实训条件的配备

根据典型产品、过程导向的教学原则，按照加大生产性设备的投入，形成车间与教室一体化的教学工厂，结合机械制造技术专业的定位和工作任务的特点，进行实训资源的整合，使教学工厂的布局符合生产流程和教学规律要求[①]。

1. 机加工实训室

功能：该实验室适用于本专业车床维护与保养、车削加工、铣削加工和磨削加工等相关项目教学和岗位培训。

机加工实训室主要设备装备标准如表7.3所示。

① 邓泽民，韩国春，2008．职业教育实训设计[M]．北京：中国铁道出版社．

表 7.3　机加工实训室主要设备装备标准（按一个标准班 40 人配置）

序号	设备名称	用途	单位	基本配置	适用范围（职业鉴定项目）
1	车床	车工实习/实训	台	20	车工（四级）国家职业资格标准、铣工（五级）国家职业资格标准和磨工（五级）国家职业资格标准
2	车床常用量具	测量加工的零件	套	20	
3	卧式铣床	铣工实习/实训	台	5	
4	立式铣床	铣工实习/实训	台	5	
5	铣床常用量具	测量加工的零件	套	6	
6	平面磨床	磨工实习/实训	台	5	
7	外圆磨床	磨工实习/实训	台	5	
8	磨床常用量具	测量加工的零件	套	6	
9	砂轮机	刃磨刀具	台	8	
10	锯床	落料	台	2	

2. 钳加工实训室

功能：该实验室适用于本专业钳工基本技能、传动机构拆装和机床检测与精度修复等相关项目教学和岗位培训。

钳加工实训室主要设备装备标准如表 7.4 所示。

表 7.4　钳加工实训室主要设备装备标准（按一个标准班 40 人配置）

序号	设备名称	用途	单位	基本配置	适用范围（职业鉴定项目）
1	钳工工作台	钳工实习/实训	工位	40	钳工（四级）国家职业资格标准
	钳工常用量具	测量加工的零件	套	40	
2	钻床	孔加工	台	5	
3	钳工平板	零件的划线与测量	块	10	
4	砂轮机	刃磨刀具	台	2	
5	刨床	备料	台	2	
6	锯床	落料	台	1	
7	车床（旧）	拆装、检修实习/实训	台	4	
8	铣床（旧）	拆装、检修实习/实训	台	4	
9	二级减速器	拆装、检修实习/实训	台	20	

五、机械制造技术专业教学整体解决方案实施

从参加课题的各学校专业教学整体解决方案的实施分析，由于有了配套教材和课件的支撑，实施新方案的阻力并没有预想的大。为了消除教师对新方案的抵

制，学校采用了引导消除抵制模式（LOC 模式），分为以下五个阶段实施。

（一）教师把握整体解决方案

机械制造技术专业教学整体解决方案研究设计团队详细地向负责实施的教师讲解专业教学整体解决方案，使所有成员都清楚了解专业教学整体解决方案，并明确自己的角色，把握自己的任务。

（二）教师必备教学能力培训

专业教师的机械制造技术专业教育观念的转变、职业形象的塑造和工作任务导向教学策略的学习运用是人员准备的主要内容。机械制造技术专业教育观念的转变主要通过专家讲座、观摩过程导向行动教学等形式完成。典型产品+过程导向行动教学策略的学习运用，通过专家教学展示、课件设计和教学比赛取得了较好效果。尤其是通过职业教育课件设计，可以使教师系统地掌握教学理论和方法，掌握教育技术，培训专业实践能力[①]。通过教师必备能力培训，所有成员都应具备实施专业教学整体解决方案的专业教学能力。

（三）设施、材料与教材准备

通过引企入校的形式，由学校提供场地和管理，企业提供设备、技术和师资支持建立实训的一体化教学工厂。对原有教室和实训室，按照工作任务导向、理实一体化的教学要求进行改造，形成了生产现场情景和教学情景一体化教室。学校与现代制造业企业一起，研究确定学生实习的职业岗位，形成校内外教学、实训和实习密切衔接的校企合作教学、实训和实习组合新模式。理实一体化教材对于教师和学生适应行动教学是十分关键的。理实一体化教材的设计需要遵循职业活动逻辑、学习动机发展逻辑和能力形成逻辑密切结合的原则[②]。

（四）方案实施的评价与激励

对一年级新生全部采用新方案进行教学，二年级学生按原教学计划继续开展教学，但教学策略普遍采用工作任务导向教学策略。为了保证方案的实施，加强阶段性教学效果评价；为激发教师积极性，参加专业教学整体解决方案实施的教师，若教学符合专业教学整体解决方案的要求，课时费在原来基础上乘以系数 1.5 支付。

---

① 邓泽民，马斌，2011．职业教育课件设计[M]．北京：中国铁道出版社．

② 邓泽民，侯金柱，2006．职业教育教材设计[M]．北京：中国铁道出版社．

（五）方案实施效果调查分析

通过福建省 14 所中等职业学校机械制造技术专业 3 年的教学实践，为专业教学整体解决方案进行较为客观的评价，本课题分别对学生、企业和教师进行了调查。

1. 学生的评价

职业特质的教学目标使我们清楚了精度是机械制造的价值追求，规范和创新是实现精度的基本途径。典型产品、过程导向的教学策略使我们工作时上手快、适应性强，很快能适应企业的节奏，满足企业岗位的需求。项目教学还使我们的组织协调能力、团队意识得到了培养。实训教学和岗位培训结合，我们不仅能获得毕业证书，而且能获得相关的职业资格证书，为我们找工作和就业铺垫了很好的基础。

2. 企业的评价

企业普遍反映机械制造技术专业学生具有良好的职业素养和职业行为规范，吃苦耐劳，理论知识系统。统计数据显示，企业对机械制造技术专业毕业生的称职情况评价较好，满意度较高。综合评价为 19.8%优良，79.9%称职，0.3%不称职。

3. 教师的评价

参与整个教学整体解决方案实施的教师对本专业教学整体解决方案提出的专业培养目标、课程体系和教学策略评价很高，我们一致认为该方案符合福建省的机械制造技术专业教学实际，可操作性强。

六、实践结论

1）机械制造技术技能型人才的职业特质是我国现代化制造企业发展、实现产品升级换代对机械制造技术技能型人才提出的必然要求。

2）中等职业教育机械制造技术专业教学要把技能型人才职业特质和职业能力的形成作为教学过程的中心。

3）职业特质的形成需要典型产品加工项目驱动、过程导向行动教学策略，机械制造技术技能型人才职业特质的形成需要机械制造技术工作任务导向的行动教学策略。

方案八

物业管理专业教学整体解决方案研究与实践

课题编号：BJA060049-ZZKT008

一、问题的提出

（一）物业管理行业发展状况

1. 发达国家物业管理发展状况

英国、美国的物业管理已成为社会化的服务行业，任何人、任何公司都可从事物业管理，只要具备条件，领取营业执照即可。这些物业管理公司或管理机构绝大多数是自主经营、自负盈亏的经济实体，其物业管理服务项目多，包括物业建设前后、物业使用全过程的管理。管理方式灵活，小修工程、日常养护可由内部维修人员完成，而大、中工程可以采取承包的方式转给别的专业公司完成。一个项目或工程，如绿化管理，既可单项承包，也可整体承包。费用由双方协商，既可依时间长短计费，也可按次计费。物业管理服务收费由委托方与物业管理公司（或机构）商定，视市场供求状况、地区环境及房屋的数量与质量由双方自由协商而定，一般无统一的标准。物业管理公司的管理费来源渠道多，有租金收入、服务费，甚至有政府补贴。物业管理公司人员精干、效率高，固定人员少，一些项目尽可能临时聘请人员，可承包的项目不设固定人员以节约开支。

韩国和日本的物业管理发展得较为成熟，主要体现在以下几个方面：一是物业管理的法律基础比较好。韩国和日本物业管理的基本法律是区分所有法（区分所有权法）。韩国、日本的物业管理公司均需领取特别的经营许可证才能够从事物业管理。物业管理从业人员必须经过一定的考试并取得资格后才能担任管理职务。二是物业管理的社会环境比较好。公众不但积极参与物业管理，业主还接受花钱买服务的管理形式。由于激烈的市场竞争，各种物业公司的服务收费水平平均化，所以业主的费用标准相对明确，业主认为支付物业管理费是合理的事情。三是物业管理公司的专业化程度高。韩国和日本的大厦及住宅的管理水平比较齐整，房屋的维修保养及时，没有失修失养的现象；大厦及住宅均很清洁，基本没有卫生死角。韩国、日本的物业管理专业化水平高的另外一个表现是其社会分工程度高，物业管理公司与社会其他水、电、气和维修等行业的分工和协作关系紧密。韩国、日本物业管理发展的一个特点是政府依靠社会中介组织实现对物业管理行业的规范和管理。韩国物业管理的全国性组织是住宅管理协会，日本相关的全国性组织则比较多，如高层楼宇管理协会、电梯管理协会和住宅管理协会等。这些协会一方面为会员提供市场信息、人员培训等服务，另一方面也从事行业规范化的工作。

澳大利亚是世界上拥有自有住房较多的国家之一，除了实力雄厚的投资者外，还有众多小的投资者热衷于投资居民住宅，以求得合法地减免税收及得到比其他投资更高的回报和更高的安全系数。澳大利亚的物业管理主要运作特色及过程：一是物业管理公司须有执照。在澳大利亚从事物业管理的企业必须有管理执照，从业人员必须具备相应的专业知识和技能。由于物业分类较多，不同种类的物业有不同的特点，这就需要不同的法律知识和专业技能，产生了不同的物业管理执照。另外，这些物业管理公司或物业代理也受到政府的监督和检查，若发现有违纪违法行为，将受到不同形式的处罚和制裁，如罚款、吊销或暂停牌照，严重的甚至会判刑。二是澳大利亚的物业管理分为多层住宅楼的管理、高层住宅楼的管理和商用办公大楼的管理。多层住宅楼会有一个由业主组成的大楼管理委员会来管理大楼的外围及楼内的公共部分。高层住宅楼聘请专业的物业管理公司或物业代理进行管理是通常的做法，当然管理费也相应较高。商用办公大楼一般由业主聘请物业管理公司代为管理，管理形式可分为两种，一种是物业管理公司与各专业公司签订合同；另一种是物业管理公司与另一物业管理公司签订“二手合同”。第一种管理形式较为普遍，物业管理公司与一些专业公司如清洁公司、保安公司和空调保养维修公司等签订合同，合同中具体规定了服务、管理的具体项目及费用。由于市场竞争激烈，合同到期时，物业管理公司有权对各专业公司进行更换，以取得客户的满意及获得更大的经济效益。另一种管理形式称为“二手合同”形式，即大楼的物业管理公司与另一家物业管理公司签订合同。

德国的房产物业管理主要是通过专业的物业管理公司进行的，也有的房地产开发商本身兼管物业管理公司。物业管理公司的运作在《房产管理法》的框架下进行。另外，德国全国有物业管理公司联合会，各州有地区性的物业管理公司协会，有严格的行业规范以规范物业管理公司的运作，并对其进行业务培训，以保证物业管理的质量。物业管理公司除管理房产的日常事务之外，每年都要组织一次所管辖房产区的业主大会。物业管理公司必须在业主大会上公开过去一年的有关房产账务情况，并向业主提交一份当年的物业计划。物业管理公司的聘用期限只有 5 年，如果再次聘用需要再签合同。物业管理公司的报酬没有统一标准，根据其工作质量及房产规模等多种因素综合考虑。

2. 我国物业管理发展状况

1981 年，我国第一家物业管理公司在深圳成立。目前我国物业管理发展迅速，物业管理类型多，涉及各个领域，约十二大类，其中有多层住宅、高层住宅、写字楼、工业区、政府机关办公楼、医院、学校、车站、码头、宾馆、商场商业街和农民房等。与物业管理发达国家相比，由于受对物业管理的认识、市场经济发育程度、地区经济发展水平和居民收入水平等因素的影响，我国物业管理覆盖率仍然偏低。

中国香港地区已有 40 多年的物业管理历史，香港人的努力加上积极吸收外国的先进管理经验，使香港的物业管理日趋成熟和完善，目前已形成一整套的管理体制和机构。香港的住宅房屋按所有权性质可分为 3 类：一是公营房屋，即由政府投资建设，出售或出租给中低收入家庭的房屋。这类房屋由香港房屋署下辖的房屋管理处具体负责管理。物业管理机构健全，配有专业管理人员，管理方式灵活，一些项目常用招标或承包等方式交由专业公司完成。二是公私合营的房屋。三是私营房屋。后两类房屋产权一般是私人所有，业主或业主委员会委托专业的物业管理公司对物业区域内的共同事务进行管理，提供服务。在香港，物业管理公司只需经工商登记就可以承揽业务，香港政府还没有对物业管理公司采取发牌制度（类似内地的企业资质证书）。为管理好私人楼宇，香港政府颁布了《多层大厦（业主立案法团）条例》，倡导多层大厦业主组织业主立案法团，设立管理委员会。业主立案法团是全体业主组成的法定团体，管理委员会由业主大会上 50%以上的业主通过成立，代表履行业主立案法团的权利与责任。业主立案法团通过招标、协议或委托等方式聘请物业管理公司管理物业，并监督物业管理公司的运作。香港物业管理公司的经费全部来源于各业主的管理费，管理费的收取标准完全依管理工作的实际支出而定。管理公司的一切费用，包括人员工资、办公费、设备保养费、清洁费和煤气费等都从所收的管理费中开支。物业管理公司的利润是从管理费支出中提取的 5%～15%的管理酬金。物业管理公司的收支账目必须定期公开，接受业主的监督，一些较大规模的维修工程牵涉大笔费用支出，须征询业主立案法团的意见方能进行，如未获准，物业管理公司不得坚持。

（二）行业发展对物业管理技能型人才的要求

物业管理在我国尚处于起步阶段。物业管理人员的来源可以大概分为三类：第一类是由原房管所职工直接转化而来的，这类人员不熟悉现代物业管理的模式；第二类是学公共管理、酒店管理的人员，他们有一定的能力，但不熟悉物业管理的细微方面；第三类是物业管理专业的中专生、高职生及大专生，他们能够胜任基本的物业管理工作，但往往缺乏管理的战略思维、创新思想，在工作中处于被动的地位，不具备从战略上进行管理的能力。因此，物业管理公司都在进行对物业管理人才的激烈争夺。

通过对北京物业管理公司调查发现，企业对物业管理技能型操作人才的需求占所有需求人数的 75%～85%，中等职业学校物业管理专业招生数和就业人数均小于人才需求量，技能型操作人才供给存在较大的缺口。企业普遍认为中等职业学校毕业生服务意识薄弱、沟通能力较差、技术粗糙。

二、研究内容与方法

（一）研究内容

首先研究物业管理技能型人才的职业特质和职业能力，分析适合中等职业学校学生的岗位群及工作任务，然后研究设计适合该特质形成的物业管理专业教学整体解决方案，并通过该方案实施探索物业管理专业的教学理论与方法。

（二）研究方法

1）调查法。了解物业管理专业的职业面向、就业的职业资格证书要求及物业管理行业发展状况，以及人才需求等方面的情况。应用现代职业分析方法，通过调查行业专家，对物业管理技能型人才的职业活动进行调查，并在此基础上分析物业管理技能型人才的职业活动的特点，提出物业管理技能型人才职业特质的基本内涵。

2）文献法。了解发达国家物业管理的经验，发现我国物业管理行业和技能型人才培养中存在的问题，研究设计适合物业管理技能型人才职业特质形成的教学整体解决方案。

3）实验法。对建立在物业管理技能型人才特质基础上的中等职业教育物业管理专业教学方案进行验证，探索物业管理专业的教学理论方法。

三、物业管理技能型人才职业特质研究

职业特质是指从事不同职业的人所特有的职业素质，是能将工作中成就卓越与成就一般的人区别开来的深层特征[①]。总课题对于职业特质的研究，提出了可以从两个方向开展研究，一是在同一职业中发现成就卓越者，通过调查分析方法，研究他们与成就一般者不同的深层特征；二是通过分析职业活动，研究取得职业活动卓越效果的人具备的职业素质。本课题采用第二种方法。

（一）物业管理技能型人才职业活动调查

1. 职业面向的调查

本研究通过对深圳市北方物业管理有限公司、达文物业管理有限公司和北京天岳恒房屋经营管理有限公司等企业调查，发现中等职业学校物业管理专业毕业生就业岗位分为管理岗位和技术岗位，职业生涯发展也有四大领域。

就业岗位：管理岗位包括物业文员、物业秩序维护员、物业保洁管理员、财务管理员、园林绿化管理员和工程管理员等。技术岗位包括物业管理文员，采暖系统技术岗位，给排水系统技术岗位，强、弱电技术岗位，保洁技术岗位和房屋修缮技术岗位等。

职业生涯发展领域：一是向技术方向发展，成为技术主管；二是进入管理岗位，成为物业经理；三是创业，经营自己的物业管理公司；四是成为物业管理咨询师、培训师。

2. 职业活动的分析

应用现代职业分析方法，对物业管理职业活动及其工作对象、工作环境、工具方法及劳动组织进行分析，提出职业活动分析表，如表 8.1～表 8.3 所示[②]。

① 邓泽民，2012．职业教育教学论[M]．4 版．北京：中国铁道出版社．

② 邓泽民，郑予捷，2009．现代职业分析手册[M]．北京：中国铁道出版社．

表 8.1　物业客服职业活动分析

编号	典型职业活动名称	任务描述	工作对象	工作环境	工具	工作方法	劳动组织	工作要求	职业标准
1	入住办理（住宅区）	1. 统计客户服务费及其他费用 2. 准备核查入住各项文件资料 3. 核对客户资料 4. 请客户签署《业主公约》《责任书》等相关文件资料 5. 陪同客户验房，收好验房记录 6. 收取专项维修基金及其他费用 7. 验收合格后办理交接登记，向客户交钥匙	物业管理企业所管辖范围内需要办理入住的业主	该岗位工作环境条件：物业管理人员应具备上岗资格证书和相应的专业知识与技能，并有相应的工作责任心	1. 入伙通知书 2. 入伙手续书 3. 收楼须知 4. 缴款通知书 5. 用户登记表、验房书和房屋交接书 6. 现代办公设备	1. 设立办理不同手续的工作环节 2. 物业管理企业全程专人陪同、讲解	1. 设立入住办理指挥部 2. 在每一工作环节设立管理者 3. 每一环节配备好具有经验的工作人员	1. 在每一环节办理完手续后必须在入伙手续通知书签字盖章 2. 注意检查和保管好业主的各种证件，不要损坏、遗失 3. 注意检查业主在办理入住手续时应该缴纳的款项及具体金额，与相关文件进行核对 4. 用户登记表要妥善保管好，以便登记造册，作为日后的业主档案 5. 业主验房结束后一定要求业主在验房书上签字，以免产生不必要的纠纷 6. 在规定时间内，保质保量地完成任务 7. 遵守职业文明礼仪规范	1. 具有物业管理员职业资格 2. 熟悉客户入住办理的流程 3. 能够整理客户入住办理的各种资料 4. 能够向业主或使用人提供入住服务

续表

编号	典型职业活动名称	任务描述	工作对象	工作环境	工具	工作方法	劳动组织	工作要求	职业标准
2	入住办理（写字楼）	1. 准备核查入住各项文件资料，核对客户资料 2. 客户持《入住通知单》到物管处办理接收入住手续，查验各项资料 3. 资料经查验无误后，物业管理处进行客户登记，填制客户档案表，向客户发放《写字楼物业管理章程》《租户指南》等。客户代表共同查验承租区域物业设施，在《承租区域物业设施状况记录表》上签字 4. 物业管理处填写各项押金《收费通知单》，客户交纳水电押金到财务部 5. 客服部提供《客户服务手册》和物业服务项目明细，协助保洁部签订《入室清洁协议》及《花木租摆协议》，客户代表提供二次装修相关资料并约定具体洽谈时间	物业管理企业所管辖范围内需要办理入住的客户	该岗位工作环境条件：物业管理人员应具备上岗资格证书和相应的专业知识与技能，并有相应的工作责任心	1.《租户/业主入住通知单》 2.《租赁合同》《买卖合同》或《补充协议》	客户代表应全程陪同协助客户办理相关手续	1. 销售部向物管中心提供《租赁合同》《买卖合同》或《补充协议》复印件 2. 物业管理中心向各职能部门下发《房态预检单》，要求保证所租售房间干净、整洁，无破损，设施良好	1. 凭《租赁合同》《买卖合同》或《补充协议》等文件陪同客户办理各种手续 2. 注意检查和提醒客户保管好各种证件，不要损坏、遗失 3. 工程维修部检查、检修房间设施设备，保洁部清洁房间，安保部准备房间钥匙、门卡。要求保证所租售房间干净、整洁，无破损，设施良好 4.《客户资讯表》要妥善保管好，以便登记造册，作为日后的客户档案	1. 具有物业管理员职业资格 2. 熟悉客户入住办理的流程 3. 能够整理客户入住办理的各种资料

续表

编号	典型职业活动名称	任务描述	工作对象	工作环境	工具	工作方法	劳动组织	工作要求	职业标准
		6. 物管处发放钥匙，并以《工作通知单》的形式通知各部门及下属的维修、保安和保洁等人员，通知该租户正式入住。门卫、保洁和维修工作正式开始跟进			3.《房态预检单》		3. 客户代表陪同客户与各职能部门办理相关手续	5. 客服部提供《客户服务手册》和物业服务项目明细，协助保洁部签订《入室清洁协议》及《花木租摆协议》，客户代表提供二次装修相关资料并约定具体洽谈时间 6. 客户代表与客户确认搬入时间后，通知安保部为客户准备搬家所需电梯、通道和停车位，协助客户入住 7. 遵守职业文明礼仪规范	4. 能够向业主或使用人提供入住服务

续表

编号	典型职业活动名称	任务描述	工作对象	工作环境	工具	工作方法	劳动组织	工作要求	职业标准
3	客户退租管理	1. 接销售部下发的《客户退租通知单》 2. 向有关部门发《汇签表》，为客户办理各项迁出手续 3. 要求保证数据准确无误 4. 认真查收回收资源 5. 恢复待用状态	客户退租的物业项目	该岗位工作环境条件：物业管理人员应具备上岗资格证书和相应的专业知识与技能，并有相应的工作责任心	《客户退租通知单》《客户退租汇签单》	以《客户退租通知单》为前提，协助客户办理清退手续并检查清退物品	1. 接销售部下发的《客户退租通知单》后，要求客户填写客户离店物品清单 2. 向各职能部门下发《客户退租汇签单》 3. 各职能部门核查退租客户有无最新未出账单的结算费用 4. 认真按照相关规定审查各类押金的退还手续	1. 客服部按《客户退租通知单》要求客户填写出具客户离店物品清单 2. 由客服部向各职能部门下发的《客户退租汇签单》，各职能部门核查退租客户有无最新未出账单的结算费用，财务部核查客户各类欠费及押金，要求保证数据准确无误 3. 客服部与各个职能部门互相协作，认真查收回收资源，要求恢复待用状态 4. 要求客服部与其他职能部门认真按照相关规定审查各类押金的退还手续 5. 收尾过程中客服部整理封存客户档案，保洁部负责房间的打扫清理，保证房间处于待租状态	1. 具有物业管理员职业资格 2. 熟悉客户退租与迁出程序 3. 能够向业主或使用人提供退租、迁出服务

续表

编号	典型职业活动名称	任务描述	工作对象	工作环境	工具	工作方法	劳动组织	工作要求	职业标准
4	前台接待	1. 客户来电、来访和来信接待处理 （1）及时接听客户电话 （2）客户来访，应主动起身招呼 （3）认真做好记录，能处理的事情就立即落实解决 （4）不能处理的事情应向客户说明，并向领导及时汇报 （5）处理结束后，在接待记录上填写处理情况 2. 客户报修接待 （1）填写《维修任务服务单》 （2）及时通知工程部，派人上门维修 （3）维修人员上门后应向客户告知价格，客户认可后方可开始工作 （4）维修结束后，在《维修任务服务单》填写金额，请客户确认 （5）请客户到管理处交付费用 3. 客户投诉接待 （1）详细记录客户投诉的时间、投诉人、事由和联系方式等相关信息 （2）根据投诉内容，开出客户投诉处理单，送有关部门处理。 （3）跟踪投诉处理情况 （4）将投诉处理情况进行登记 （5）对处理结果进行回访 4. 走访与回访 （1）定期或不定期走访客户 （2）发放调查问卷 （3）根据工作需要，能够进行电话与上门走访、回访	物业的业主和房屋使用人	该岗位工作环境条件：相应的专业知识与技能，并有相应的工作责任心	电话机、计算机、传真机	1. 登记记录来电或到访者情况 2. 语言表达沟通 3. 礼仪接待技巧 4. 转接来电或给来访者指示路径	设立前台接待岗位，并配足相应的人员，以供倒班工作的需要；配备好相应的设备	1. 表现出良好的个人职业综合形象 2. 良好的语言表达能力与沟通能力 3. 掌握基本接待礼仪 4. 文件及记录登记准确，信息传达及时快捷 5. 能根据场合调整接待的方式方法	1. 接受专业训练 2. 具有较好的职业形象和清晰甜美的声音 3. 熟悉日常客户接待的内容与流程 4. 具有良好的应变能力

续表

编号	典型职业活动名称	任务描述	工作对象	工作环境	工具	工作方法	劳动组织	工作要求	职业标准
5	档案管理	客服部对客户、业主的档案资料进行有效的收集、整理和存档，对有变动的资料要及时整改	物业的业主和使用人，物业资料、设备设施资料及其他资料	该岗位工作环境条件：相应的专业知识与技能，并有相应的工作责任心	1．客户档案目录表 2．档案查阅申请单 3．归档用品（如档案盒）	资料卷宗存档	1．设有专门或兼职管理人员 2．建立存档制度	1．客服部接到客户入住通知书时为其客户建立档案夹及档案电子版 2．档案夹包括《入住通知单》《租赁合同》副本、《营业执照》副本、《客户资讯表》《电表确认单》《客户入住转签单》和《房间内装/设施/设备记录》，如客户进行装修要有《二装资料》 3．客服部要对档案的资料每月进行整理，发现手续不齐的要立即补齐 4．客户档案原则上不外借，因工作需要查看的，可以当面查阅，如有特殊需要，经主管签字同意，可办理借阅，用毕要及时归还 5．因工作需要复印客户档案时，需说明用途、复印要求和数量，经项目经理批准后方可复印	1．具有执业资格 2．能够建立与管理物业管理档案

续表

编号	典型职业活动名称	任务描述	工作对象	工作环境	工具	工作方法	劳动组织	工作要求	职业标准
6	收费	按国家有关规定催缴与收缴物业管理费、取暖费、车位费和其他费用	物业管理企业所管辖范围内的业主和房屋使用人	该岗位工作环境条件：物业管理人员应具备上岗资格证书和相应的专业知识与技能，并有相应的工作责任心	1. 收费标准 2. 业主即房屋使用人的房屋面积档案资料、有无车辆资料 3. 收费所需的验钞机、发票等	1. 上门收缴 2. 办公场所收缴	1. 按标准在某一时期统一收缴费用 2. 对在规定时期未缴费者进行催缴 3. 做好缴费记录	1. 每一项收费完成后要开好发票并做好相应的记录 2. 催缴费时注意文明礼貌用语的使用 3. 业主任何时间来缴费都应该热情接待 4. 业主和房屋使用人缴费记录和发票底联要保存完好，以备查用 5. 在规定时间内完成，保质保量地完成任务 6. 遵守职业文明礼仪规范	应该具有物业管理人员上岗资证书，能够按时收取物业管理费用，能够代收水费、电费和气费等（详见《物业管理员国家职业标准》）
7	费用催缴（写字楼）	客服中心每月底向财务部报送客户下月各种费用的挂账明细，并从财务部领取大厦客户的《收费通知单》后发放给大厦客户，要求客户在账单签收单上签字。	大厦使用客户	该岗位工作环境条件：物业管理人员应具备上岗资格证书和相应的专业知识与技能，并有相应的工作责任心	1.《收费通知单》 2.《账单签收单》 3.《客户欠费情况一览表》 4.《欠费催缴通知书》	1. 上门收缴	1. 常年设立收费人员 2. 适时组织人员进行催费	1. 客服部代表每天同财务部核对客户当天的交费情况 2. 根据客户的交费情况进行电话催缴费用 3. 每月固定日期向客户发放《欠费催缴通知书》 4. 每月《欠费催缴通知书》发出10日后向客户发放《欠费最后催缴通知书》	应该具有执业资格，能够按照物业管理收费标准收取费用，能够代收水费、电费和气费等

续表

编号	典型职业活动名称	任务描述	工作对象	工作环境	工具	工作方法	劳动组织	工作要求	职业标准
		根据客户的交费情况进行电话催缴费用，下发《欠费催缴通知书》后继续下发《欠费最后催缴通知书》以客信的形式向未缴纳费用的客户讲明政策或上门收费			5.《欠费最后催缴通知书》 6.《挂账明细单》	2. 办公场所收缴	3. 可安排人员上门收费	5. 每月发放《欠费最后催缴通知书》5日后，以客信的形式向未缴纳费用的客户讲明政策 6. 客服部代表根据客户的实际情况可到客户房间收取费用	
8	客户投诉处理（写字楼）	物业接到投诉后由项目中心主管负责接听、接待，认真而关切地听客户诉说。告知客户大厦需要多长时间才能解决这些问题，同相关部门协调解决投诉问题，认真记录客户谈话要点，并在《投诉处理记录单》上写明解决方案、完成时间。	大厦使用客户	该岗位工作环境条件：物业管理人员应具备上岗资格证书和相应的专业知识与技能，并有相应的工作责任心	1.《投诉处理记录单》 2.《重大事件报告》	倾听、记录和汇报	1. 客服部主管接待并处理投诉（电话或来访） 2. 做好相关记录	1. 客户以电话或其他形式进行投诉，服务前台应立即将电话或当事人交予客服部主管 2. 客服部主管负责接听、接待，项目中心主管要认真而关切地听客户诉说，不要推脱责任，要避免分散精力，同时处理几件事	应该具有执业资格，能够做好客户的接待工作，并处理一般客户投诉。能够按照《物业管理员国家职业标准》进行规范的接待客户投诉工作

续表

编号	典型职业活动名称	任务描述	工作对象	工作环境	工具	工作方法	劳动组织	工作要求	职业标准
		项目中心主管监督解决问题的进程，跟踪问题的解决，并撰写《重大事件报告》后对客户进行回访			3．《客户投诉处理统计表》		3．重大问题及时汇报	3．客服部主管要赶到现场对客户进行安抚工作并根据现场情况通知相关部门解决当前问题，告诉客户解决措施是什么，并让客户选择合适的方法，但不要做超过自己权限的许诺。如有必要由项目中心经理负责约见客户领导并给出解决方案 4．客服部主管应告知客户大厦需要多长时间才能解决这些问题，并同相关部门协调解决投诉问题，认真记录客户谈话要点，在《投诉处理记录单》写明解决方案、完成时间 5．客服部主管监督解决问题的进程，跟踪问题的解决，与客户联系确认客户是否满意，最后撰写《重大事件报告》后向客服部经理汇报整个投诉处理的过程 6．投诉解决之后由客服部主管对客户进行回访 7．每月由客服部主管统计填写《客户投诉处理统计表》并向客服部经理汇报	

续表

编号	典型职业活动名称	任务描述	工作对象	工作环境	工具	工作方法	劳动组织	工作要求	职业标准
9	会议服务	在主管的安排下，做好会前准备工作、会中服务工作和会后收尾工作	物业管理企业的会议室及参加会议的人员	该岗位工作环境条件：相应的专业知识与技能，并有相应的工作责任心	1. 会议桌 2. 茶具 3. 清扫卫生用具	微笑服务、礼貌服务	接受公司指令，由部门经理组织实施会前、会中和会后的各项工作	1. 在会议中心主管的领导下，负责会议的接待、服务工作 2. 遵守各项规章制度，用《员工手册》规范自己的行为 3. 配合会议主办方做好会议前期各项准备工作 4. 遵守服务程序和服务规范，有礼貌地接待客人 5. 工作中仪容整洁，做好会议的接待、服务和协助结账工作 6. 负责会议中心的清洁卫生工作 7. 负责会议中心的设备、设施正常使用，定期维护保养 8. 参加部门组织的专业培训 9. 服从管理，随时听从上级的工作安排	1. 接受专业会议服务训练 2. 外形较好
10	装修管理	（一）该职业活动应完成的工作 1. 接受装修人报请 2. 收集和审核装修资料 3. 审批开工手续 4. 装修施工检查 5. 验收	物业管理企业所管辖范围内的对房屋进行二次装修的业主和房屋使用人	该职业活动主要是由工程管理人员完成的。	1.《业主公约》 2.《装修申请表》	1. 文件记录法 2. 现场检查业主房屋装修	1. 企业经理负责装修申请的审批及重大违章装修的处理	1. 业主和房屋使用人按规定填写装修申请表 2. 如果动用明火要求业主和房屋使用人及施工单位填写动用明火申请表	能够阅读简单的建筑工程图，能够进行房屋安全管理，能够拟订房屋装饰、装修管理制度（详见《物业管理员国家职业标准》）

续表

编号	典型职业活动名称	任务描述	工作对象	工作环境	工具	工作方法	劳动组织	工作要求	职业标准
		（二）完成该职业活动的工作过程 1. 装修人提出装修申请，办理人员告知装修人和装修企业备齐资料，包括物业所有权证明、申请人身份证、装修设计方案和装修施工单位资质等 2. 接待装修人填写装修申报表，必要时还应要求其提供相关图纸资料等 3. 核查：依所报申请，与原建筑情况进行确认与核实 （1）根据各项法规和规定进行装修申报表的核查，并应该在规定工作日（一般为 3 个工作日）内予以答复 （2）超出管辖范围的，报上级主管部门并应该在规定工作日内（一般为 3 个工作日）予以答复 4. 办理开工手续 （1）装修人按有关规定向管理处交纳装修管理费和装修押金 （2）为装修企业办理施工卡 （3）要求装修企业备齐灭火器等消防器材 5. 施工：对施工时间、材料的进出口、施工要求、垃圾清运和环境保洁进行跟踪管理 6. 验收：现场对装修申报方案和装修实际结果进行比较验收，验收合格签署书面意见，以便装修人押金的退还办理。验收不合格，提出书面整改意见，要求装修人和装修企业限期整改。发生分歧、无法统一意见或装修人拒不接受的，报请上级主管部门处理 7. 资料的整理与归档		该岗位工作环境条件：工程管理人员应具备上岗资格证书和相应的专业知识与技能，并有相应的工作责任心	3.《动用明火申请表》 4.《装修许可证》 5.《装修验收书》	3. 礼仪沟通法 4. 质量检查法	2. 部门主管级领导负责装修申请的审核及一般违章装修的处理 3. 相关管理员负责根据相关规定实施装修施工检查、验收工作 4. 财务组负责核收装修押金等相关费用 5. 保安组（队）负责装修施工人员的管理 6. 工程部门负责装修施工中的水电管理 7. 保洁部门负责装修垃圾的清运工作 8. 此项工作需由客服、工程、安保和保洁等部门相互配合与支持，方能够促使装修工作正常进行	3. 施工单位要每人持有出入证上岗，物业工程管理人员要经常检查 4. 对隐蔽工程一定要提前验收 5. 装修结束后要验收并填写好装修验收书，以备查用 6. 遵守职业文明礼仪规范	

表 8.2　物业管理用电巡检、维修典型职业活动分析

编号	典型职业活动名称	工作过程描述	工作对象	工作岗位	工具	工作方法	劳动组织	工作要求	职业标准
1	用电巡检	（一）该职业活动应完成的工作 维修电工按照该物管企业的规制对共用电气设备设施进行日常巡检、记录，包括对小区低压配电室、共用道路路灯、业主共用配电箱、变频泵（消防泵）房的配电设备和共用供电线路及其他涉及用电的共用设施设备、部位等	所管辖区域内的物业共用电气设备设施，包括对小区低压配电室、共用道路路灯、业主共用配电箱、变频泵（消防泵）房的配电设备和共用供电线路及其他涉及用电的共用设施设备部位等	该职业活动主要是由维修电工完成的。	1．企业巡检规制 2．巡检记录表格 3．记录用笔	1．实地调查法 2．文字记录法	1．该职业活动主要任务是对共用电气设备设施进行巡检和记录，因此完成本职业活动的主体为工程部门的维修电工、主管（或部门经理）和主管经理；另外，还需企业的质量控制管理部门予以配合，进行质量检查、控制，或工程部门自查	1．企业的要求：严格按企业的规制完成巡检和维修，达到相应的修复标准，节约成本，不出现人身和财产损失 2．从业者的利益：保障自身的人身安全，有相应的劳动保障用具和措施	具备职业道德基本知识，遵守法律、法规和有关规定；爱岗敬业，具有高度的责任心。同时，应掌握电工、钳工、安全文明生产与环境保护、相关法律法规和质量管理知识（详见《维修电工国家职业标准》）

续表

编号	典型职业活动名称	工作过程描述	工作对象	工作岗位	工具	工作方法	劳动组织	工作要求	职业标准
		（二）完成该职业活动的工作过程 按规制对公用电气设备设施进行巡视检查，对检查情况进行详细记录，填制相关记录表格。若无问题，至此结束工作；发现问题或隐患，按规制向上级报告（必要时对问题或隐患要录像或拍照，留存证据）。按规制或上级指示及时处理（或维修发现的问题和隐患，见用电维修）。品质管理部门要对处理情况进行质量检查或自查，防止隐患继续留存。做好处理记录，存档备查		该岗位工作环境条件：电工具备上岗资格证书和相应的职业操作技能，并有相应的工作工具来完成该工作	4. 绝缘工具，包括绝缘手套、鞋（靴）等 5. 质量验收表格 6. 处理记录	3. 质量检查法	2. 具体工作任务的劳动组织：工程部门主管按企业规制分派维修电工负责日常巡检和记录。巡检时，巡检人员应对有关设备的数据、运行状况进行详细记录，无异常时，此项工作即可结束；当有异常情况发生时，巡检人员应向上级报告，必要时要留存证据，同时应接受上级指示或按规制进行处理、维修。处理后，邀请品质管理部门进行质量检查或自查。最后，应将有关情况进行及时记录，归档备查	3. 服务对象的要求：以礼貌用语和行为与业主沟通，保障公用电气设备设施的正常运行，及时按标准修复保修故障，完成工作现场保洁工作，收费合理 4. 法律法规的要求：由业主和物业服务企业按照物业服务合同约定，对房屋及配套的设施设备和相关场地进行维修、养护和管理	

续表

编号	典型职业活动名称	工作过程描述	工作对象	工作岗位	工具	工作方法	劳动组织	工作要求	职业标准
2	用电维修	（一）该职业活动应完成的工作 1. 维修电工应具备电的基础知识，熟知并掌握常用工具的操作方法、电路图的识读和安全防护知识等内容，在此基础上开展职业活动 2. 维修电工对公用电气设备设施日常巡检中发现的问题进行处理、维修 3. 客服人员对业主有关电气报修进行接待，做好记录并通知工程部门。维修电工对业主报修的自用电气设备设施进行及时维修处理，主要包括对空气开关、控制开关、插座、灯管灯泡、日（荧）光灯和电气线路等设备设施进行维修、更换	1. 物业区域内所管辖的公用电气设备设施	该职业活动主要是由维修电工完成的，该岗位工作环境条件：电工具备上岗资格证书和相应的职业操作技能，并有相应的工作工具来完成该工作	1. 企业维修规制 2. 派工单 3. 电工工具和电器零部件	1. 实地调查法 2. 文字记录法 3. 质量检查法	完成本职业活动需由客服、工程和财务部门配合。具体任务分配：客服部门接受报修、派工和回访及记录工作，工程部门负责维修任务，财务部门负责收费。各部门需相互配合、各环节紧密相连，方可较好地完成此项工作。 该职业活动主要任务是按企业规制进行共用电气设备设施维修和及时为业主的报修提供维修服务，因此工程部门的工作应处于核心位置。	1. 企业的要求：严格按企业的规制完成巡检和维修，达到相应的业主满意度标准，节约成本，不出现人身和财产损失 2. 从业者的利益：保障自身的人身安全，有相应的劳动保障用具和措施	具备职业道德基本知识，遵守法律、法规和有关规定；爱岗敬业，具有高度的责任心和职业道德责任感。同时应掌握电工、钳工、安全文明生产与环境保护、相关法律法规和质量管理知识（详见《维修电工国家职业标准》）

续表

编号	典型职业活动名称	工作过程描述	工作对象	工作岗位	工具	工作方法	劳动组织	工作要求	职业标准
		4．维修电工对维修过程和相关情况进行详细记录，并存档备查 5．客服人员对业主进行维修服务回访，做好记录 （二）完成该职业活动的工作过程 发现巡检问题或隐患向上级报告，按上级指示处理发现的问题或隐患，处理后做好记录。客服员（维修接待人员，下同）接待业主的用电报修、记录，出具派工单。维修电工接派工单后准备工具和零部件，核实服务对象，赶往现场。维修电工进行维修，完成后请业主检查并签字，开具缴费通知单。维修电工向客服员反馈维修情况。客服员接待业主缴费、开具收费单据，同时进行回访和记录	2．业主报修的故障电气设备或部位		4.《缴费通知单》 5．收费单据 6.《回访记录单》	4．访问法 5．反馈法	此外，客服与财务部门应做好相应的后续回访和收费工作	3．服务对象的要求：以礼貌用语和行为与业主沟通，保障公用电气设备设施的正常运行，及时按标准修复报修故障，完成工作现场保洁工作，收费合理 4．相关法律法规的要求：物业服务企业可以根据业主的委托提供物业服务合同约定以外的服务项目，服务报酬由双方约定：与服务水平相适应的原则的服务	

表 8.3　物业管理水暖巡检、维修典型职业活动分析

编号	典型职业活动名称	任务描述	工作对象	工作岗位	工具	工作方法	劳动组织	工作要求	职业标准
1	水暖巡检	（一）该职业活动应完成的工作 水暖维修人员按照该物业企业的规章制度对共用部位的水暖设备进行日常巡检。 1. 水暖维修人员每天按规定时间巡检水泵房、各层污水泵房、污水池、各层水箱和水池 2. 每班巡视消防泵房、公共区域给排水设备 3. 不经常运行设备每周巡视一次 4. 其他设备依据天气及运行状况巡视 5. 巡视过程中，除发生紧急故障外，一般情况只记录、汇报，不处理	所管辖区域内的物业共用部位的水箱、泵房、消防泵、给排水设备及特殊设备	职业资格证书、职业操作技能及相应的工作工具；本辖区内保证安全操作的工作场所	1.《工程部工作手册》 2.《设备巡视检修记录》	1. 实地巡视法	工程部主管组织分配工程维修部的水暖维修人员按巡检制度对所管辖区内的公共水暖设备进行相应的巡检，做好相应的记录。当出现问题时应及时向上级领导报告，以便及时处理	1. 企业的要求：坚守岗位，做到随叫随到，及时为用户排忧解难；公共设施维护做到经常巡视检查，及时更换维修，杜绝跑、冒、滴、漏，消除各种隐患；端正服务态度，本着用户至上的原则，以各项服务达到用户满意为目的；维修工作要做到认真负责、一丝不苟，保质保量地完成各种类型工作；维修工作中要注意安全施工，施工现场要安全防火，正确管理和使用各种电动工具及小型机械 2. 从业者的利益：保障自身的人身安全，有相应的劳动保障用具和措施	具备职业道德基本知识，遵守法律法规和规章制度，具有高度的责任心

续表

编号	典型职业活动名称	任务描述	工作对象	工作岗位	工具	工作方法	劳动组织	工作要求	职业标准
		6.巡视内容主要包括：机房卫生、设备状态，有无异味、异常声响，有无跑、冒、滴和漏等现象，并认真填写记录 7.记录表格要干净、整齐，内容要详尽、真实，不得编造、涂改 （二）完成该职业活动的过程 按规章制度对共用部位的设备设施进行巡视检查，对检查情况作详细记录，填写记录至记录表格。若无问题，至此工作结束；发现问题或隐患，按规定向上级报告，按上级要求及时对问题和隐患做出相应的处理。做好处理记录，存档备查			3．工作工具及其他用具	2．文字记录法		3．服务对象的要求：以礼貌用语和行为与业主沟通，保障共用水暖设备设施的正常运行，及时修复故障，完成维修现场的保洁，收费合理 4．法律法规的要求：由业主和物业服务企业按照物业服务配套的设备设施进行维修、养护和管理	

续表

编号	典型职业活动名称	任务描述	工作对象	工作岗位	工具	工作方法	劳动组织	工作要求	职业标准
2	水暖维修	（一）该职业活动完成的工作 1．水暖维修人员对共用设备设施日常巡检中发现的问题进行处理、维修 2．客服人员对业主有关水暖的报修进行接待，做好记录并通知工程部门；水暖维修人员对业主报修的自用给排水及供暖设备设施进行及时维修处理，主要包括对跑、冒、滴、漏和管件、水龙头的维修与更换	1．物业区域内所管辖的共用水暖设备设施	水暖维修人员具备上岗资格证书和相应的职业操作技能，并有相应的工作工具来完成该工作	1. 企业维修规章制度 2. 派工单 3. 水暖维修工具和管道配件及零部件	1．现场巡视、检查、维修和文字记录	完成本职业活动需由客服、工程和财务部门配合，具体任务分配：客服部门接受报修、派工和回访及记录工作；工程部门负责巡检和维修任务；财务部门负责收费。各部门需相互配合、各环节紧密相连，方可较好的完成此项工作。 该职业活动主要任务是按企业规制进行公用水暖设备设施巡检和及时为业主维修，因此工程部门的工作应处于核心位置。	1．严格按企业的规制完成巡检和维修，达到相应的业主满意度标准，不出现人身和财产损失 2．从业者的利益：保障自身的人身安全，有相应的劳动保障用具和措施	具备职业道德基本知识，遵守法律、法规和有关规定；爱岗敬业，具有高度的责任心。 同时应掌握水暖、安全文明生产与环境保护、相关法律法规和质量管理知识

续表

编号	典型职业活动名称	任务描述	工作对象	工作岗位	工具	工作方法	劳动组织	工作要求	职业标准
		3. 水暖维修人员对维修过程和相关情况进行详细记录，并存档备查 4. 客服人员对业主进行维修服务回访，做好记录 （二）完成该职业活动的过程 发现巡检问题或隐患向上级报告，按上级指示处理发现的问题或隐患处理后做好记录。客服员（维修接待人员，下同）接待业主的水暖报修、记录，出具派工单。水暖维修人员接派工单后准备工具和零部件，核实服务对象，赶往现场。水暖维修人员进行维修，完成后请业主检查并签字，开具缴费通知单。水暖维修人员向客服员反馈维修情况。客服员接待业主缴费、开具收费单据，同时进行回访和记录	2. 业主报修的故障水暖设备或部位		4.《缴费通知单》 5. 收费单据 6.《回访记录单》	2. 接待来访和进行回访	此外，客服与财务部门应做好相应的后续回访和收费工作	3. 服务对象的要求：保障公用水暖设备设施的正常运行，及时按标准修复保修故障，收费合理 4. 法律法规的要求：物业服务企业可以根据业主的委托提供物业服务合同约定；以外的服务项目，服务报酬由双方约定；与服务水平相适应的原则的服务	

（二）物业管理技能型人才职业活动特点

通过分析物业管理技能型人才职业活动发现，物业管理技能型人才的服务与管理活动都是紧紧围绕着业主的需要展开的，而业主的需要是与自身情况和所处服务情景密不可分的，如图 8.1 所示。

	情景1	情景2	情景3	……
业主A	服务活动A1	服务活动A2	服务活动A3	……
业主B	服务活动B1	服务活动B2	服务活动B3	……
业主C	服务活动C1	服务活动C2	服务活动C3	……
⋮	⋮	⋮	⋮	

图 8.1　物业管理技能型人才活动情景导向示意图

从图 8.1 中可以看出，物业管理技能型人才采取什么服务活动，取决于业主的不同和情景的变化。业主可能因文化、年龄、身份、性别、信仰和情感等因素而不同；情景因所处环境、所办事项和时机等因素而变化。如果把业主也考虑到情景当中，物业管理技能型人才职业活动受情景所支配，即物业管理技能型人才职业活动具有典型的情景导向特点。

随着绿色低碳环保理念的深入和建筑高度的智能化，物业技术含量越来越高，通过分析物业管理技能型人才职业活动发现，在从事技术工作时，其职业活动都是严格按照各种标准规范和操作规程实施的，如图 8.2 所示。

	过程阶段1	过程阶段2	过程阶段3	……
任务A	活动A1	活动A2	活动A3	……
任务B	活动B1	活动B2	活动B3	……
任务C	活动C1	活动C2	活动C3	……
⋮	⋮	⋮	⋮	

图 8.2　物业管理技能型人才职业活动过程导向示意图

从图 8.2 中可以看出，物业管理技能型人才采取什么行动，取决于任务的不同和所处的过程阶段的变化。任务一旦确定，操作过程和规范标准就确定了。物业管理技能型人才职业活动受过程顺序所支配，即物业管理技能型人才职业活动具有典型的过程导向特点[①②]。

① 邓泽民，赵沛，2008．职业教育教学设计[M]．北京：中国铁道出版社．

② 邓泽民，赵沛，2009．职业教育教学设计[M]．2 版．北京：中国铁道出版社．

（三）物业管理技能型人才职业特质内涵

从物业管理技能型人才职业活动的分析工作发现，物业管理技能型人才不但具有典型的情景导向特点，还具有典型的过程导向特点。所以，物业管理技能人才要迅速、及时地把握业主服务需求心理预期，在工作中还要做到严格遵守工作程序、操作规范和技术标准。因为只有做到了这两点，服务时才能表现出良好的服务意识、沟通能力、法律观念和技术素质，解决企业提出的服务意识缺乏、沟通能力薄弱和技术粗糙等问题。因此，物业管理技能型人才的职业特质定义为依据服务情景，及时把握业主服务需求心理预期，严格按照工作程序、操作规范和技术标准，提供恰当服务的意识与素质。

四、物业管理专业教学整体解决方案设计

职业特质的形成取决于专业教学的各个方面和各个环节，为了发挥教学系统整体突现性原理的作用，本课题对物业管理专业教学进行整体解决方案设计。目前，有企业办学校、学校办企业及学校和企业合作办学三种形式，我国大多数学校采用企业办学校、和企业合作安排学生顶岗实习的形式。由于参加本课题研究的学校基本采用第三种办学形式，物业管理专业教学整体解决方案设计基于该种形式。

（一）专业的职业面向分析

适合中等职业学校物业管理专业毕业生的岗位群有 7 个，即客户服务、会议服务、物业管理收费、装修管理、水暖维修、电气维修和保洁管理；其能够胜任的典型职业岗位有 6 个，即客户服务人员、会议服务人员、档案管理员、收费员、水暖维修工和电气维修工；其可拓展的岗位有 3 个，即客服主管、质量监督员和物业管理收费主管。如果潜力更大、表现出色，则可延伸（提升）为更高层次的管理岗位，如相关部门的部长、经理等。

（二）就业证书需求的分析

根据人社部 2017 年颁布的《国家职业资格目录》的技术人员职业资格，物业管理专业的学生可考取由住房和城乡建设部相关机构、人社部门技能鉴定机构颁发的物业管理服务人员资格证书、智能楼宇管理员资格证书、电梯安装维修工资格证书。这些证书是从事物业管理工作的基本前提，因此，物业管理专业的学生取得其中一部分证书是其从事物业管理工作的基础。

（三）专业培养目标的确定

本专业培养具有良好的职业道德和行为规范，掌握物业管理专业岗位群必备的文化基础知识、专业知识和操作技能，能够在物业管理企业和其他企事业单位的生产、服务第一线从事客户服务、会议服务、装修管理、水暖电维修、电梯运行操作和绿化保洁管理等具体业务的技能型人才。

（四）专业课程体系的构建

课程分为公共文化课程和专业课程①②。公共文化课程包括语文、数学、英语、计算机应用基础、德育和体育等，具体要求按照教育部、北京市教育委员会有关规定执行。公共文化课程学时数不低于总学时数的 35%。专业课程和毕业实习环节学时数不少于总学时数的 50%，毕业实习环节按照教育部有关规定执行。校本课程由学校根据学校专业特色、用人需求和学生发展需求自行设置，学时数不超过总学时数的 15%。物业管理专业课程与对应的典型职业活动如表 8.4 所示。

表 8.4　物业管理专业与对应的典型职业活动

序号	课程名称	对应的典型职业活动	参考学时
1	物业档案管理	档案管理	36
2	物业接管与入住	入住办理	36
3	物业客户服务	前台接待、退租和投诉	72
4	物业装修服务与管理	装修管理	36
5	物业收费管理	收费与催费	36
6	物业环境管理	绿化与保洁	72
7	物业电器设备管理与维修	楼宇意外停电的应急和维修 荧光灯组装与维修 变配电室巡检和工作交接 触电急救实训	36
8	物业房屋设备管理	水暖维修	72
9	安全秩序与管理	治安管理	72
10	物业会议服务	会议服务	36

以下为部分课程标准的介绍。

① 邓泽民，陈庆合，2006．职业教育课程设计[M]．北京：中国铁道出版社．

② 邓泽民，陈庆合，2011．职业教育课程设计[M]．2 版．北京：中国铁道出版社．

1. 物业档案管理的课程标准

（1）课程性质

物业档案是随着物业管理行为的出现而产生的，是物业项目最直接、最原始的历史记录。虽然其工作不是物业管理工作的主要环节，但是其重要的地位不容忽视。物业管理工作开展后，几乎每一个环节都离不开档案，无论是维修、养护物业设施，还是了解业主及物业使用人的情况，又或是收取管理费用等，都要用到物业档案。因此，规范化、科学化的物业档案管理将会为物业管理活动的顺利开展提供有力保障。本课程以模拟物业公司正式办公要求的形式开展教学训练活动，主要包括档案资料的收集、整理、鉴定与保管。

（2）参考学时

本课程的总学时为 36 学时。

（3）课程学分

本课程的学分为 2 学分。

（4）课程目标

使学生能够对从物业管理各部门收集的文件材料进行分类，并对有保存价值的文件材料按其所属类别进行登记；能够认真按照物业档案文件更改程序的要求进行相关文件的更改工作；能够准确填制立卷工作中的目录表格，正确整理并装订档案案卷。

（5）课程内容

在典型职业活动分析的基础上，对物业档案管理——档案管理的具体描述如表 8.5 所示。

表 8.5　物业档案管理——档案管理

专业名称	课程/典型职业活动名称	参考学时
物业管理	物业档案管理/档案管理	36
典型职业活动描述： 1. 准确而及时地收集物业公司各部门产生的文件材料 2. 将文件材料按照物业档案分类标准进行分类 3. 依据物业档案鉴定工作原则，准确地判断各种文件价值的大小，以此划分文件的保存期限 4. 整理待归档文件，进行档案全宗的划分，全宗内档案的分类、立卷、卷内文件的排列、案卷的编目、案卷的排列、案卷目录的编制等一系列工作程序 5. 采用正确的档案保管方法，进行物业档案的保管工作，并能够正确使用各种档案保管工具		
学习目标： 一、知识目标 1. 档案的收集 （1）学会档案管理的基本专业知识		

续表

（2）把握物业管理文件材料形成的基本要求
（3）知道物业档案文件归属的 10 个大类
（4）能够正确建立和履行归档手续
（5）正确执行物业档案更改程序
2．档案的整理鉴定
（1）知道各类档案立卷的方式与要求
（2）学会档案整理立卷过程中各种目录表格的填制方式
（3）学会文件档案装订要求与装订方式
（4）学会鉴定物业档案价值的因素与保管期限表的划分标准
3．档案的保管
（1）知道物业档案保管的工作原则与物质条件
（2）学会档案保管用具的使用方式与保存注意事项
二、技能目标
1．能够将从物业管理各部门收集的文件材料进行分类，并将有保存价值的文件材料按其所属类别进行登记；能够认真履行物业档案文件更改程序要求，进行相关文件的更改工作
2．准确填制立卷工作中的目录表格等；正确整理并装订档案案卷
3．正确使用档案保管用具
三、情感目标
培养认真负责、严谨的工作作风

学习内容：
一、档案的收集
1．能够及时、准确地从物业管理公司各部门和个人手中收集文字、图表、录音、录像等各种形式的文件材料
2．知道物业档案文件归属的 10 个大类
3．学会正确地将收集的文件材料进行类别归属的划分
4．能够根据档案管理用品要求，用 70 克 A4 纸制作文件材料收集、分类、保管的登记用表，用签字笔或钢笔（碳素墨水笔）进行登记
5．知道进行档案资料信息内容更改的程序要求，并能够以更换、划改或刮改的方式进行材料信息的更改，准确地在登记表中记录相关更改信息及加盖更改章
二、档案的整理鉴定
1．学会制作档案整理工作中的专业用表，如案卷封面、卷内备考表、卷内目录表、案卷总目录、案卷分类目录、档案保管期限表等，并学会正确填制上述用表
2．知道各类档案的立卷单位，如房产档案以房屋单元为一个立卷单位
3．知道案卷的组成（由上到下的排放次序为案卷封面、卷内目录、文件资料、卷内备考表、案卷封底），能够按照组卷要求正确地将收集的文件材料进行组卷
4．学会在组卷工作中正确填制相关表格，如案卷封面、卷内目录等
5．知道装订型档案的装订要求——三孔一线，并学会用针、线等装订用具按照装订要求进行档案的装订；知道非装订型档案在档案盒中的排放次序
6．清楚鉴定档案价值大小的标准，并能够依据标准正确划分档案的保管期限（永久、长期、短期），并在档案保管期限表中记录相关信息
三、档案的保管
1．知道物业档案保管的工作原则与工作要求
2．清楚档案保管工作的物质条件要求，如库房要求、存藏环境要求等

续表

3．学会档案保管用具的使用方式，如档案盒、档案袋、档案架、档案柜等 4．知道档案架在库房中的摆放次序（面对库房主通道，左手第一排为首排，右手第一排为末排）及档案在档案架中的排放次序要求（先上后下、先左后右）
检测方式： 以组为单位，完成物业档案管理的全部工作过程，即物业管理各部门中档案资料收集—整理鉴定—保管。 考核等级： 高级（85～100分）——文件材料收集范围完整、分类准确、归档记录完整无误、文件更改方法科学、工整、规范；档案资料组卷方式准确，档案盒、档案袋、案卷封面、卷内目录表、卷内备考表、案卷总目录、案卷分类目录填写内容工整、美观、准确；案卷装订美观、正确；准确、熟练地掌握档案保管储藏条件数据要求与档案用具的使用方法。 中级（70～84分）——文件材料收集范围比较完整、分类准确、归档记录完整无误、文件更改方法规范；档案资料组卷方式准确，档案盒、档案袋、案卷封面、卷内目录表、卷内备考表、案卷总目录、案卷分类目录填写内容工整、准确；案卷装订正确；准确地掌握档案保管储藏条件数据要求与档案用具的使用方法。 初级（60～70分）——文件材料收集范围正确、分类准确、归档记录准确、文件更改方法正确；档案资料组卷方式正确，档案盒、档案袋、案卷封面、卷内目录表、卷内备考表、案卷总目录、案卷分类目录填写内容正确；案卷装订正确；比较正确地掌握档案保管储藏条件数据要求与档案用具的使用方法

（6）实施建议

1）本课程将学生分为若干小组，以组为单位，开展实训教学活动。

2）开展教学前需要准备教学用品，包括文件盒、文件夹、文件袋、70克A4纸、碳素墨水、档案盒、档案袋、档案管理用表（如案卷封面、卷内目录表、卷内备考表、案卷总目录、案卷分类目录等）、案卷装订工具（线、针等）等。

3）教学训练环节及流程按照档案管理工作真实场景设计，具体内容如下：①档案管理人员收集或接收各部门中有价值的文件资料；②按照部门将文件进行分类；③将收集来的材料按类进行登记造册；④需更改的文件按照档案更改手续进行信息的更改；⑤鉴别各类文件材料，判别有无保存价值，存留有价值的文件；⑥按照各类档案的立卷标准进行档案立卷，并填写相应的案卷封面、卷内目录表、卷内备考表；⑦进行案卷的装订与整理；⑧填制案卷总目录、案卷分类目录等；⑨鉴定档案价值大小，确定保存期限，填写相关登记表；⑩档案入库保管。

（7）说明

1）为便于本课程的教学安排，需占用活动教室一间。

2）教学用品（如档案袋、档案盒等）采用档案管理工作标准用品，并保证数量充足等。

2. 物业接管与入住的课程标准

（1）课程性质

本课程是物业管理专业的一门主干专业课程，主要包括物业管理的基本服务内容与程序及基本服务方法。物业接管与入住是物业管理专业岗位群应必备的基本理论素质和专业业务素质的基本要求，是从事物业管理工作的先决条件之一。

通过该门课程的学习，学生对物业管理的服务范围和基本业务项目有了概括的认识和把握，具备基础的物业管理实务知识和技能，熟练应用物业管理规定、检验标准和方法，能够进行基本的物业管理工作。教学中应注意解决好两个问题：物业服务程序与方法。对于学生明确物业服务工作技能要求，促进以后物业管理服务工作的专业知识和业务技能水平的提高，有着重要的基础奠定作用和积极的指导作用。

（2）参考学时

本课程的总学时为 36 学时。

（3）课程学分

本课程的学分为 2 学分。

（4）课程目标

熟悉物业管理服务的过程及物业管理的基本工作内容；知道物业服务的基本理论与方法技巧，明确物业入住管理的基本流程与要求，学会处理物业服务工作的各项基本技巧，独立完成物业项目入住办理工作。熟悉客户服务礼仪规范及操作规程，做到文明服务、礼貌待人，懂得如何与业主打交道，养成认真细致的工作态度及科学严谨的实训作风与习惯，提高就业的竞争力。

（5）课程内容

在典型职业活动分析的基础上，对物业接管与入住——入住办理的具体描述如表 8.6 所示。

表 8.6　物业接管与入住——入住办理

专业名称	课程/典型职业活动名称	参考学时
物业管理	物业接管与入住/入住办理	36
典型职业活动描述： 1．根据物业项目要求统计客户服务费及其他费用表 2．准备核查入住各项文件资料并装袋 3．核对客户资料 4．请客户签署《业主公约》《责任书》等相关文件资料 5．陪同客户验房、收房 6．收取专项维修基金及其他费用 7．验收合格后办理交接登记，向客户交钥匙		

续表

学习目标： 掌握客户入住接待人员应做好的准备工作内容，明确客户入住手续办理的过程与要求；能够统计、核对整理各项入住前的资料；能够做好入住前的各项设备和环境的准备工作；能够按照物业交接程序陪同客户办理各项入住手续
学习内容： 1．熟悉各种入住需要准备的资料与事务性工作 2．能够核对各项文件资料并进行装袋 3．能检查物业管理区域内的设备运行及客户房屋内的保洁情况 4．能够按照规定的流程陪同业主进行查验、签署各项协议、收费、验房、交接登记和发放钥匙等各项工作 工作要求： 1．在每一环节办理完手续后，必须在入伙手续通知书上签字盖章 2．注意检查和保管好业主的各种证件，不要损坏、遗失 3．注意检查业主在办理入住手续时应该缴纳的款项及具体金额，与相关文件进行核对 4．用户登记表要妥善保管好，以便登记造册，作为日后的业主档案 5．业主验房结束后一定要业主在验房书上签字，以免相互扯皮 6．在规定时间内，保质保量地完成任务 7．遵守职业文明礼仪规范 工作方法： 1．设立办理不同手续的工作环节 2．物业管理企业全程专人陪同、讲解 教学工具： 入伙通知书、入伙手续书、收楼须知、缴款通知书、用户登记表、验房书、房屋交接书和现代办公设备。 劳动组织： 1．设立入住办理指挥部 2．在每一工作环节设立管理者 3．每一环节配备好具有经验的工作人员 职业标准： 1．具有物业管理员职业资格 2．熟悉客户入住办理的流程 3．能够整理客户入住办理的各种资料 4．能够向业主或使用人提供入住服务
检测方式： 能独立完成物业项目入住办理小组所分配的任务。 考核等级： 高级——能在小组中独立完成所分配的任务，到位准确，效果显著，无任何工作失误，且个人评价为 90 分以上，实训小组成绩为 80 分以上。 中级——能在小组中独立完成所分配的任务，并能达到实训的目标要求，且实训个人评价为 75 分以上，实训小组成绩为 70 分以上。 初级——能在小组成员的帮助下基本完成所分配的任务，并能基本达到实训的目标要求，且个人评价与实训小组成绩均为 60 分以上

（6）实施建议

1）课程涉及的内容多、范围广，教学的重点放在基本知识、具体操作和实施上，理论讲授应精讲。该课程涉及许多具体操作，对一些步骤及要求要讲清楚。课程实用性很强，在理论讲授上，要结合物业管理中常见的问题进行讲解。

2）在物业技能操作教学方面，应以物业工作的具体任务为出发点实行训练，使学生能在最贴近实际的工作情景下学习各项技能。

3）实训课程应采用小班教学，便于分组实行物业工作任务，保证实践课程的学时和学生参与实践的效果。

4）物业管理是一个正在发展的学科，要通过资料知识反映最新情况。

5）教学过程可采用课件、录像、VCD 等多媒体教学手段。

3. 物业客户服务的课程标准

（1）课程性质

本课程是物业管理专业的一门主干专业课程，主要包括物业管理的基本服务内容与程序及基本服务方法。物业客户服务是物业管理专业岗位应必备的基本理论素质和专业业务素质的基本要求，是从事物业管理工作的先决条件之一。

通过该门课程的学习，学生对物业管理的服务范围和基本业务项目有了概括的认识和把握，具备基础的物业管理实务知识和技能，熟练应用物业管理规定、检验标准和方法，能够进行基本的物业管理工作。教学中应注意解决好两个问题：物业服务程序与方法。对于学生明确物业服务工作技能要求，促进以后物业管理服务工作的专业知识和业务技能水平的提高，有着重要的基础奠定作用和积极的指导作用。

（2）参考学时

本课程的总学时为 72 学时。

（3）课程学分

本课程的学分为 4 学分。

（4）课程目标

熟悉物业管理服务的过程及物业管理的基本工作内容；知道物业服务的基本理论与方法技巧，明确物业入住管理、入驻与退租、前台接待的基本流程与要求，学会处理物业服务工作的各项基本技巧，独立完成物业项目入住与退租的办理工作。熟悉客户服务礼仪规范及操作规程，做到文明服务、礼貌待人，懂得如何与业主打交道，养成认真细致的工作态度及科学严谨的实训作风与习惯，提高就业的竞争力。

（5）课程内容

在典型职业活动分析的基础上，对物业客户服务——入住与退租办理和物业客户服务——退租、投诉管理的具体描述分别如表 8.7 和表 8.8 所示。

表 8.7　物业客户服务——入住与退租办理

专业名称	课程/典型职业活动名称	参考学时
物业管理	物业客房服务/入住与退租办理	36

典型职业活动描述：

1．核查要办理入住的客户的资料并做好入住准备工作

2．协助客户办理各项手续，交纳各项费用

3．通知各部门在入住办理完毕后开展工作

4．下发《客户退租通知单》后为客户办理各项迁出手续

5．认真查收回收资源，恢复待用状态

学习目标：

能够独立进行客户入住与退租的陪同与办理工作，能够会同相关部门进行手续核查，能够完整记录信息

学习内容：

1．熟悉入住资料《租户/业主入住通知单》《租赁合同》《买卖合同》或《补充协议》，明确要办理的各项手续

2．核查入住各项文件资料，核对客户资料

3．协助客户到物业管理处进行租户登记，填制租户档案表

4．协助客户交纳各项费用及签署各项协议

5．发放钥匙，并以《工作通知单》的形式通知各部门及下属的维修、保安和保洁等人员，通知该租户正式入住。门卫、保洁和维修工作正式开始跟进

6．经营部发出《客户退租通知单》，向有关部门发出汇签表

7．各职能部门核查退租客户费用及押金，认真办理各类押金的退还，要求保证数据准确无误

8．以《客户退租通知单》为前提，协助客户办理清退手续，并检查清退物品。客服部与各个职能部门互相协作，认真查收回收资源，要求恢复待用状态

9．收尾过程中，客服部整理封存客户档案，保证房间处于待租状态

工作要求：

1．陪同客户办理各种手续，注意检查和提醒客户保管好各种证件

2．各个部门严格履行部门职责，要求保证所租售房间干净、整洁，无破损，设施良好

3．各种协议、合同等档案按要求签署、准确无误、不得遗失，以便登记造册，作为日后的客户档案

4．在客户入住过程中，要尽最大努力为客户提供服务，协助客户入住

5．在退租过程中要准确开具各项单据，核查客户离店物品清单

6．费用及押金结算要全面、快捷，要求保证数据准确无误

7．客服部与各个职能部门互相协作，认真查收回收资源，要求恢复待用状态

8．遵守职业文明礼仪规范

工具：

《租户/业主入住通知单》《租赁合同》《买卖合同》《补充协议》《房态预检单》《客户退租通知单》和《客户退租汇签单》。

工作方法：

客户代表应全程陪同客户，解决客户问题、协助客户办理相关手续。

劳动组织：

1．设立入住办理指挥部

2．在每一工作环节设立管理者

3．每一环节配备具有经验的工作人员

续表

职业标准：
1. 具有物业管理员职业资格
2. 熟悉客户入住、退租办理的流程
3. 能够整理客户入住、退租办理的各种资料
4. 能够向业主或使用人提供入住与退租服务

检测方式：
能独立完成物业项目入住办理小组所分配的任务。
考核等级：
高级——能在小组中独立完成所分配的任务，到位准确，效果显著，无任何工作失误，且个人评价为 90 分以上，实训小组成绩为 80 分以上。
中级——能在小组中独立完成所分配的任务，并能达到实训的目标要求，且实训个人评价为 75 分以上，实训小组成绩为 70 分以上。
初级——能在小组成员的帮助下基本完成所分配的任务，并能基本达到实训的目标要求，且个人评价与实训小组成绩均为 60 分以上

表 8.8　物业客户服务——退租、投诉管理

专业名称	课程/典型职业活动名称	参考学时
物业管理	物业客户服务/退租、投诉管理	36

典型职业活动描述：
1. 客户来电、来访和来信接待处理
2. 客户报修接待
3. 客户投诉接待
4. 根据工作需要进行走访与回访

学习目标：
使学生在加深对语言、行为的社会本质和交际功能的认识基础上，掌握客户服务礼仪的基本规律，提高学生的精神文明程度和文化修养，得体地处理物业服务工作中的交际礼仪，增强业主的信赖感，提高客户服务质量，能够独立进行客户接待工作，能够与客户进行良好的沟通并解决客户问题，能够完整记录接待信息

学习内容：
学习仪表仪容要求及各种服务规范用语，能够按照标准做好以下物业管理接待工作：
1. 客户来电接待
（1）电话铃声响 3 次前立即接听电话
（2）接听时先说："您好，这里是……"语速适中，吐字清晰
（3）做好来电接待记录
（4）如客户要找的服务人员不在，应做好记录，并及时转告
2. 客户来访接待
（1）客户来访时，立即起身，主动打招呼
（2）面带微笑请客户入座，双手送茶
（3）礼貌询问客户的姓名、住处
（4）仔细、耐心地倾听客户来访事由，一般不要打断客户说话。未听明白时，应说："对不起，请您再说一遍，好吗？"

续表

<table>
<tr><td>（5）认真做好记录，能处理的立即落实解决；若有些事情不能处理，应说：“对不起，我马上向……汇报，尽快给您一个答复。”
3．客户问询接待
帮助客户解答或解决问题。
（1）当客户询问时，应说：“您好，我能为您做什么？”
（2）听清问题，及时处理；听不清时，应说：“对不起，我想再问一下。”
（3）问题解决后，道别：“您走好，再见。”
4．客户报修接待
（1）客户无论采用何种形式报修，接待人员都应填写《维修服务任务单》
（2）及时通知工程部门，派人维修
（3）24 小时内电话或上门回访
5．客户投诉接待
（1）做好客户投诉登记。详细记录客户投诉的日期、物业编号、联系电话、投诉代码、投诉内容、投诉人、接待人和记录人等
（2）客户投诉处理。根据客户投诉内容进行分类，开出客户投诉处理单，送到有关部门限期处理
（3）投诉处理跟踪，电话或上门回访
（4）投诉处理情况登记
1）及时登记投诉处理情况。
2）整理、存档已处理的投诉资料。
工作要求：
1．表现出良好个人的职业综合形象
2．良好的语言表达能力与沟通能力
3．掌握基本接待礼仪
4．文件及记录登记准确，信息传达及时快捷
5．能根据场合调整接待的方式方法
教学工具：
电话机、计算机、传真机和接待登记表。
工作方法：
1．登记记录来电或到访者情况
2．语言表达沟通
3．礼仪接待技巧
4．转接来电或给来访者指示路径
劳动组织：
设立前台接待岗位，并配足相应的人员，以供倒班工作的需要；配备好相应的设备。
职业标准：
1．接受专业训练
2．具有较好的职业形象和清晰甜美的声音
3．熟悉日常客户接待的内容与流程
4．具有良好的应变能力</td></tr>
<tr><td>检测方式：
能独立完成物业项目入住办理小组所分配的任务</td></tr>
</table>

续表

考核等级： 高级——能在小组中独立完成所分配的任务，到位准确，效果显著，无任何工作失误，且个人评价为 90 分以上，实训小组成绩为 80 分以上。 中级——能在小组中独立完成所分配的任务，并能达到实训的目标要求，且实训个人评价为 75 分以上，实训小组成绩为 70 分以上。 初级——能在小组成员的帮助下基本完成所分配的任务，并能基本达到实训的目标要求，且个人评价与实训小组成绩均为 60 分以上

（6）实施建议

1）课程涉及的内容多、范围广，教学的重点放在基本知识和具体操作、实施上，理论部分应精讲。该课程涉及许多具体操作，对一些步骤及要求要讲清楚。课程实用性很强，在理论讲授上，要结合物业管理中常遇到的问题进行讲解。

2）在物业技能操作教学方面，应以物业工作的具体任务为出发点进行训练，使学生能在最贴近实际的工作情景下学习各项技能。

3）实训课程应采用小班教学，便于分组开展物业工作任务，保证实践课程的学时和学生参与实践的效果。

4）物业管理是一个正在发展的学科，要使采用的资料知识反映最新情况。

5）教学过程可采用课件、录像和 VCD 等多媒体教学手段。

（7）说明

1）需要接待典型案例。

2）需要情景模拟场地。

4. 物业会议服务的课程标准

（1）课程性质

本课程的设置是依据以往物业管理专业学生的就业方向而定的。其理论与实践教学内容参考文秘专业，且侧重于物业管理公司的会议工作，要求展开学生的实践活动训练。力求使学生通过本课程的训练，达到物业管理公司的正式办会要求。

（2）参考学时

本课程的总学时为 36 学时。

（3）课程学分

本课程的学分为 2 学分。

（4）课程目标

参照秘书职业办会能力要求，按办会工作流程进行单元训练，以强化办会各专项技能，将实践教学贯穿于整个教学中。使学生了解会议管理与服务的基本知识及工作程序，能够协助他人或独立完成办会任务。

（5）课程内容

在典型职业活动分析的基础上，对专业核心课程的具体描述如表 8.9 所示。

表 8.9　物业会议服务

专业名称	课程/典型职业活动名称	参考学时
物业管理	物业会议服务	36
学习目标： 1．知识目标 （1）知道会议的种类、特点和基本程序 （2）熟悉秘书人员会务工作的主要内容 （3）清楚知道会议服务的工作流程 2．技能目标 （1）把握会议管理与会议服务的内容与流程 （2）学会各流程中所需的能力要求 （3）会拟写、发放各种会议文件资料 （4）按礼仪要求，做好会务接待工作 3．情感目标 培养良好的职业习惯，增强服务意识，体验团队合作的乐趣		
学习内容： 本课程教学内容包括会前筹备、会中服务和会后落实三部分，各部分的具体内容如下： 1．会前筹备 （1）能够按照会议内容与会议的要求，安排会议的议题、名称 （2）能够根据会议需要，安排会议的议程、日程 （3）按照会议需要准备会议的文件资料、用品和设备，如纸、笔、签到簿、传声器和音箱等 （4）学会制作会议通知（带回执） （5）学会正确地运用邮寄或 E-mail 的方式发放会议通知 （6）学会接收与会人员的通知回执，统计到会人数 （7）学会根据与会人数和会议需求，预定会议室 （8）能够按照会议需要，正确布置会场，包括鲜花的摆放、台签的摆放和音箱与传声器的准备布置等 （9）学会正确地制作和发放与会代表的证件 （10）学会根据与会人员的需求预定和确认与会人员的住宿 2．会中服务 （1）学会制作接站牌，完成会议的接站与接待工作 （2）能够学会正确地组织与会人员进行签到，并能够准确地引导与会人员到指定位置 （3）学会及时、准确地做好会议记录工作 3．会后落实 （1）学会准确地整理与会人员的信息，制作并发放与会通信录 （2）学会合理、恰当地安排与会人员的拍照、离会与返程工作 （3）能够及时、准确地清退会议文件资料 （4）学会会后的会场清理与物品清退工作 （5）学会准确地和会议的相关人员完成会议的清算与结账工作 （6）学会正确地进行会议纪要的拟发工作		

续表

检测方式： 1．书面作业。对各部分工作流程内容描述，拟写议程、日程和通知 2．对会前筹备、会中服务和会后落实三个环节的每一知识点、技能通过课上训练进行检测 3．完成先进职工表彰大会的会议筹备工作，写出书面材料 考核等级： 高级（85～100 分）——能独立完成办会任务，并能写出完整的会议筹备方案。 中级（70～84 分）——能协同他人并能独立完成其中几项办会任务，写出筹备方案。 初级（60～70 分）——能在他人指导和帮助下完成办会任务，写出筹备方案

（6）实施建议

本课程具有较强的综合性与实践性，教学中按照职业要求，选取最基本的技能，设置各种训练项目，使学生接触到一些既新奇又贴近他们生活的事物，提高学生的学习兴趣，增强其学习的收获感和成功感。

训练项目分组进行，把学生分成若干个组，组长作为主管分派任务，教师角色相对独立，模拟真实环境进行。

课程教学采用项目教学法，在教学中，教师带领学生训练，按照教学要求，以学生活动为主线，根据教学目标，在训练重点、时间、情景设计和写作文种等方面有所侧重，把训练的针对性与实用性贯穿于教学全过程。教师在训练中参与制订计划和分配任务工作，用更多的时间进行巡视和指导。每一阶段项目结束后，指导教师要进行讲评，指出问题，提出亮点，强化重点。要求学生做到课前预习、课后总结、课上全心投入，并且要把所学知识、技能联系调动起来。

（7）说明

本课程参考文秘专业的秘书办会职业要求和国家初级秘书职业资格标准设置教学内容，以物业管理公司真实工作环境与工作要求开展训练活动，力求学生就业后可满足企业的需求。

5．物业电器设备管理与维修的课程标准

（1）课程性质

物业电器设备管理与维修是物业管理专业的技能型课程，其主要特点是理论与实践相结合，以实操为主，动手能力要求高。同时，它也是物业管理专业学生从事物业管理工作，走向物业管理岗位的必备知识之一。

学习好本课程需要与物业管理实训课程相结合，二者相互促进，有助于学生理解和把握相关的技能及技巧。该课程涉及的技能主要有电工工具的使用、物业公用设施设备的巡检和维修，以及各种家庭常用电气元件的维修等。

学习本课程之后，学生在年龄允许的情况下，再经短期培训便可取得电工从业资格证书；同时，本课程的学习也有助于学生考取物业管理职业资格证书。

（2）参考学时

本课程的总学时为 36 学时。

（3）课程学分

本课程的学分为 2 学分。

（4）课程目标

学生完成本课程的学习后应达到以下目标。

1）掌握触电急救操作方法和心肺复苏术要领。

2）掌握电气安全技术的基础知识和技能。

3）了解物业常用安全装置或设施的基本结构、工作原理和维护方法，能够对常见的电气设备及线路的故障做出分析判断。

4）熟悉有关安全技术标准和安全规程，培养学生安全第一的工作意识和文明作业的良好职业道德。

综上，学生学习完本课程可以具备从事物业管理员和实习电工的基本知识和技能，并具备一定的操作技能。

（5）课程内容

在典型职业活动分析的基础上，对物业电器设备管理与修理的相关描述如表 8.10～表 8.13 所示。

表 8.10　物业电器设备管理与维修——楼宇意外停电的应急和维修

专业名称	课程/典型职业活动名称	参考学时
物业管理	物业电器设备管理与维修/楼宇意外停电的应急和维修	6
典型职业活动描述： 维修电工对小区楼宇停电进行故障排查并维修，恢复全楼供电		
学习目标： 1．知识目标。学会制订楼宇意外停电的应急和维修预案 2．技能目标。能够对楼宇意外停电做出应急和维修处理 3．情感目标。培养在配电室作业的安全第一的工作意识		
学习内容： 1．工作对象。变配电室、配电柜和各仪表数据及电线线路 2．工作工具。绝缘用品（包括绝缘靴、绝缘手套和常用电工工具），通知，维修记录表格 3．工作方法。实地巡视法、操作法 4．劳动组织。工程部负责对故障进行排查和维修并进行记录，将有关文档资料整理和归档保存；保安部、客服部配合处理事故，分别负责保障大厦内的安全秩序、解答业主疑问和安慰业主 5．工作要求。在工作过程中，操作人员应注意安全，防止人身和财产受到损害；耐心对待业主来访，并向业主解释说明 6．课程具体学习内容 （1）各工作部门的相互配合工作内容 （2）电工排查停电原因 （3）维修电工对小区楼宇停电进行维修，恢复全楼供电		

续表

考核方法： 学生作答教师设计的考核试卷和学生分组模拟楼宇停电应急和维修过程，教师与 4 名学生共同进行评判，并记录考核成绩。考核得分为 90 分以上的达到高级水平；考核得分为 80 分以上为中级水平，达到教学目标。在未达到教学目标的情况下，由教师根据不合格人数来确定再次实训的具体方式

表 8.11　物业电器设备管理与维修——荧光灯组装与维修

专业名称	课程/典型职业活动名称	参考学时
物业管理	物业电器设备管理与维修/荧光灯组装与维修	4
典型职业活动描述： 对物业附属设备中的荧光灯的故障进行维修		
学习目标： 1．知识目标。掌握荧光灯的组成结构和名称及工作原理 2．技能目标。掌握荧光灯故障的排查和维修的操作技能 3．情感目标。培养在荧光灯接线操作过程中安全第一的工作安全意识		
学习内容： 1．工作对象。荧光灯 2．工作工具。剥线钳、电工刀、绝缘胶带、电线、螺钉旋具、试电笔、荧光灯管、镇流器、辉光启动器、灯座和支架 3．工作方法。实操法、团队合作法 4．劳动组织。客服部负责接待业主报修，工程部负责现场故障排查与维修，财务部负责维修费用收缴 5．工作要求。工作过程中应注意操作安全，避免人身和财产损失；注意节省工作材料和保护操作工具 6．课程具体学习内容 （1）荧光灯的组成结构和名称及工作原理 （2）荧光灯故障的排查和维修的操作技能 （3）荧光灯的组装技能		
考核方法： 各小组进行荧光灯故障排查和维修，教师和 4 名学生进行评判，并记录考核成绩。线路连接正确、规范的为合格，合格率达 80%为达到教学目标；在未达教学目标的情况下，由教师根据不合格人数来确定再次实训的具体方式		

表 8.12　物业电器设备管理与维修——变配电室巡检和工作交接

专业名称	课程/典型职业活动名称	参考学时
物业管理	物业电器设备管理与维修/变配电室巡检和工作交接	6
典型职业活动描述： 对小区变配电室的配电柜、各种仪表和线路运行状况进行巡检，并进行工作交接		
学习目标： 1．知识目标。知道变配电室巡检的项目及其内容，学会交接班流程 2．技能目标。能够独立巡检变配电室，准确填制巡视记录表格，会办理交接班手续 3．情感目标。培养在配电室作业的安全第一的工作意识		

续表

学习内容：
1．工作对象。变配电室、配电柜和各仪表数据及电线线路 2．工作工具。万用表、兆欧表和试电笔、绝缘用品（包括绝缘靴、绝缘手套）、巡检记录表和交接班表格 3．工作方法。实地巡视法、记录法 4．劳动组织。工程部电工按照物业管理企业的用电操作规程对所管小区的变配电室进行日常巡检和记录，并将有关文档资料整理和归档保存；完成变配电室交接班工作 5．工作要求。在工作过程中，操作人员应注意安全，防止人身和财产受到损害；严格交接班制度；变配电室巡检的项目及其内容 6．课程具体学习内容 （1）变配电室交接班流程 （2）独立巡检变配电室，准确填制巡视记录表格 （3）配电室交接班手续的办理
考核方法： 学生作答教师设计的考核试卷和模拟操作变配电室巡检和工作交接，教师与每组推荐的各 1 名成员进行评判，并记录考核成绩。 考核得分为 90 分以上的达到高级水平；考核得分为 80 分以上为中级水平，达到教学目标。在未达到教学目标的情况下，由教师根据不合格人数来确定再次实训的具体方式

表 8.13　物业电器设备管理与维修——触电急救实训

专业名称	课程/典型职业活动名称	参考学时
物业管理	物业电器设备管理与维修/触电急救实训	20
典型职业活动描述： 对触电者进行现场急救		
学习目标： 1．知识目标。知道触电的基本原理知识和学会正确的急救方法 2．技能目标。能够独立运用触电急救的方法对触电者进行救治，提高成功率 3．情感目标。培养在触电急救中救死扶伤、以人为本的职业道德和保护自身安全的意识		
学习内容： 1．工作对象。触电的人 2．工作工具。绝缘木棒、平木板 3．工作方法。实操法、急救法 4．劳动组织。客服部（或其他部门）接到有人触电的报告后，应立即通知电工（或其他专业人员）应迅速赶往现场，进行触电急救 5．工作要求。在工作过程中，操作人员应掌握触电急救的准确、效率原则，并注意保护自身的安全，防止人身和财产受到损害 6．课程具体学习内容 （1）触电急救的基本原理 （2）触电急救的应急程序 （3）触电急救的心脏复苏术的工作方法和流程		
考核方法： 学生逐一进行模拟施救，教师进行评判，并记录考核成绩。考核得分为 90 分以上的达到高级水平；考核得分为 80 分以上为中级水平，达到教学目标。在未达到教学目标的情况下，由教师根据不合格人数来确定再次实训的具体方式		

（6）实施建议

用电巡检与维修课程实践性较强、动手能力要求高。因此，针对本课程以工作过程为导向的特点，建议在课程教学过程中，采取实训方式加强对学生实际技能的训练，安排实训老师和实操老师分别授课，以使学生将理论与实践充分融合。

同时，按组进行实训可以增强实习效果，避免对规模较大的班级（一般不超过 10 人）进行同时授课，以免影响授课效果。另外，授课时应积极运用实训教室和实操基地，结合实际场地和电气设备设施对学生进行训练。

（7）说明

1）应事先做好用电安全检查。

2）应时刻提醒学生安全操作规范要求。

6. 物业房屋设备管理的课程标准

（1）课程性质

本课程是物业管理专业的一门主干课程，重点研究房屋设备的运行和维护对整个建筑在使用功能上的完整性、舒适性和方便性，是研究如何合理地确定各种设备的维护、维修方法的一门综合性、实践性较强的应用型课程。本课程主要内容包括建筑给水系统、建筑排水系统、卫生器具、消防系统、供暖系统、空调系统的组成、维护维修及常见故障的排除方法。

（2）参考学时

本课程的总学时为 72 学时。

（3）课程学分

本课程的学分为 4 学分。

（4）课程目标

课程目标为学生了解室内给水系统的组成，明确室内水管道布置要求及要点；学会常用给水管材的连接；掌握给水附件及设备的使用知识；了解室内消防系统的组成和使用；学会卫生器具的安装与小故障的排除；了解小区给排水系统的组成；了解化粪池检查井的作用；会识别和查看室内给排水施工图。

（5）课程内容

在典型职业活动分析的基础上，对物业房屋设备管理——水暖维修的具体描述如表 8.14 所示。

表 8.14　物业房屋设备管理——水暖维修

专业名称	课程/典型职业活动名称	参考学时
物业管理	物业房屋设备管理/水暖维修	72
典型职业活动描述： 1．水暖维修职业活动应完成的工作		

续表

水暖维修人员按照该物业企业的规章制度对共用部位的水暖设备进行日常巡检。

（1）水暖维修人员每天按规定时间巡检水泵房，各层污水泵房、污水池，各层水箱、水池

（2）每班巡视消防泵房、公共区域给排水设备

（3）不经常运行设备每周巡视一次

（4）其他设备依据天气及运行状况巡视

（5）巡视过程中，除发生紧急故障外，一般情况只记录、汇报，不处理

（6）巡视内容主要包括：机房卫生，设备状态，有无异味、异常声响，有无跑、冒、滴、漏等现象，并认真填写记录

（7）记录表格要干净、整齐，内容要详尽、真实，不得编造、涂改

2．水暖维修职业活动完成的工作

（1）水暖维修人员对共用设备设施日常巡检中发现的问题进行处理、维修

（2）客服人员对业主有关水暖的报修进行接待，做好记录并通知工程部门；水暖维修人员对业主报修的自用给排水及供暖设备设施进行及时维修处理，主要包括对跑、冒、滴、漏现象的处理和对管件、水龙头的维修、更换

（3）水暖维修人员对维修过程和相关情况进行详细记录，并存档备查

（4）客服人员对业主进行维修服务回访，做好记录

学习目标：

1．知识目标。能够知道给排水的基础知识和维修所用到的工具，知道消防的知识，知道供暖的简单知识和通风与空调的简单知识

2．技能目标。第一，能够知道在物业管理企业的水暖维修过程中首先要遵守公司的规章制度并完成对所管理区域的日常巡检工作；第二，要学会给排水管道发生问题后进行处理的一些简单方法；第三，要知道维修过程不是孤立的，要和其他部门配合完成，做好维修记录并及时存档

3．情感目标。培养安全操作意识和具备为业主服务的意识

学习内容：

1．住宅给水系统

（1）知道住宅给水系统的分类、组成与给水方式

（2）熟悉给水系统的常用管材（钢管、塑料管）及配件（直接头、内接头、弯头、三通、四通、补心和牙塞）

（3）知道住宅给水特点与方式

（4）学会使用维修工具和利用维修工具操作给水管道（钢管、塑料管）连接等操作技能，并在工作中注意操作安全，注意节省工作材料和保护操作工具

2．住宅排水系统

（1）知道住宅排水系统的分类、组成

（2）明确常见的排水管材（铸铁管、塑料管）、配件（检查口、地漏、检查井、存水弯、三通和四通等），并能合理选用

（3）学会住宅排水管道的施工（铸铁管与塑料管的连接）

（4）熟悉污水的局部处理方法

（5）学会使用维修工具进行铸铁管与塑料管的连接并注意安全操作，避免人身和财产损失，注意节省工作材料和保护操作工具

3．卫生器具

（1）知道卫生器具的分类与设置标准

（2）学会利用工具进行常用卫生器具安装的技能

（3）熟悉常用的冲洗设备，学会其安装操作技能，工作中注意操作安全，保护好操作工具

4．消火栓、灭火器的使用

（1）知道消防给水系统的原则，学会消火栓灭火系统的使用方法

续表

（2）学会泡沫、干粉等灭火器灭火的范围与使用方法 （3）在实际中注意操作安全，尽力保护好现场 5．识图基础知识 （1）知道常用图例 （2）知道平面图包括的内容 （3）正确识读室内给排水施工图 （4）正确识读室外给排水施工图 6．住宅给排水系统故障分析与排除 （1）知道给排水系统经常出现的故障 （2）知道给排水管道一般故障出现的原因，并能够做相应的简单处理 （3）明确住宅给排水管道的保养和维护 7．采暖 （1）知道采暖系统的分类和组成 （2）说出机械采暖系统的组成及能够看懂系统图示 （3）知道集中式采暖系统的组成及散热设备的应用 8．通风与空气调节 （1）知道通风系统的分类与组成，知道集中式空气调节系统 （2）明确通风系统与空调的各个部件的作用 （3）知道通风管道与附件组成，知道消声与减振 （4）识别消声与减振的措施
考核标准与方法： 1．考核标准。本课程按课业进行考核，实训部分教师进行指导和评判，并记录考核成绩；在每个课业结束后，对本课业的非实训部分内容进行考核，并记录考核成绩 2．考核等级。高级——能合作完成所有的实训内容；中级——能在教师的指导下合作完成所有的实训内容；初级——能在教师和同学共同帮助下合作完成所有实训内容 3．考核方法。采用实训操作和笔试的方法

（6）实施建议

本课程在教学过程中可采用现场参观、实训室教学与训练、综合实训课程补充学习、边讲边练与讲练结合等形式完成。

（7）说明

本课程在学习过程中应该在实训室或住宅楼、办公大厦等场所分组进行。

7. 物业收费管理的课程标准

（1）课程性质

本课程是物业管理专业的专业课程。通过本课程的学习，使学生掌握必备的物业管理实务知识和技能，熟练掌握和应用物业管理规定、检验标准和方法，能够进行基本的物业管理工作。

（2）参考学时

本课程的总学时为 36 学时。

（3）课程学分

本课程的学分为 2 学分。

（4）课程目标

让学生知道物业管理的基本理论与概念，帮助学生熟悉物业服务工作的各项基本技能，可以培养学生的综合素质，提高就业的竞争力。使学生能够完成项目入驻与退租的办理工作，熟悉客户服务礼仪规范及操作规程，做到文明服务、礼貌待人，培养学生认真细致的工作态度及科学严谨的实训作风与习惯。

（5）课程内容

在典型职业活动分析的基础上，对物业收费管理的相关描述如表 8.15 和表 8.16 所示。

表 8.15　物业收费管理——物业收费

专业名称	课程/典型职业活动名称	参考学时
物业管理	物业收费管理/物业收费	18
典型职业活动描述： 1．根据物业项目要求客户服务人员准备收费所用设备与各种收据和表格 2．准备核查各项文件资料并装袋 3．核对客户资料 4．收取各项物业服务费用 5．接待客户并做好相关记录		
学习目标： 1．知道收费标准及收费程序，熟练掌握收费程序 2．能够独立操作，并应注意文明礼貌用语的使用 3．业主任何时间来缴费都应该热情接待，遵守职业文明礼仪规范		
学习内容： 1．熟悉各种需要准备的资料与事务性工作 2．学习核对各项文件资料，准备好验钞机、发票及收费现场 3．训练上门收缴或在办公场所收缴 4．学习语言表达与沟通的技巧 5．训练按照规定的流程向业主收费及其他工作 6．训练按标准在某一时期统一收缴费用，并做好收缴费记录		
检测方式： 能独立完成物业收费办理小组所分配的任务。 考核等级： 高级——能在小组中独立完成所分配的任务，到位准确，效果显著，无任何工作失误，且个人评价为 90 分以上，实训小组成绩为 80 分以上。 中级——能在小组中独立完成所分配的任务，并能达到实训的目标要求，且实训个人评价为 75 分以上，实训小组成绩为 70 分以上。 初级——能在小组成员的帮助下基本完成所分配的任务，并能基本达到实训的目标要求，且个人评价与实训小组成绩均为 60 分以上		

表 8.16　物业收费管理——催费

专业名称	课程/典型职业活动名称	参考学时
物业管理	物业收费管理/催费	18
典型职业活动描述： 1．根据物业项目要求客户服务人员准备收费所用的设备与各种收据和表格 2．准备核查各项文件资料并装袋 3．核对客户资料 4．向客户发出催费的各项通知 5．现场或上门收费 6．接待客户并做好相关记录		
学习目标： 1．知道催费标准及收费程序，熟练掌握收费程序 2．能够独立操作，并应注意文明礼貌用语的使用 3．业主任何时间来缴费都应该热情接待，遵守职业文明礼仪规范		
学习内容： 1．分析任务。有一位业主预约来公司缴费（属于催费），该做的工作有哪些 2．学生分组合作，复习催费程序（先复述收费程序，再在教师指导下说出催费程序） 3．学生分组模拟收费过程，训练在办公场地收费，并训练上门收费 4．选取实训成果优秀的一组学生的实训成果展示给其他同学，并点评其出彩点（力争使学生掌握收费的程序与沟通技巧） 5．学习客户走访与回访，做好记录		
检测方式： 能独立完成物业催费办理小组所分配的任务。 考核等级： 高级——能在小组中独立完成所分配的任务，到位准确，效果显著，无任何工作失误，且个人评价为 90 分以上，实训小组成绩为 80 分以上。 中级——能在小组中独立完成所分配的任务，并能达到实训的目标要求，且实训个人评价为 75 分以上，实训小组成绩为 70 分以上。 初级——能在小组成员的帮助下基本完成所分配的任务，并能基本达到实训的目标要求，且个人评价与实训小组成绩均为 60 分以上		

（6）实施建议

1）课程涉及的内容多、范围广，教学的重点放在基本知识和具体操作、实施上，理论部分应精讲。该课程涉及许多具体操作，对一些步骤及要求要讲清楚。课程实用性很强，在理论讲授上，要结合物业管理中常遇到的问题进行讲解。

2）在物业技能操作教学方面，应以物业工作的具体任务为出发点进行训练，使学生能在最贴近实际的工作情景下学习各项技能。

3）实训课程应采用小班教学，便于分组开展物业工作任务，保证实践课程的学时和学生参与实践的效果。

4）物业管理是一个正在发展的学科，要使采用的资料知识反映最新情况。

5）教学过程可采用课件、录像和 VCD 等多媒体教学手段。

（7）说明

教学进程如表 8.17 所示。

表 8.17　教学进程表

课程类别	课程序号	课程名称	学分	总学时	学年学期安排课程时数								占总学时比例/%
					第一学年		第二学年		第三学年		第四学年		
					1	2	3	4	5	6	7	8	
					18周	18周	18周	18周	18周	18周	18周	18周	
公共基础课程	1	数学	6	108	4	2							47.4
	2	语文	8	144	4	4							
	3	英语	8	144	4	4							
	4	计算机基础	8	144	4	4							
	5	德育	8	144	2	2	2	2					
	6	体育	8	144	2	2	2	2					
	7	职业素养训练	8	144	2	2	2	2					
	小计		54	972	22	20	6	6					
专业核心课程	1	物业档案管理	2	36		2							24.6
	2	物业接管与入住	2	36			2						
	3	物业客户服务	4	72			2	2					
	4	物业装修服务与管理	2	36			2						
	5	物业收费管理	2	36				2					
	6	物业环境管理	4	72			2	2					
	7	物业电器设备管理与维修	2	36			2						
	8	物业房屋设备管理	4	72			2	2					
	9	安全秩序与管理	4	72			2	2					
	10	物业会议服务	2	36			2						
	小计		28	504		2	16	10					
校本课程	1	物业法律法规	4	72			4						14
	2	建筑结构与识图	2	36				2					
	3	物业常用软件应用训练	4	72				4					
	4	书法	4	72	2	2							
	5	职业生涯设计	2	36	2								
	6												
	小计		16	288	4	2	4	6					

续表

课程类别	课程序号	课程名称	学分	总学时	学年学期安排课程时数								占总学时比例/%
					第一学年		第二学年		第三学年		第四学年		
					1	2	3	4	5	6	7	8	
					18周	18周	18周	18周	18周	18周	18周	18周	
毕业实习	1	毕业实习	40										—
	2	实习总结	10										
	3												
	小计		50										
选修课	1	房地产营销与策划	4	72				4					14
	2	售楼技巧	2	36									
	3	摄影技巧	2	36									
	4	社交技巧	2	36									
	5	音乐欣赏	2	36									
	6	诗歌欣赏	2	36									
	7	演讲与口才	2	36									
	小计		16	288				4					
其他	1	职业取证（每证2分）	2										
	2	入学教育	1										
	3	就业指导	1										
	4	军训	1										
	5	公益活动	2										
	6	社会实践	4										
	小计		11										
合计			175	2052	26	24	26	26					

注：理论教学包括课堂讲授、习题课、实验课与辅导等环节；实践教学包括模拟教学、教学实习、生产实习和综合实习、课程设计、毕业设计与论文答辩等环节。

（五）专业教学策略的研究

依据总课题对于职业教育的教学理论研究，职业教育教学的目的是学生职业特质的形成，而职业特质的形成除教学内容之外，主要取决于教学的策略。

为了培养物业管理技能型人才的职业特质，即依据服务情景，及时把握业主服务需求心理预期，严格按照工作程序、操作规范和技术标准，提供恰当服务的意识与素质，在总课题研究提出的过程导向、情景导向和效果导向三种教学策略[①②]

① 邓泽民，赵沛，2008．职业教育教学设计[M]．北京：中国铁道出版社．

② 邓泽民，赵沛，2009．职业教育教学设计[M]．2版．北京：中国铁道出版社．

中，物业管理专业教学策略的设计，应根据物业管理技能型人才的职业活动主要受情景支配、追求效果和过程服务服从于效果的特点，主要采用情景导向的教学策略，即在首先把握情景的情况下，为了达到此情景下所期望的效果，选择服务与管理的方式和过程。

依据总课题研究，情景导向教学策略的教学过程可以设计为情景描述、情景分析、相关知识、技能训练、态度养成、完成任务和学习评价七个环节①。在这里，情景是物业管理职业活动中的典型服务与管理情景；情景描述是对典型情景的描述，目的是让学生进入服务与管理情景，为实现以学生为中心的教学提供前提；情景分析是在专业教师的指导下，以学生为主体，应用物业管理文化、业主心理与服务技巧和物业礼仪等相关知识对业主的心理预期进行分析，提出各种不同的服务与管理方案；相关知识、技能训练和态度养成是对业主的服务需求心理预期进行分析，并完成服务的相关知识的学习、技能的训练和态度的养成的过程；完成任务是学生独立或者分组完成服务，培养主动服务意识和能力的环节；学习评价能够使学生产生成就感，更能激发其学习的主动性和自信心。

在物业管理专业情景导向教学策略设计时，可选用的教学方法很多，比较典型的有角色扮演法、头脑风暴法、卡片展示法、案例教学法、项目教学法、任务驱动教学法和思维导图法，可以灵活使用。例如，在情景分析时，可以选用头脑风暴法；在完成任务时，可选用角色扮演法等。

（六）专业教师团队的建设

专业带头人要具有专业发展方向把握能力、课程开发能力、教研教改能力和组织协调能力，能够带领专业教师团队学习并掌握先进职业教育理论，开发构建基于工作过程的课程体系，开展行动教学和教学研究工作；骨干教师要具备双师型教师资格。

双师型教师的比例至少要达到80%；聘请企业优秀技能型人才担任兼职教师或技术顾问，每个专业方向的企业兼职教师或技术顾问要达到2～3位。学校要鼓励教师参与校企合作，参与教学研究与科研项目，参与专业建设和教学改革；培养专业带头人；要加强内外培训，提升教师的教学水平和教学能力。

（七）专业实训条件的配备

运用职业教育实训设计的基本原则和基本方法②分析，物业管理专业的实训应

① 邓泽民，2012．职业教育教学论[M]．4版．北京：中国铁道出版社．

② 邓泽民，韩国春，2008．职业教育实训设计[M]．北京：中国铁道出版社．

设置安全用电、给排水和供暖实训室。通过在实训室的实训，学生可以掌握电、给排水和供暖管理与维修的基本流程，能操作基本物业给排水、电气和供暖设备。实训室面积不低于 $200m^2$，实训工位数不低于 20 个。要培养技能型、操作型物业人才，必需加大对实训室建设的投入，将教学与培训相结合，满足学生综合职业能力培养的要求。

另外，如果具备条件，学校应与物业管理企业建立起良好的合作关系，设立企业实训基地。通过企业实训，可以提高学生的实务工作能力，锻炼学生人际关系处理艺术的能力。

五、物业管理专业教学整体解决方案实施

从参加课题的各学校专业教学整体解决方案实施分析，由于有了配套教材和课件的支撑，实施新方案的阻力并没有预想的大。为了消除教师对新方案的抵制，学校采用了引导消除抵制模式（LOC 模式），分为以下五个阶段实施。

（一）教师把握整体解决方案

物业管理专业教学整体解决方案研究设计团队，详细地向负责实施的教师讲解专业教学整体解决方案，使所有成员都清楚地了解专业教学整体解决方案，并明确自己的角色，把握自己的任务。

（二）教师必备教学能力培训

专业教师的物业管理专业教育观念的转变、职业形象的塑造和情景导向教学策略的学习运用是人员准备的主要内容。物业管理专业教育观念的转变主要通过专家讲座、观摩情景导向教学等形式完成；职业形象的塑造主要通过对专业教师进行职业形象设计、配备职业装和职业礼仪训练达到预期目标；教师情景导向教学策略的学习运用可以通过专家情景导向教学展示、教师情景导向教学课件设计和情景导向教学比赛等方式进行。职业教育课件设计活动对教师系统掌握职业教育教学理论、教育技术和专业实践能力十分有效①。通过教师必备能力培训，使所有成员都具备专业教学整体解决方案实施的专业教学能力。

（三）设施、材料与教材准备

对原有教室和实训室，按照情景导向和过程导向行动教学的要求进行改造，形成了职业情景和教学情景一体化教室，与合作的物业公司一起研究确定学生实

① 邓泽民，马斌，2011．职业教育课件设计[M]．北京：中国铁道出版社．

习的职业岗位，形成校内外教学、实训和实习密切衔接的校企合作教学、实训和实习组合新模式。

项目学校物业管理专业的教师大多没有在物业公司长期工作的经历，他们普遍缺乏物业公司工作的典型职业情景。因此，教学需要编写情景导向和过程导向行动教学的专业教材支撑，专业教材设计需要遵循职业活动逻辑、学习动机发展逻辑和职业能力形成逻辑相统一的原则，构建理实一体的专业教材结构①。

（四）方案实施的评价与激励

对一年级新生全部采用新方案进行教学，二年级学生按原教学计划继续开展教学，但教学策略普遍采用情景导向和过程导向行动教学策略。为了保证方案的实施，加强阶段性教学效果评价；为了激发教师积极性，参加专业教学整体解决方案实施的教师，若教学符合专业教学整体解决方案的要求，适当提高课时费。

（五）方案实施效果调查分析

通过全国36所中等职业学校物业管理专业4年的教学实践，为对物业管理专业教学整体解决方案进行较为客观的评价，本课题分别对部分学生、企业和教师进行了调查。

1. 学生的评价

我们对所从事的物业管理工作的性质有了深刻的认识，对自己的未来事业充满了期待；专业教材内容来自物业公司实际工作，引起我们很大的兴趣；教学环境和教学方法的变化，使我们有身临其境的感觉；教师的情景导向教学使我们能分析判断业主服务需求心理预期，有了到实际工作中运用所学知识的冲动，有了成就卓越的信心。

2. 企业的评价

学生顶岗实习中，有五个较大的变化：一是判断业主服务需求心理预期的能力明显增强；二是依据情景主动服务的意识明显增强；三是在技术工作中，操作规范，追求质量，提供卓越服务的精神明显增强；四是与业主的沟通能力和协调能力增强；五是团结协作、从事物业工作成就事业的信心明显增强。

3. 教师的评价

物业管理技能型人才特质内涵的提出，使我们对物业管理行业的服务性质和

---

① 邓泽民，侯金柱，2006. 职业教育教材设计[M]. 北京：中国铁道出版社.

物业管理专业的培养目标有了更加深刻的认识。教学的目标在于学生在职业活动中的价值，这使我们对教学的有效性认识更加到位。情景导向和过程导向行动教学原则，对于我们选择教学方法有十分直接的指导意义。

六、实践结论

1）物业管理技能型人才的职业特质是我国物业管理行业的发展，实现个性化服务理念和提高物业管理质量，对物业管理技能型人才提出的必然要求。

2）中等职业教育物业管理专业教学要把技能型人才职业特质和职业能力的形成作为教学的基本目标。

3）职业特质和职业能力的形成需要行动导向的教学策略，物业管理技能型人才的职业特质和能力的形成需要物业管理职业情景导向和职业过程导向行动教学策略。

4）职业情景导向和职业过程导向行动教学策略的实施，需要职业情景导向的教学和实训环境及过程导向行动的教材的配合。

方案九

酒店服务与管理专业教学整体解决方案研究与实践

课题编号：BJA060049-ZZKT009

一、问题的提出

（一）酒店业发展的趋势

进入21世纪后，随着我国经济世界位次的持续上升，人民的消费水平得到了不断提高。表现在酒店业上，不但商务快捷酒店大量涌现，星级酒店的数量也急剧增加，还出现了如盘古七星酒店这样的“七星级”酒店。

随着我国改革开放的进一步深入，人民生活水平的大幅提升和经济结构调整带来的现代服务业的提速发展，我国酒店业的发展速度将进一步加快，星级酒店的数量和星级水平都将有较大的提高。2009年，国务院批准了海南国际旅游岛建设计划，海南首先成为我国旅游业改革创新的试验区，有多条高速铁路已经建成，使人们的出行更加便捷，进一步加速了我国酒店业的发展。

（二）酒店业发展对酒店服务与管理技能型人才的要求

我国高档酒店的大量出现，对酒店服务与管理技能型人才提出了更高的要求。改革开放初期，我国酒店业曾提出过国际化、规范化和标准化的服务理念。如今人们对酒店业的服务水平和质量提出了更高的要求，酒店服务理念也由过去的规范化服务转变到今天的个性化服务。个性化服务不仅要追求使客人满意，还要追求给客人惊喜。这需要服务人员具有主动超前的服务意识，以服务在客人开口之前这一标准来提供令人惊喜的消费体验和经历。

酒店产品是由有形的设施设备和无形的服务构成的，本课题对首旅集团和锦江国际集团两大国内集团旗下的多家不同类型的酒店调查发现，目前，我国很多酒店的硬件设施与国际上相同档次的酒店相差甚小，提供的无形服务的差距较大。当众多毕业生手拿着各种国家承认的学历证书却难以找到工作时，酒店业也在为招不到合适的人而心急如焚。职业学校认为，他们的毕业生有技能。企业认为，毕业生确实不缺乏技能，但缺乏主动超前提供恰当服务的特质。如果缺乏技能，企业可以通过短时间的技能训练予以解决；而缺乏主动超前提供恰当服务的特质，这是企业短时间无法解决的。

二、研究内容与方法

（一）研究内容

为解决酒店业提出的职业学校酒店服务与管理专业毕业生缺乏主动超前提供恰当服务的特质和能力的问题，本课题将首先对酒店服务与管理技能型人才的职业特质进行研究，然后研究设计出适合酒店服务与管理技能型人才职业特质和职业能力形成的教学整体解决方案，并通过教学整体解决方案的实施，探索酒店服务与管理专业的教学理论。

（二）研究方法

1）调查法。特别是现代职业分析方法对酒店服务与管理技能型人才的职业活动进行调查，并在此基础上分析酒店服务与管理技能型人才职业活动的特点，提出酒店服务与管理技能型人才职业特质的基本内涵。

2）文献法、总结法。对职业学校酒店服务与管理专业教学和大型酒店服务集团培训进行研究和总结，研究设计适合酒店服务与管理技能型人才职业特质形成的教学整体解决方案。

3）实验法。通过适合酒店服务与管理技能型人才职业特质形成的教学整体解决方案的实施，对建立在酒店服务与管理技能型人才特质基础上的中等职业教育酒店服务与管理专业教学方案进行验证，探索酒店服务与管理专业的教学理论方法。

三、酒店服务与管理技能型人才职业特质研究

职业特质是指从事不同职业的人所特有的职业素质，是能将工作中成就卓越与成就一般的人区别开来的深层特征[①]。总课题对于职业特质的研究，提出了可以从两个方向开展研究，一是在同一职业中发现成就卓越者，通过调查分析方法，研究他们与成就一般者不同的深层特征；二是通过分析职业活动，研究取得职业活动卓越效果的人具备的职业素质。本课题采用第二种方法。

---

① 邓泽民，2012．职业教育教学论[M]．4版．北京：中国铁道出版社．

（一）酒店服务与管理技能型人才职业活动调查

1. 职业面向的调查

本研究通过对北京外事学校、广东省旅游学校、兰州旅游职业学校、大连商业学校和云南旅游学校5所学校1000名毕业生就业岗位的调查发现，中等职业学校酒店服务与管理专业毕业生就业岗位多达19个，职业生涯发展也有五大领域。

就业岗位：酒店迎宾员、客房预订员、总台接待员、问讯员、外币兑换与收银员、商务中心服务员、客房服务员、客房服务中心联络员、公共区域清洁及服务员、餐厅迎宾员、餐厅服务员、酒吧服务员、调酒员、送餐服务员、餐务管理员、健身及娱乐场所服务员、茶艺师、花艺师和咖啡厅服务员。

职业生涯发展领域：一是发展酒店服务技能，进入更高级的酒店工作；二是进入管理岗位，担任商务快捷酒店的经理，星级酒店的客房部经理、餐饮部经理、前厅部经理或康乐部经理，甚至总经理等；三是创业，经营自己的茶艺馆、咖啡馆、花店或酒吧，甚至快捷酒店；四是成为茶艺师、花艺师、调酒师、咖啡师或礼仪师，甚至宴会设计师；五是成为酒店业咨询师、培训师。

2. 职业活动的分析

为了客观掌握中等职业学校酒店服务与管理专业毕业生工作中的职业活动，本课题邀请星级酒店（北京饭店、北京国际俱乐部和北京长富宫饭店）和商务快捷酒店（如家酒店、锦江之星酒店和桔子酒店）等的12位行业专家，应用现代职业分析方法[①]，对酒店服务与管理技能型人才职业活动进行分析，提出了酒店服务与管理技能型人才职业活动表，如表9.1所示。

表9.1 酒店服务与管理技能型人才职业活动表

<table>
<tr><th>职业活动领域</th><th colspan="2">任务</th></tr>
<tr><td rowspan="6">前厅服务与管理</td><td rowspan="3">客房预订服务</td><td>电话预订服务</td></tr>
<tr><td>书面预订服务</td></tr>
<tr><td>预订变更服务</td></tr>
<tr><td rowspan="3">酒店礼宾服务</td><td>店外接送</td></tr>
<tr><td>门厅接送</td></tr>
<tr><td>行李服务</td></tr>
</table>

① 邓泽民，郑予捷，2009．现代职业分析手册[M]．北京：中国铁道出版社．

续表

职业活动领域	任务	
	入住接待	散客入住办理
		团队入住办理
		商务行政楼层入住办理
	前厅问讯、商务与总机服务	问讯服务
		商务服务
		总机服务
	结账服务	货币兑换服务
		结账服务
	客务关系维护	建立与使用客史档案
		前厅 VIP 服务
		处理投诉
	安全保障	实施常规服务安全控制
		实施岗位消防安全职责
客房服务与管理	客房清洁整理	空客房的清洁整理
		住客房的清洁整理
		客房周期清洁保养
	公共区域清洁保养	公共区域的日常清洁保养
		公共区域的周期清洁保养
	客房楼层的迎送服务	楼层接待服务
		离店服务
	客房生活、商务及管家服务	生活服务
		商务服务
		管家服务
	客务关系维护	行政楼层客房服务
		客房个性化设计与布置
		客人投诉处理
	客房安全	实施常规服务安全控制
		实施岗位消防安全职责
餐饮服务与管理	宴会服务	宴会预订
		宴会准备
		宴会服务
		收档工作
	餐厅服务	准备工作 餐中服务
		收档工作
	其他服务	自助餐服务
		客房送餐服务
		会议服务

续表

职业活动领域	任务	
康乐服务与管理	资讯服务	介绍康乐设施
		介绍康乐产品
	球类服务	台球服务
		保龄球服务
		网球服务
		沙狐球服务
		高尔夫球服务
	健身服务	游泳池服务
		健身中心服务
	娱乐服务	KTV 服务
		棋牌室服务
		游戏厅服务
	保健服务	桑拿服务
		足浴服务
		温泉浴服务
		美容美发服务

（二）酒店服务与管理技能型人才职业活动特点

应用职业活动特点分析的方法①②，通过分析酒店服务与管理技能型人才的职业活动发现，酒店服务与管理技能型人才的服务与管理活动都是紧紧围绕着客人的需要展开的，而客人的需要是与自身情况和所处服务情景密不可分的，如图 9.1 所示。

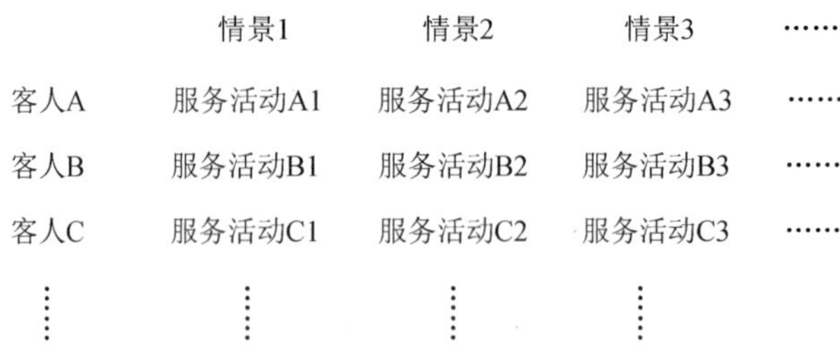

图 9.1　酒店服务与管理技能型人才活动情景导向示意图

① 邓泽民，陈庆合，2006．职业教育课程设计[M]．北京：中国铁道出版社．

② 邓泽民，陈庆合，2009．职业教育课程设计[M]．2 版．北京：中国铁道出版社．

从图 9.1 中可以看出，酒店服务与管理技能型人才采取什么服务活动，取决于客人的不同和情景的变化。客人可能因文化、年龄、身份、性别、信仰和情感等因素而不同；情景可能因所处环境、所办事项和时机等因素而变化。如果把客人也考虑到情景当中，酒店服务与管理技能型人才职业活动的特点是受情景支配，即酒店服务与管理技能型人才的职业活动具有典型的情景导向特点。

（三）酒店服务与管理技能型人才职业特质内涵

从中国知网进行文献检索，没有发现有关酒店服务与管理技能型人才特质研究的文献，对酒店服务管理专业人才胜任特征研究的文献只有几篇。其中较为典型的一篇，提出了酒店业的人力胜任力定性模型——个人诚信、情感密集度、负责精神、营销导向和影响力[①]；另一篇提出了中小酒店中层管理人员的胜任素质模型——顾客导向、团队合作、员工管理、影响力、执行力、处理突发事件、信息搜集、自我控制和责任感[②]。我国酒店服务人员职业资格标准中，对职业能力特征的描述如下：具有良好的语言表达能力；能有效地进行交流，能获取、理解外界信息，进行分析判断并快速做出反应；能准确地运用数学运算；有良好的动作协调性；能迅速、准确和灵活地运用身体的眼、手、足及其他部位完成各项服务操作。

那么，具有什么职业特质的人才能在工作中表现出上述职业胜任特征或者职业能力特征？本课题试图依据酒店服务与管理技能型人才职业活动具有典型的情景导向特点分析提出酒店服务与管理技能型人才职业特质的内涵。

上述特征模型，虽然由多个特征单元构成，但其核心是对客人服务需求心理预期的迅速、及时的把握。因为只有做到了这一点，服务时才能表现出个人诚信、情感密集度、负责精神、营销导向和影响力。同时，管理时才能表现出顾客导向、团队合作、员工管理、影响力、执行力、处理突发事件、信息搜集、自我控制和责任感，才能发挥良好的语言表达能力；获取、理解外界信息，进行分析判断并快速做出反应的能力；准确地运用数学运算能力；动作协调、迅速、准确和灵活地完成各项服务与管理操作。因此，酒店服务与管理技能型人才的职业特质定义为依据服务情景，及时把握客人服务需求心理预期，做到服务在客人开口之前，提供恰当的服务，充分体现酒店业个性化服务理念，使客人获得满意并惊喜的服务的意识与素质。

① 林江珠，2009．酒店服务人员胜任力特征的调查研究[J]．厦门理工学院学报，17（2）:92-96．

② 乔建荣，2009．中小酒店中层管理人员胜任素质模型初探[J]．沿海企业与科技（2）:65-68．

四、酒店服务与管理专业教学整体解决方案设计

职业特质的形成取决于专业教学的各个方面和各个环节，为了发挥教学系统整体突现性原理的作用，本课题对酒店服务与管理专业教学进行整体解决方案设计。目前，有酒店办学校、学校办酒店及学校和酒店合作办学三种形式，我国少数学校，如北京外事学校采用学校办酒店的形式，而大多数学校采用酒店办学校、和酒店合作安排学生顶岗实习的形式。由于参加本课题研究的学校基本采用第三种办学形式，下面酒店服务与管理专业教学整体解决方案设计基于该种形式。

（一）专业的职业面向分析

根据《中等职业学校专业目录》，中等职业学校酒店服务与管理专业主要对应前厅服务员、客房服务员、餐厅服务员、康乐服务员、调酒师、茶艺师和咖啡师等岗位。中等职业学校酒店服务与管理专业毕业生职业生涯发展主要方向：一是发展酒店服务技能；二是进入管理岗位；三是创业，经营自己的茶艺馆、咖啡馆、花店或酒吧，甚至快捷酒店；四是成为茶艺师、花艺师、调酒师、咖啡师或礼仪师，甚至宴会设计大师；五是成为酒店业咨询师、培训师。

（二）就业证书需求的分析

依据国家持证上岗的相关政策，并调查首旅集团和锦江国际集团旗下不同星级的酒店和商务型酒店发现，中等职业学校酒店服务与管理专业学生就业一般要求持有普通话水平测试等级证书和相应岗位的职业资格证书，如品酒师证书、茶艺师证书等。

（三）专业培养目标的确定

依据教育部教职成〔2009〕2 号《教育部关于制定中等职业学校教学计划的原则意见》对中等职业教育培养人才类型的定位、国家职业资格标准及酒店业发展趋势对酒店服务与管理技能型人才的要求，确定本专业培养目标。本专业培养德、智、体、美全面发展，符合酒店业发展趋势对酒店服务与管理技能型人才的要求，达到国家职业资格标准，具有酒店服务与管理技能型人才职业特质和职业能力，能够在酒店服务与管理一线就业并发展职业生涯的技能型人才。

（四）专业课程体系的构建

依据教育部教职成〔2009〕2 号《教育部关于制定中等职业学校教学计划的原则意见》，中等职业学校的课程设置分为公共基础课程和专业技能课程两类[①]。公共基础课程按照国家统一要求[②]安排，专业技能课程按照酒店服务与管理专业毕业生就业岗位和职业生涯发展领域分为专业必修课程和专业选修课程，形成基础平台加职业生涯发展方向的课程体系结构。课程体系结构如图 9.2 所示。为了保证酒店服务与管理技能型人才职业特质和职业能力的形成，专业必修课程和专业选修课程类型以职业活动课程为主，辅以理论知识课程和技术方法课程[③④]。

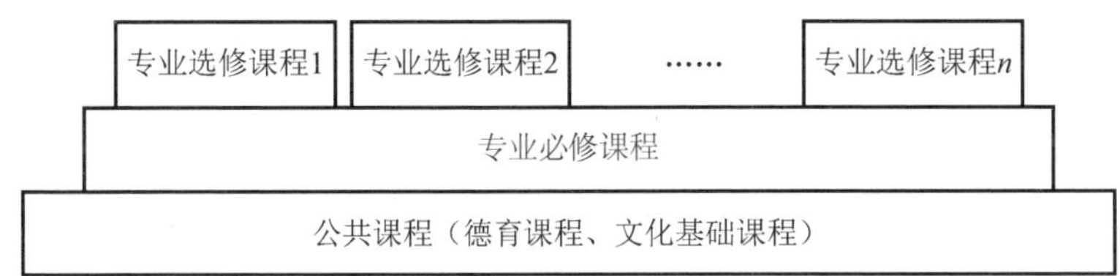

图 9.2　酒店服务与管理专业课程体系结构示意图

1. 专业必修课程的确定

依据由企业提出的酒店服务与管理职业活动和国家颁布的相关职业资格标准，形成知识课程、技术课程和职业活动课程，如表 9.2 所示。

表 9.2　酒店服务与管理专业必修课程

任务		知识/技术课程	职业活动课程
前厅服务与管理	客房预订服务	酒店文化、酒店职业生涯设计、酒店服务心理与待客技巧、酒店服务礼仪、酒店专业英语、酒店信息技术、形体	前厅服务与管理
	酒店礼宾服务		
	入住接待		
	前厅问讯、商务与总机服务		
	结账服务		
	客务关系维护		
	安全保障		

① 教职成〔2009〕2 号《教育部关于制定中等职业学校教学计划的原则意见》.

② 教职成〔2008〕6 号《教育部关于中等职业学校德育课课程设置与教学安排的意见》.

③ 邓泽民，陈庆合，2006．职业教育课程设计[M]．北京：中国铁道出版社.

④ 邓泽民，陈庆合，2011．职业教育课程设计[M]．2 版．北京：中国铁道出版社.

续表

<table>
<tr><th colspan="2">任务</th><th>知识/技术课程</th><th>职业活动课程</th></tr>
<tr><td rowspan="6">客户服务与管理</td><td>客房清洁整理</td><td rowspan="6">酒店文化、酒店职业生涯设计、酒店服务心理与待客技巧、酒店服务礼仪、酒店专业英语、酒店信息技术、形体</td><td rowspan="6">客房服务与管理</td></tr>
<tr><td>公共区域清洁保养</td></tr>
<tr><td>客房楼层的迎送服务</td></tr>
<tr><td>客房生活、商务及管家服务</td></tr>
<tr><td>客务关系维护</td></tr>
<tr><td>客房安全</td></tr>
<tr><td rowspan="5">餐饮服务与管理</td><td>宴会服务</td><td rowspan="5">酒店文化、酒店职业生涯设计、酒店服务心理与待客技巧、酒店服务礼仪、酒店专业英语、酒店信息技术、形体</td><td rowspan="5">餐饮服务与管理</td></tr>
<tr><td>餐厅服务</td></tr>
<tr><td>自助餐服务</td></tr>
<tr><td>客房送餐服务</td></tr>
<tr><td>会议服务</td></tr>
<tr><td rowspan="5">康乐服务与管理</td><td>资讯服务</td><td rowspan="5">酒店文化、酒店职业生涯设计、酒店服务心理与待客技巧、酒店服务礼仪、酒店专业英语、酒店信息技术、形体</td><td rowspan="5">康乐服务与管理</td></tr>
<tr><td>球类服务</td></tr>
<tr><td>健身服务</td></tr>
<tr><td>娱乐服务</td></tr>
<tr><td>保健服务</td></tr>
</table>

2. 专业选修课程

根据学生职业生涯发展的不同方向，设置咖啡调制与服务、茶艺与服务、插花艺术与服务、调酒与服务、酒店管理、宴会设计等作为专业选修课程。专业选修课程内容要依据咖啡调制与服务、茶艺与服务、插花艺术与服务、调酒与服务、酒店管理、宴会设计和金钥匙要求的职业活动和国家职业资格标准设计。

3. 专业课程安排

首先安排酒店文化和酒店职业生涯设计，然后遵循学习的难易程度、服务过程相统一的原则，安排其他专业课程，并根据教育部教职成〔2009〕2号《教育部关于制定中等职业学校教学计划的原则意见》，按每学年为52周，其中教学时间40周（含复习考试），假期12周，周学时一般为28学时，三年总学时数为3000～3300学时，公共基础课程学时一般占总学时的三分之一，选修课程教学时数占总学时的比例应不少于10%等规定，形成教学计划，如表9.3～表9.5所示。

表 9.3　饭店服务与管理专业教学计划（德育课程、文化基础课程和专业必修课程）

课程性质	课程名称	课程类别	计划内学时学分数						各学期理论教学周学时						学时比例/%
			学分	总学时	讲课	实操	上机	课外学时	1 18 周	2 18 周	3 18 周	4 18 周	5 18 周	6 21 周	
德育	职业生涯规划	必修	2	36	√				2						24
	职业道德与法律	必修	2	36	√					2					
	经济政治与法律	必修	2	36	√						2				
	哲学与人生	必修	2	36	√							2			
文化基础	语文	必修	12	144	√				4	2	2				24
	数学	必修	8	72	√				4						
	基础英语	必修	12	72	√				4						
	体育	必修	8	144	√	√			2	2	2	2			
	计算机	必修	8	72	√		√			4					
	音乐	必修	2	36	√				2						
专业必修	酒店文化	必修	2	36	√						2				35
	酒店职业生涯	必修	2	36	√				2						
	酒店英语	必修	12	216	√	√				4	4	4			
	形体	必修	5	72	√	√			1	1	1	1			
	酒店服务礼仪	必修	2	36	√	√					2				
	酒店服务心理与待客技巧	必修	4	36	√	√						2			
	餐厅服务与管理	必修	8	216	√	√			2	4	4	2			
	客房服务与管理	必修	5	72	√	√					4				
	前厅服务与管理	必修	4	108	√	√			2	4					
	康乐服务与管理	必修	4	36	√	√						2			
	酒店信息技术	必修	2	36	√	√	√					2			
	咖啡、酒水调制与服务	必修	4	72	√	√				4					
合计			112	1656					25	27	23	17			

表 9.4　饭店服务与管理专业教学计划（专业选修课程）

课程性质	课程名称	课程类别	计划内学时学分数						各学期理论教学周学时						学时比例/%
			学分	总学时	讲课	实操	上机	课外学时	1 18 周	2 18 周	3 18 周	4 18 周	5 18 周	6 21 周	
专业选修	插花艺术与服务	选修	4	72	√	√					4				14
	营养卫生	选修	2	36	√							2			
	茶艺与服务	选修	4	72	√	√					4				
	地方美食介绍	选修	2	36	√							2			
	酒店音乐欣赏	选修	2	36	√						2				
	酒店商务及文秘	选修	2	36	√							2			
	金钥匙案例	选修	2	72	√						2				
	酒店财务实务	选修	4	36	√	√						2			
	金钥匙	选修	2	36	√							2			
	宴会策划与设计	选修	2	36	√	√						2			
合计			26	468							12	12			

表 9.5　饭店服务与管理专业教学计划（专业取证课程）

课程性质	课程名称	课程类别	计划内学时学分数						各学期理论教学周学时						学时比例/%
			学分	总学时	讲课	实操	上机	课外学时	1 18 周	2 18 周	3 12 周	4 12 周	5 18 周	6 21 周	
专业取证	计算机等级考试	任选	3	72	√		√	4							6
	英语等级考试*	任选	3	216	√			4							
	普通话取证*		3	72	√										
	茶艺师*	任选	3	120	√	√		4							
	品酒师	任选	3	120	√	√		4							
合计			15	600											

注：任选课程要求取得最低学分为 8 学分。

* 本专业重点选修课程。

（五）专业教学策略的研究

依据总课题对于职业教育教学理论研究，职业教育教学的目的是学生职业特质的形成，而职业特质的形成除教学内容之外，主要取决于教学的策略。

为了培养酒店服务与管理专业学生依据服务情景，迅速及时把握客人服务需求心理预期，提供恰当服务，以及使客人满意并惊喜的服务意识与能力，形成酒店服务与管理技能型人才的职业特质，在过程导向、情景导向和效果导向三种教学策略[①~③]中，酒店服务与管理专业教学策略的设计，应根据酒店服务与管理技能型人才职业活动主要受情景支配、追求效果和过程服务服从于效果的特点，主要采用情景导向的教学策略，即在首先把握情景的情况下，为了达到此情景下所期望的效果，选择服务与管理的方式和过程。

依据总课题研究，情景导向教学策略的教学过程可以设计为情景描述、情景分析、相关知识、技能训练、态度养成、完成任务和学习评价七个环节[④]。在这里，情景是酒店服务与管理职业活动中的典型服务与管理情景；情景描述是对典型情景的描述，目的是让学生进入服务与管理情景，为实现以学生为中心的教学提供前提；情景分析是在专业教师的指导下，以学生为主体，应用酒店文化、酒店服务心理与待客技巧和酒店服务礼仪等相关知识对客人的服务需求心理预期进行分析，提出各种不同的服务与管理方案；相关知识、技能训练和态度养成是对客人的服务需求心理预期进行分析，并完成服务的相关知识的学习、技能的训练和态度的养成的过程；完成任务是学生独立或者分组完成服务，培养主动服务意识和能力的环节；学习评价能够使学生产生成就感，更能激发其学习的主动性和自信心。

在酒店服务与管理专业情景导向教学策略设计时，可选用的教学方法很多，比较典型的有角色扮演法、头脑风暴法、卡片展示法、案例教学法、项目教学法、任务驱动教学法和思维导图法，可以灵活使用。例如，在情景分析时，可以选用头脑风暴法；在完成任务时，可以选用角色扮演法等。

（六）专业教材的设计编写

学校组织职业教育专家、酒店业专家和国家级培训骨干教师，形成教材设计编写团队，开发 16 本专业教材。

这些专业教材的设计编写，按照总课题研究成果，分为专业教材体系确立、教材内容的选择、教材结构的设计和教材素材的选择 4 个阶段进行[⑤]。

---

① 邓泽民，2011．职业教育教学论[M]．北京：中国铁道出版社．

② 邓泽民，赵沛，2008．职业教育教学设计[M]．北京：中国铁道出版社．

③ 邓泽民，赵沛，2009．职业教育教学设计[M]．2 版．北京：中国铁道出版社．

④ 邓泽民，2012．职业教育教学论[M]．4 版．北京：中国铁道出版社．

⑤ 邓泽民，侯金柱，2006．职业教育教材设计[M]．北京：中国铁道出版社．

在酒店服务与管理专业教材体系的确立上，首先对酒店服务与管理技能型人才职业活动进行调查，明确职业面向，确立中等职业教育酒店服务与管理专业职业能力图表；然后通过课程设置分析形成课程体系，从而确立教材体系。

在酒店服务与管理专业教材内容的筛选上，应用现代职业分析方法，将典型的工作任务和成熟的最新成果纳入教材，充分考虑了国家职业资格标准，保证了学历教育质量，实现了学历证书和职业资格证书的双证融通，为职业学校学生顺利地取得国家职业资格证书提供了条件。

在酒店服务与管理专业教材结构的设计上，试图实现职业活动逻辑顺序、能力形成心理逻辑顺序和学习动机发展心理逻辑顺序的统一，采用了情景导向的教材结构设计。例如，《酒店服务礼仪》采用了情景导向+效果的结构设计；《前台服务与管理》《客房服务与管理》《餐饮服务与管理》采用了情景导向+过程的结构；《咖啡调制与服务》《茶艺与服务》《调酒与服务》《花艺与服务》采用了情景导向+产品的结构设计。

在酒店服务与管理专业教材素材的选择上，力求选择的素材来自生产实际，并充分考虑其趣味性和可迁移性，以保证学生在完成任务时态度认真，有效地促进学生职业兴趣的发展和职业能力的拓展，以及就业后快速适应工作。

（七）专业实训条件的配备

由于酒店服务与管理专业主要采用情景导向教学策略开展教学活动，一体化教室采用了职业情景式设计[①]。在设计时，为了节省资金，充分地利用了当地企业资源、社会资源和校内资源。

为开展前厅、客房、餐厅和康乐 4 门课程的教学，建设模拟前台教室、模拟客房教室和模拟餐厅教室。由于模拟康乐教室投入较大，且学校附近已有康乐设施，学校不建设模拟康乐教室。为进行咖啡调制与服务、茶艺与服务、调酒与服务和花艺与服务等课程的教学，建设了半生产性茶艺教室、半生产性酒吧教室、半生产性咖啡教室和半生产性插花教室。半生产性教室，即在为教学服务的同时，进行生产经营活动。

五、酒店服务与管理专业教学整体解决方案实施

从参加课题的各学校专业教学整体解决方案的实施分析，由于有了配套教材和课件的支撑，实施新方案的阻力并没有预想的大。为了消除教师对新方案的抵制，学校采用了引导消除抵制模式（LOC 模式），分为以下五个阶段实施。

---

① 邓泽民，韩国春，2008．职业教育实训设计[M]．北京：中国铁道出版社．

（一）教师把握整体解决方案

酒店服务与管理专业教学整体解决方案研究设计团队，详细地向服务实施的教师讲解专业教学整体解决方案，使所有成员都清楚地了解专业教学整体解决方案，并明确自己的角色，把握自己的任务。

（二）教师必备教学能力培训

专业教师的酒店服务与管理专业教育观念的转变、职业形象的塑造和情景导向教学策略的学习运用是人员准备的主要内容。

酒店服务与管理专业教育观念的转变主要通过专家讲座、观摩情景导向教学等形式完成；职业形象的塑造主要通过对专业教师职业形象设计、配备职业装和职业形象训练达到预期目标；通过专家情景导向教学展示、教师情景导向教学课件设计和情景导向教学比赛培训教师的教学能力十分有效。其中，职业教育课件设计对于教师综合运用职业教育教学理论、教育技术，同时训练专业实践能力是一种一举多得的手段[①]。

通过教师必备能力培训，所有成员都应具备专业教学整体解决方案实施的专业教学能力，主要是专业实践教学能力。

（三）设施、材料与教材准备

对原有教室和实训室，按照情景导向教学的要求进行改造，形成了职业情景和教学情景一体化教室。学校与合作酒店一起研究确定学生实习的职业岗位，形成校内外教学、实训和实习密切衔接的校企合作教学、实训和实习组合新模式。

项目学校酒店服务与管理专业的教师大多没有在酒店业职场长期工作的经历，他们普遍缺乏酒店业的典型职业情景。因此，若无情景导向的专业教材支撑，无法运用情景导向教学策略开展教学。

（四）方案实施的评价与激励

对一年级新生全部采用新方案进行教学，二年级学生按原教学计划继续开展教学，但教学策略普遍采用情景导向教学策略。为了保证方案的实施，加强阶段性教学效果评价；为了激发教师积极性，参加专业教学整体解决方案实施的教师，若教学符合专业教学整体解决方案的要求，课时费在原来基础上乘以系数 1.5 支付。

（五）方案实施效果调查分析

通过全国 36 所中等职业学校酒店服务与管理专业 4 年的教学实践，为对酒店服务与管理专业教学整体解决方案进行较为客观的评价，本课题分别对学生、企

① 邓泽民，马斌，2011. 职业教育课件设计[M]. 北京：中国铁道出版社.

业和教师进行了调查。

1. 学生的评价

学习酒店文化使我们了解了酒店的发展历史，在书中认识了很多酒店业的杰出人物，这些对我们触动很大，我们认识到确实是行行出状元；酒店职业生涯设计使我们明白了职业如何成就人生，怎样围绕人民、国家的需要和自己的潜能优势设计自己的职业生涯，我们对自己的未来充满了期待；专业选修课的开设为我们选择自己的职业生涯提供了前提；专业教材内容来自实际酒店服务工作，对我们有很大的吸引力；教材的“做中学”结构设计，使我们不再反感看书；一体化技能教室使我们身临其境，老师的情景导向教学使我们身在其中，容易判断客人服务需求心理预期，有了成就卓越的期盼和信心；学业考核评价与职业资格标准内容结合，使我们打消了为考取职业资格证书再学一次的顾虑。

2. 企业的评价

主动服务意识明显增强，判断客人服务需求心理预期的能力明显增强，追求卓越服务的创新精神明显增强，职业生涯发展方向感明显增强，从事酒店业成就事业的信心明显增强。这些毕业生和顶岗实习学生具有主动超前的服务意识，追求令客人满意和惊喜的卓越服务的创新精神，对发展酒店个性化服务带来积极影响。

3. 教师的评价

酒店服务与管理技能型人才特质内涵的提出十分关键，使我们对职业教育教学有了全新的认识；一体化技能教室的职业情景和情景导向的教材结构设计，使我们轻松地完成了由以教师为中心教学到以学生为中心教学的转变。学生学习的精神状态变了，他们有了方向，有了追求，有了信心；我们教学时的心情也变了，我们明显感到自己的教学效能明显提高了，并能更积极主动地参加教研活动了。

六、实践结论

1）酒店服务与管理技能型人才的职业特质是我国酒店业发展和实现个性化服务理念，对酒店服务与管理技能型人才提出的必然要求。

2）中等职业教育酒店服务与管理专业教学要把技能型人才职业特质和职业能力的形成作为教学过程的中心。

3）职业特质的形成需要行动导向的教学策略，酒店服务与管理技能型人才职业特质的形成需要酒店服务与管理职业情景导向的行动教学策略。

4）职业情景导向教学策略的实施需要职业情景导向的一体化技能教室和情景导向结构设计的教材的配合。

方案十

动画设计与制作专业教学整体解决方案研究与实践

课题编号：BJA060049-ZZKT010

一、问题的提出

（一）动画行业发展的趋势

动画产业被称作21世纪知识经济的核心产业，是继IT业后又一新的经济增长点。它涵盖动画、漫画、制造业和授权业等诸多行业，既可以“主打动画形象”，做一个多元化产业，又可以“内容为王”，做一个文化产业。动画生产、播出、衍生产品开发、收益和再生产是一个完整的动画产业循环链，也是动画产业所独有的营利模式。这种独特的市场发展路径，也使动画产业不仅代表了数字网络技术发展的新方向，而且对服装、文具、玩具和食品等关联产业的发展具有强烈的推动作用。

美国是最早发展计算机动画的国家，在20世纪70年代末便利用计算机模拟人物活动。1982年，迪士尼（The Walt Disney Company）推出第一套计算机动画的电影*Tron*（中文译为《电子世界争霸战》）。目前，计算机动画技术的发展正在趋向于规模化、标准化和网络化。规模化是指应用范围广而应用水平和产生的效益高；现在动画制作软件和动画技术呈现出百家争鸣的形势，各有特色但相互间的兼容则有所欠缺，不便于交流与合作，因此，随着技术的日益成熟，标准化是大势所趋；网络化则表现为网络技术和计算机动画技术间的相互促进。

为了支持我国优秀动画原创产品的创作生产，中央财政设立专项资金，用于鼓励我国有实力的大型企业通过参股、控股或兼并等方式进入动画产业。国家认定的动画企业自主开发、生产的动画产品，可申请享受国家关于动画产业发展的优惠税收政策。随着国家政策的大力扶持与推动，中国动画产业已呈现出良好的发展态势，逐步迈入产业化发展的高速轨道。“蓝猫”的生产厂商是我国一家原本名不见经传的民营企业，它的高产、快产得益于三辰卡通集团有限公司自主开发的一套“网络动画集成技术”。此项技术使动画的制作速度比传统动画提高了10倍。它实现了动画制作全计算机化，即“无纸化作业”。

“蓝猫”有 500 多人的制作队伍，采用艺术生产流水线作业，流水线上细分为 36 道工艺。但是，这种分工并不是传统工厂里的简单分工，因为计算机网络特殊的资源共享和随时修改的功能，使每一位工作人员既是整个流程中的一个环节，又是独立创作、独立发挥的一个艺术源头。流水作业大大提高了制作效率，为卡通的规模化生产提供了可能。“蓝猫”正在开发的工业化卡通数据库，可以将已绘制完成的几千万件卡通素材重组、整合，无限生成新画面。

（二）动画行业发展对动画设计与制作技能型人才的要求

我国动画行业发展对动画设计与制作技能型人才数量的要求急剧增加。我国影视动漫人才总需求量达 15 万人，游戏动漫人才总需求量达 10 万人，而目前国内的动漫产业人才总数尚不足 1 万人，只相当于韩国的三分之一。而且，目前大多数从业人员仍集中在动画制作的前期、中期的工作岗位上。一方面，动画制作本身的规律要求大部分的人力要集中到动作设计、中间画创作和三维创作等劳动密集型工种中去；另一方面，国内许多制作机构和制作人员在过去很长一段时间里以加工国外动画为主，这种特殊的市场环境造就了大批从事动画前期、中期岗位的人员。随着动画创作新技术的发展，未来对动画设计与制作的人才将有新的要求。特别是泛动画概念的引入，为将来从事动画行业的中职学生提供更广泛的就业岗位。

我国动画行业发展对动画设计与制作技能型人才的素质要求越来越高。从“蓝猫”采用的新技术看，动漫制作公司需要的动漫人才不仅要懂得相应的技术，还要懂得构思创作。但到目前为止，国内这种复合型的动画设计与制作技能型人才十分紧缺。这从侧面反映出我国动画设计与制作技能型人才需求还处于一种“深度饥渴”状态。目前动画行业的从业人员多数不是专业人才，对一些高难度的动漫设计往往显得力不从心。

二、研究内容与方法

（一）研究内容

为培养既懂技术又会创作的动画设计与制作技能型人才，本课题将首先对动画设计与制作技能型人才的职业特质和职业能力进行研究，然后设计出有利于动画设计与制作技能型人才的职业特质和职业能力形成的教学整体解决方案，并通过专业教学整体解决方案实践，探索动画设计与制作专业的教学理论。

（二）研究方法

1）调查法。深入行业企业，调查动画行业发展的趋势和技术的发展，并调查运用现代职业分析方法对动画设计与制作技能型人才的职业活动进行调查分析，归纳出动画设计与制作技能型人才职业活动的特点，提出动画设计与制作技能型人才职业特质的基本内涵。

2）文献法。通过文献分析，发现动画设计与制作专业教学的基本经验，借鉴先进经验，设计出符合动画设计与制作技能型人才职业特质和职业能力形成规律的专业教学整体解决方案。

3）实验法。实施并验证有利于动画设计与制作技能型人才职业特质和职业能力形成的专业教学整体解决方案，探索动画设计与制作专业的教学理论和方法。

三、动画设计与制作技能型人才职业特质研究

职业特质是指从事不同职业的人所特有的职业素质，是能将工作中成就卓越与成就一般的人区别开来的深层特征[①]。总课题对于职业特质的研究，提出了可以从两个方向开展研究，一是在同一职业中发现成就卓越者，通过调查分析方法，研究他们与成就一般者不同的深层特征；二是通过分析职业活动，研究取得职业活动卓越效果的人具备的职业素质。本课题采用第二种方法。

（一）动画设计与制作技能型人才职业活动调查

1．职业面向的分析

（1）就业企业类型和岗位工作统计

动画企业的类型有二维、三维、手机或网络。其部门设置一般有市场调研部、企划部、制作部、推广部和公司行政办公部等。制作部设置文案、动作设计、原型创意、手绘制作、着色、音效制作和后期编辑等岗位。

本研究根据动画设计与制作相关企业的资料发现，目前动画设计与制作企业需求中职学生数量比较大的岗位依次为前期策划、文字剧本、角色设计、画面分镜头、原画设计、中间画创作、动作设计、描线上色、动作设计、声音制作、合成输出、修型、三维创作、场景设计、视频特效和后期剪辑。从动画设计到制作的整个工作流程来看，在 5 个工作阶段中的 16 个工作岗位中，有 11 个适于中职生来做，所占岗位比例约为 69%，可见在动画设计与制作企业对中职生有着较大的岗位群需求。

---

① 邓泽民，2012．职业教育教学论[M]．4 版．北京：中国铁道出版社．

根据对动画设计与制作企业的调研，中职学历人才被录用的比例占企业各类学历人才数的33%（图10.1），大于其他各类学历人才数，可见动画设计与制作企业对中职学生的需求量是比较大的。

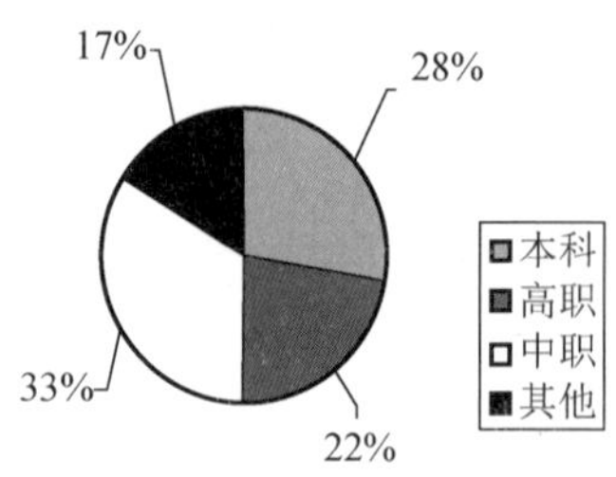

图10.1　企业人才学历分析

一般就业岗位包括描线上色、人物上色、场景上色、动检、修型、原画、动画和后期剪辑等；职业生涯发展包括：发展动画技能，进入更高级的公司工作；进入管理岗位，担任项目部经理、制作部经理或企划部经理等；创业，经营自己的媒体工作室、三维设计部、二维设计部或策划部，或进行课件制作；成为分镜设计师、场景设计师、后期剪辑师、上色师或描线师，甚至部门总监或项目经理；成为动画业的动作设计师、原画师。

（2）毕业生就业岗位分析

通过调查，目前中职毕业生可直接胜任的岗位、可拓展的岗位和可延伸的岗位如表10.1所示。

表10.1　中职毕业生动画设计与制作专业职业发展情况

岗位层次	具体岗位
可直接胜任的岗位	场景设计、原画设计、修型、动作设计、中间画创作、动检、描线上色、三维创作、声音制作、视频特效和合成输出
可拓展的岗位	编写脚本、造型设计、分镜创作和非线编辑
可延伸的岗位	立项审批、衍生产品开发、发行播出、产品包装和宣传推广

根据访谈材料统计，企业人士认为中职生可直接胜任的岗位有场景设计、原画设计、动作设计、中间画创作、描线上色和三维创作等。这些岗位所需要的专业知识和技能，经过3年的校内学习和实践都能达到企业的用工标准。而编写脚本、造型设计、分镜创作和非线编辑4个岗位的任务，一般需要有较丰富的社会阅历和专业实践积累及一定的综合艺术修养方能胜任，而这些职业素质在短短的3年职高学习时间里是较难培养的。但是中职学生在毕业后再到企业从事2～3年的扎实工作（如动作设计、中间画创作等实际工作）以后，就能积累比较丰富的动画制作相关经验和技能，在此基础上就比较容易拓展到这些岗位上。

2. 职业活动的分析

为了客观掌握中等职业学校动画设计与制作专业毕业生工作中的职业活动，本课题邀请12位行业专家，应用现代职业分析方法[①]，对动画设计与制作技能型人才职业活动进行分析，提出了动画设计与制作技能型人才职业活动表，如表10.2所示。

表10.2　动画设计与制作技能型人才职业活动表

职业活动领域	任务	
市场策划	立项审批	甲方与乙方根据策划合作立项，申报项目运作资金
	编写脚本	根据策划内容进行故事创作编写故事脚本
	造型设计	根据故事脚本进行人物、道具和场景的画面设计
	场景设计	理解文字剧本、分镜头台本和场景设计稿，独立分析项目要求，搜集相关素材；确立创意方案，完成动画场景的绘制并进行自检
	分镜创作	在理解文字剧本、分镜头台本和场景设计稿基础上，运用镜头语言进行分镜稿绘制
	动画衍生产品发行和播出	依据文字剧本、分镜头台本和场景设计稿，进行相关平面、造型和书籍的产品开发
	安全保障	实施常规服务安全控制、实施岗位消防安全职责
前期创作	原画设计	理解和分析分镜头台本及角色设定图，在导演的指导下完成镜头中单帧角色的表情和动作的设计工作，编制摄影表，对完成的原画画稿进行自检，通过导演审核
	修型	通过理解分镜头台本、原画画稿和角色造型设定图，完成核对原画数目，对原画动作、比例和透视进行分析与修改；对修型初稿进行誊清、动检的工作
	动作设计	通过对剧本及导演要求的分析，进行人物、动物、自然现象和道具的动作设计
	中间画绘制	理解原画及原画修型的动作设计，分析摄影表中的镜头号、卡号、图层号和通用符号的标注，与原画进行核对；进行原画修型复制，根据画稿内容及动画运动规律绘制中间画；依据动画检查标准进行中间画的质量自检。对出现问题的画稿提出合理的修改意见。总结中间画绘制过程中出现的“通用”问题
	动检	核对原画、修型画稿和中间画画稿数目，分析原画动作设计及摄影表要求，检查中间画画稿，使用线拍仪进行动画的质量检查，在画稿出现问题时，提出合理的修改意见
中期制作	描线上色	按照摄影表核对画稿后进行画稿扫描，再将数字化后的画稿进行描线、修型封线与上色操作，最后对线型、颜色与明暗进行检查并初步合成输出
	三维创作	依据原画师绘制的设计稿和分镜头中镜头运动，运用三维软件制作出场景、道具和角色的模型，并运用三维和平面软件对模型进行色彩、纹理和质感等内容的设定工作；与合成师协调确定每一个镜头的渲染气氛，实施3D特效，对各个镜头文件分层渲染，提供合成用的图层和通道

① 邓泽民，郑予捷，2009．现代职业分析手册[M]．北京：中国铁道出版社．

续表

职业活动领域	任务	
	声音制作	根据导演制定的整体动画表现风格，依照视频文件，理解镜头运动和故事情节；运用音频软件进行人物的配音；使用音乐素材库和调音设备对环境声音、背景音乐进行设计和制作；运用音频软件对制作好的声音进行分轨、编排合成
	初剪	依据分镜设计稿和分镜中的镜头运动，进行简单剪接并运用音频文件进行粗合检验
后期合成	非线编辑	掌握剧本对视、音频合成要求，分析导演意图，理解镜头语言和故事情节
	视频特效	根据剧本和分镜头脚本中制定的整体动画表现风格，参考初步合成的视频文件，理解故事情节，设计镜头运动和特效；运用后期合成系统，对视频文件进行 2D、3D、光线及平面视觉上的设计包装，对字幕等进行设计；对视频进行编码、存储、上屏预览
	合成输出	运用后期视频编辑系统对音频和视频文件进行后期合成；按照项目要求选择适当的视、音频编码格式，进行数字化多格式的输出

（二）动画设计与制作技能型人才职业活动特点

运用职业活动特点分析的方法[①②]，通过分析动画设计与制作技能型人才职业活动发现，动画设计与制作技能型人才职业活动的最终结果是使有关人群获得美好的文化艺术享受。因此，这类活动的价值具体体现在对相关人群的情感、文化、审美和情趣等的把握上，是效果导向职业活动模式。因为只有把握住了相关人群的情感、文化、审美和情趣等，才能使他们获得美好的文化艺术享受。动画设计与制作技能型人才活动效果导向活动模式如图 10.2 所示。

	效果1	效果2	效果3	……
人群A	活动A1	活动A2	活动A3	……
人群B	活动B1	活动B2	活动B3	……
人群C	活动C1	活动C2	活动C3	……
⋮	⋮	⋮	⋮	

图 10.2　动画设计与制作技能型人才活动效果导向示意图

从图 10.2 中可以看出，动画设计与制作技能型人才采取什么行动，取决于不同人群和希望达到的不同效果。人群可能因文化、年龄、身份、性别、信仰和情感等而不同，根据这些不同的人群，通过活动达到所追求的艺术效果。因此，动

① 邓泽民，陈庆合，2006．职业教育课程设计[M]．北京：中国铁道出版社．

② 邓泽民，陈庆合，2011．职业教育课程设计[M]．2 版．北京：中国铁道出版社．

画设计与制作技能型人才职业活动受效果支配，具有典型的效果导向特点。

（三）动画设计与制作技能型人才职业特质内涵

在企业调研过程中，企业对从业人员的职业素质和能力的要求有着比较一致的看法。在动画制作企业中，一般有固定的创作团队；动画制作是一种集体创作行为，大家必须相互团结、相互配合，才能有效完成项目制作。所以，动画专业岗位对从业人员的职业道德和行为态度、文化素质和专业知识、职业技能和职业能力及身心健康等方面的要求比较明显。如果团队成员缺乏应有的职业素质和能力，在某一个环节出现漏洞或失误，必然会影响工作的质量和下一个工序的进行，给团队的项目制作造成损失。

“蓝猫”的制作队伍采用新技术，使每一位工作人员既是整个流程中的一个环节，又是独立创作、独立发挥的一个艺术源头，这对动画设计与制作技能型人才对相关人群的情感、文化、审美和情趣等的把握也提出了很高的要求。因此，动画设计与制作技能型人才职业特质可定义为依据剧情要求，把握观众的情感、文化、审美和情趣等，团结协作，发挥自己的创意，保证艺术效果，使观众有获得艺术享受的意识与素质。

四、动画设计与制作专业教学整体解决方案设计

职业特质的形成取决于专业教学的各个方面和各个环节，为了发挥教学系统整体突现性原理的作用，本课题对动画设计与制作专业教学进行整体解决方案设计。

（一）专业的职业面向分析

根据《中等职业学校专业目录》，中等职业学校动画设计与制作专业主要对应描线上色、场景绘制、动检和课件制作等。中等职业学校动画设计与制作专业毕业生职业生涯发展主要方向：一是发展动画行业技能；二是进入制作流程管理岗位；三是创业，经营自己的动画制作公司，甚至动画工作室；四是成为原画创作、课件、广告、视频、产品说明和企业招标等周边行业的设计师；五是成为动画行业的动作设计讲师、培训师。

（二）就业证书需求的分析

在国内，与动画专业相关的证书认证主要有人社部的 OSTA 认证；上海国家动漫游戏产业振兴基地人才培养工程（NACG）认证；软件公司官方组织的 Adobe、ATC 和 Discreet 等多种认证体系，这些认证在成立时间、认证范围、认证标准和

市场认可度等方面都有很大的不同。《动画绘制员国家职业标准》是经人社部制定和批准，自 2007 年 1 月 1 日起实施的。该认证主要针对动画制作前、中期部分岗位资格的认证。人社部制定的职业资格证书具有覆盖范围广、行业认可度高等特点，它主要以客观反映现阶段本职业的水平和对从业人员的要求为目标，在充分考虑经济发展、科技进步和产业结构变化对职业的影响的基础上，对职业的活动范围、工作内容、技能要求和知识水平都做了明确的规定。

NACG 认证体系是上海国家动漫游戏产业振兴基地制定的行业标准，工程考核项目涵盖了现有大部分数字艺术领域，如平面设计、网页动画设计、二维动画、三维动画、漫画和影视特效等。该考试每门分为三个级别，以基础理论、实践操作和创作性工作三个方面为标准。该项目取证相对简单，目前覆盖了上海和广州的部分地区，有一定的地域性。

Adobe 认证、ATC 认证和 Discreet 认证等体系是由国外软件开发公司联合国内教育机构开发的认证体系，包括 Photoshop CS、3ds Max、Autodesk Maya、Combustion 和 Flash 等软件的认证。这些项目成立时间早、覆盖面广，被许多的培训机构和学校选择使用，但是这些认证主要是针对软件的使用，对动画制作前、中期的教学涉及较少。

（三）专业培养目标的确定

依据教育部教职成〔2009〕2 号《教育部关于制定中等职业学校教学计划的原则意见》对中等职业教育培养人才类型的定位、国家职业资格标准及动画业发展趋势对动画设计与制作技能型人才的要求，确定本专业培养目标。本专业培养德、智、体、美全面发展，符合动画业发展趋势对动画设计与制作技能型人才的要求，具有计算机系统操作能力和扎实的绘画造型能力；熟练掌握动画制作技艺及精通二维、三维计算机动画制作；能在电影、电视等媒体制作岗位，从事动画、原画、计算机动画、动画创意、编导及创作的工作，达到国家职业资格标准，具有动画设计与制作人才职业特质和职业能力，能够在动画设计与制作一线就业并发展职业生涯的技能型人才。

（四）专业课程体系的构建

依据教育部教职成〔2009〕2 号《教育部关于制定中等职业学校教学计划的原则意见》，中等职业学校的课程设置分为公共基础课程和专业技能课程两类[①]。

① 教职成〔2009〕2 号《教育部关于制定中等职业学校教学计划的原则意见》.

公共基础课程按照国家统一要求①安排，专业技能课程按照动画设计与制作专业毕业生就业岗位和职业生涯发展领域分为专业必修课程和专业选修课程，形成基础平台加职业生涯发展方向的课程体系结构。采用职业教育课程体系构建的方法②③，形成的课程体系结构如图 10.3 所示。为了保证动画设计与制作技能型人才职业特质和职业能力的形成，专业必修课程和专业选修课程类型以职业活动课程为主，辅以知识课程和技术课程。

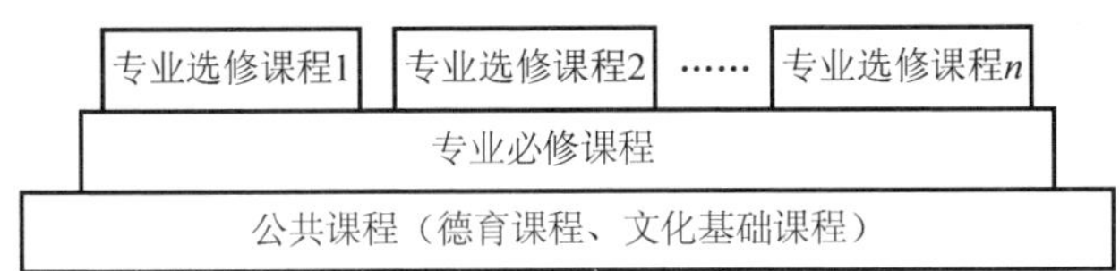

图 10.3　动画设计与制作专业课程体系结构示意图

1. 专业必修课程的确定

依据由企业提出的动画设计与制作专业职业活动和国家颁布的相关职业资格标准，形成知识课程、技术课程和职业活动课程，如表 10.3 所示。

表 10.3　动画设计与制作专业必修课程

任务		知识/技术课程	职业活动课程
场景设计	场景设计	造型基础、构成艺术、职业设计、图形图像处理、动画基础、专业英语、计算机技术	场景设计
	场景绘制		
	场景上色		
原画设计、修型	人物设计	造型基础、构成艺术、职业设计、图形图像处理、动画基础、专业英语、计算机技术	原画设计、修型
	场景设计		
	道具设计		
	原画修型		
动作设计	动作设计	造型基础、构成艺术、职业设计、图形图像处理、动画基础、专业英语、计算机技术	动作设计
	动作绘制		
中间画创作、动检	原画设计	造型基础、构成艺术、职业设计、图形图像处理、动画基础、专业英语、计算机技术	中间画创作、动检
	中间画绘制		
	动检		
描线上色	描线	造型基础、构成艺术、职业设计、图形图像处理、动画基础、专业英语、计算机技术	描线/上色
	上色		

① 教职成〔2008〕6 号《教育部关于中等职业学校德育课课程设置与教学安排的意见》.

② 邓泽民，陈庆合，2006. 职业教育课程设计[M]. 北京：中国铁道出版社.

③ 邓泽民，陈庆合，2011. 职业教育课程设计[M]. 2 版. 北京：中国铁道出版社.

续表

任务		知识/技术课程	职业活动课程
合成输出	粗剪	造型基础、构成艺术、职业设计、图形图像处理、动画基础、专业英语、计算机技术、后期编辑	合成输出
	精剪		
	声音合成		
	特效录制		
	输出		

2. 专业选修课程

根据学生职业生涯发展的不同方向，设置动画艺术赏析、东西方艺术发展史、主流与非主流动画发展史、剧本创作、艺术造型表演、3D 软件和 Autodesk Maya 等作为专业选修课程。专业选修课程内容要依据动画设计与制作专业要求的职业活动和国家职业资格标准设计。

3. 专业课程安排

首先安排动画设计与制作职业生涯设计，然后遵循学习的难易程度、知识与实践学习统一的原则安排其他专业课程，并根据教育部教职成〔2009〕2 号《教育部关于制定中等职业学校教学计划的原则意见》，按每学年为 52 周，其中教学时间 40 周（含复习考试），假期 12 周，周学时一般为 28 学时，3 年总学时数为 3000～3300 学时，公共基础课程学时一般占总学时的三分之一，选修课程学时占总学时的比例应不少于 10%等规定，形成教学计划，如表 10.4 所示。

表 10.4　动画设计与制作专业教学计划

课程性质	学号	课程名称	各学期教学理论周学时					
			第一学年		第二学年		第三学年	
			18 周	18 周	18 周	18 周	18 周	18 周
文化基础	1	德育	2	2	2	2	2	
	2	语文	4	4	2	2		
	3	数学	4	4	2	2		
	4	英语	4	4	2	2		
	5	历史	2	2				
	6	体育	2	2	2	2	2	
	7	计算机基础	2					
专业基础	8	造型基础	3					
	9	构成艺术	2	2	2	2		
	10	摄影基础	2	2				

续表

课程性质	学号	课程名称	各学期教学理论周学时					
			第一学年		第二学年		第三学年	
			18 周	18 周	18 周	18 周	18 周	18 周
	11	平面设计	2	2				
	12	Flash			2	2		
	13	3ds Max			3	3		
	14	动画发展史			2			
	15	音乐欣赏		1				
	16	动画基础		4				
	17	动画技法			4	4		
	18	非线性编辑 Premiere				2		
	19	职业指导					1	
专业综合	20	工作室 1 Flash 动画片系列			6	6	16	
		工作室 2 3D 动画片系列			6	6	16	
		工作室 3			6	6	16	
		工作室 4					16	
选修	21	民间美术			3	3		
		计算机绘画			3	3		
	22	雕塑			3	3		
	23	剧本写作					2	
	24	音乐制作					2	
总学时			29	29	29	29	29	

（1）文化基础课程

1）德育：学生通过了解辩证唯物主义、历史唯物主义的观点以提高分析问题、解决问题的能力，树立正确的职业理想及职业道德规范，树立法制观念，全面提高学生素质。

2）语文：以提高学生阅读写作能力，培养学生欣赏文学作品的能力为主，加强口语交际水平，养成良好的自学习惯。适当加入一些文案写作能力的训练。

3）数学：加强学生数学基础知识、基础方法的学习。学会运用数学思想、数学方法解决问题，培养学生的逻辑思维能力。结合专业特点加入几何画法、抛物线、黄金分割比例和对称美等相关知识。

4）英语：使学生巩固、扩大基础知识，培养听、说、读和写的基本技能，激发和培养学生的学习兴趣，帮助学生树立信心并养成良好的学习习惯，使学生得到与专业相关的英语训练。

5）历史：通过对历史的学习，学生应掌握中国近代、现代历史，特别是18～19世纪历史发展的基本规律。同时在历史课学习中渗透与专业相关的影响专业发展的重要的历史事件。

6）计算机基础：较为全面、系统地学习有关计算机的基础理论。掌握Microsoft Office Word中文版、Microsoft Office Excel中文版和Microsoft Office Power Point中文版的基本操作，能熟练使用这些软件进行排版、文字处理、数据处理和制作个人展示文稿，并能够在Windows操作系统下进行综合应用。

（2）专业基础课程

1）造型基础：①素描。通过室内光与室外光的基础训练，强化学生的写实能力，并提高学生的造型艺术修养及形神兼备的造型能力；能够用心体会自然环境中形状大小比例和物体之间的透视及光影的造型效果，为今后的专业学习打下坚实的造型基础。②速写。速写是学习绘画的学生必备的手上功夫。速写训练可以提高手、脑和眼的配合，活跃思维，提升艺术审美能力，在草稿、草图和分镜学习中起到重要的作用。通过人物、静物、风景、动植物和意象速写训练培养学生对物像的敏锐观察力、准确的造型能力。这些也是艺术设计者搜集创作素材的重要手段。③色彩。通过以课堂写生教学为主，外光写生作业为辅的复合训练，使学生逐渐形成对光色现象的感受与理解，获得深入刻画对象与高度概括归纳的能力。提高对色彩表现力的掌控，最终实现较熟练地运用色彩进行创作的目的。建议在二年级后可以用PIM进行造型训练，一年级在画室上课打好基础。

2）构成艺术：用图形艺术美感的研究和创造，通过物质要素按照情感意义、美学法则在二维平面上创造美感的形式。色彩构成是平面构成的色彩表现，按照一定的色彩规律去组合各种构成要素的相互关系，创造出新的理想的色彩美的形式。而立体构成是形态构成的立体表现，是构成艺术的综合表现形式，是指利用形态、色彩、物质和材料，按照情感意义和美学法则构成三维立体形式美的创造。

3）摄影基础：教学生掌握如何拍摄拥有完美布局和色调的照片的技巧，学生的设计会因为摄影作品与字体、色彩和其他图像的结合而更为有力。每一位学习设计的学生都需要掌握基础的拍摄技巧。它可以帮助学生设计出粗略的构图比例，了解结构布局及提供对素描的有效支持。掌握照相机的基础操作，焦点、曝光准确，加上有趣的内容和一定的信息，能使作品更为出色。拍摄照片和利用拍摄的照片制作图像对于学习设计的学生来说是很重要的基本技能。

4）平面设计：①熟练掌握 Photoshop、Adobe Illustrator 和 PageMaker 等软件；②能综合利用这些软件及所学基础知识，设计较简单的图形图像作品。

5）Flash：掌握矢量图形编辑和动画创作的特点，并能够学会在其他软件中导入 Flash 动画，配合使用来制作作品。

6）3ds Max：熟练掌握 3ds Max 的主界面、命令和基本操作方法及 3ds Max 的基本造型与简单动画制作。能正确创造环境及其效果，做出具有特色的动画作品。

7）动画发展史：了解动画的发展历程。了解动画主流派、作家和作品等。

8）音乐欣赏：了解音乐的发展历程。了解音乐的流派、作家和作品等。

9）动画基础：通过对动漫制作基本内容的了解及案例分析，对动画有基本的认识。

10）动画技法：是现代动画设计教育体系中一个重要的组成部分，是动画艺术设计必修的课程之一，是动画艺术的基础理论和基础技能的结合。

11）非线性编辑 Premiere：将素材记录到计算机中，利用计算机进行剪辑。它采用了电影剪辑的非线性模式，用简单的鼠标和键盘操作代替了剪刀加糨糊式的手工操作，剪辑结果可以马上回放，大大提高了效率。同时，它不但可以提供各种编辑机所有的特技功能，还可以通过软件和硬件的扩展，提供复杂的特技效果。

（3）专业综合课程

以工作室的形式开展教学活动。教学内容以模拟项目或实际项目为依托，重点是实际项目的学习。以工作过程为导向，运用所掌握的知识，在工作室中开展工作式学习。学生从二年级开始，自由选择进入各专业教学工作室。工作室由一名学术带头人主持，带领若干名有学术倾向的教师组成具有学术特色的教学实体，对本工作室在编的学生实施教学。工作室相对稳定，可以根据教学内容需要，向校内外特聘任课教师。例如下面的项目。

项目　Flash 动画制作

例如，“福娃说奥运”100 集动画片项目。

项目描述

“福娃说奥运”100 集 Flash 动画短片制作是一个合作项目，由信息管理学校与北京市海淀区教育新闻传播中心共同合作完成，北京信息管理学校负责创意与制作，北京市海淀区教育新闻传播中心负责监制与播放。

项目策划

为了保障这个订单式的项目顺利进行，并且能够完善动画设计与制作专业建设的模式，北京信息管理学校开辟了“福娃说奥运”项目工作室，利用老师和学生的课余时间进行制作。在深入探讨项目工作室运作机制的同时，积极实践并逐步完善工作室制度。教师是设计者、指导者，学生是参与者、生产者。

工作流程

“福娃说奥运”项目操作流程：项目采购→实施策划→工作室运作→资源组合→项目执行→进度调整→项目评价。

制作流程

【前期制作】

1）分镜头剧本。

2）分镜头画面。

3）分镜头台本。

学生应具备的核心知识与技能如下。

核心知识：素描、速写、色彩、图案与构成的基础知识，场景设计，插画设计。了解影视语言表达基本镜头的位置与走向，常用镜头技巧，常用镜头范围。

核心技能：Word 文字编辑与排版、Premiere Pro 图片剪辑与影像生成和 Photoshop 图片描线与修复，软件的基本操作与扫描仪使用。

【中期制作】

1）描线、上色。

2）动画制作。

3）配音制作。

学生应具备的核心知识与技能如下。

核心知识：绘画造型基础、运动规律、人体结构、动画规律、中间画绘制，了解原画与动画、镜头基本语言及具备计算机基础知识等。

核心技能：Photoshop、Flash 软件的使用，图像大小、保存，常规工具的使用，剪辑软件的使用，输入输出等。

【后期制作】

1）剪辑。

学生应具备的核心知识与技能如下。

核心知识：片段采集、批量采集，单侧修剪、两侧修剪，影片编辑的匹配原则，镜头组接的常用方法。

核心技能：Final Cut Pro 软件，后期剪接。

2）合成。

学生应具备的核心知识与技能如下。

核心知识：音频采集、视频采集，建立音轨，应用转场。

核心技能：Final Cut Pro 软件。

3）输出。

学生应具备的核心知识与技能如下。

核心知识：能够辨别左右音轨，配音、音乐，检查安全框，视频效果。

核心技能：掌握 DV-PRO 录放系统操作及监视操作，了解磁带品种、性能和用途。

以上项目案例就是我们在工作室中完成的一个真实订单项目，在项目进行中既有动画制作流程，又根据中等职业学生动画设计与制作专业特点列出了每个工作环节中涉及的核心知识与技能，在项目制作中充分体现了“做中学，学中做”的教学特点。

（4）选修课程

选修课程包括民间艺术、计算机绘画、雕塑、剧本写作和音乐制作。

4. 取证

1）动画绘制师（国家职业资格）、动画绘制员（国家职业资格）。

2）Adobe 平面设计软件证书（ACCD）。

3）Flash 动画制作专家软件证书（CIW）。

5. 考核评估

以学生发展为中心的教学评估，其目的是考核学生解决实际问题的能力。不以一次考核定终身，用具有实用背景的任务，全面评估学生学到了什么专业技能，以平时课业作为衡量教学的依据。通过每次评估后的反馈，进行有针对性的持续学习，促进学生的发展。

教学评估具体内容：①自我管理和自我发展；②与他人合作；③交往与联系；④安排任务与解决能力；⑤数字运用；⑥科技应用；⑦设计创新。

教学评估等级：重做、通过、良好、优等。

（五）专业教学策略的研究

应用职业教育教学策略分析方法①②，动画设计与制作专业教学策略设计，要以学生为中心、以效果为导向。采用效果描述、效果分析、相关知识、技能训练、态度养成、完成任务和效果评价的教学过程，结合企业典型项目，形成效果导向的行动教学模式。可选用的教学方法很多，如项目教学法、任务驱动教学法、思维导图法、头脑风暴法、卡片展示法和演示教学法，可以灵活使用。例如，在效果分析时，可以选用头脑风暴法、思维导图法和卡片展示法等；在技能训练时，可选用四步教学法；完成任务时，可选用项目教学法、任务驱动教学法等。

（六）专业教师团队的建设

专业教师团队要配备专业带头人 1 人和专业各核心课程骨干教师各 1 人。专业带头人要具有较高的专业发展方向把握能力、课程开发能力、教研教改能力和学术研究能力，尤其是艺术应用能力。教师团队中，双师型教师占 60%以上，兼职教师占 40%左右。

（七）专业实训条件的配备

由于动画设计与制作专业教学主要采用效果导向行动教学策略开展教学活动，教室和工作室采用了效果导向方式设计。在设计时，为了节省资金，充分了利用当地电视台、企业和社会的资源。为造型艺术、运动规律、构成设计和计算机动画 4 门课程的教学，建设造型教室、拷贝台教室和手工材料制作教室。

为解决动画设计与制作专业中必备课程的教学，建设了动画工作室、平面工作室、影视后期工作室和造型工作室。工作室既为教学服务，又为社会项目生产与项目经营活动服务。

五、动画设计与制作专业教学整体解决方案实施

为了消除教师对新方案的抵制，学校采用了引导消除抵制模式（LOC 模式），分为以下五个方面实施专业教学整体解决方案。

（一）教师把握整体解决方案

动画设计与制作专业教学整体解决方案研究设计团队详尽地向负责实施的教师讲解专业教学整体解决方案，使所有成员都了解专业教学整体解决方案，并明

---

① 邓泽民，赵沛，2008. 职业教育教学设计[M]. 北京：中国铁道出版社.

② 邓泽民，赵沛，2009. 职业教育教学设计[M]. 2 版. 北京：中国铁道出版社.

确自己的角色，把握自己的任务。

（二）教师必备教学能力培训

专业教师的动画设计与制作专业教育观念的转变和效果导向行动教学策略的学习运用是教师团队准备的主要内容。

动画设计与制作专业教育观念的转变主要通过动画行业专家讲座、专业教育专家讲座和动画企业观摩情景导向教学等形式完成；效果导向行动教学策略的学习运用通过动画行业专家情景导向教学展示、课件设计和教学比赛取得了较好的效果。尤其是职业教育课件设计，由于可以把职业教育教学理论学习、教育技术运用和教师的专业实践能力训练结合起来[①]，效能突出。通过教师必备能力培训，所有成员都应具备专业教学整体解决方案实施的专业教学能力。

（三）设施、材料与教材准备

对原有教室和工作室，按照效果导向行动教学的要求进行改造，形成了职业情景和教学情景一体化教室。学校与电视台和动漫企业合作建立实训基地，形成校内外教学、实训和实习密切衔接的校企合作教学、实训和顶岗实习组合新模式，架起一条实习连接就业的直通渠道。理实一体化专业教材对于专业教学整体解决方案的实施十分有帮助。运用职业教育教材设计的职业活动逻辑、学习动机发展心理逻辑和能力形成心理逻辑三原则和理实一体化专业教材设计基本模式，可以设计出效果导向的艺术类专业教材[②]。学校与动画行业专家一起编写的动画设计与制作专业校本教材也发挥了积极作用。

（四）方案实施的评价与激励

对一年级新生全部采用新方案进行教学，二年级学生按原教学计划继续开展教学，但教学策略普遍采用效果导向行动教学策略。为了保证方案的实施，需加强阶段性教学效果评价。

（五）方案实施效果调查分析

通过动画设计与制作专业 3 年的教学实践，为对动画设计与制作专业教学整体解决方案进行较为客观的评价，本课题分别对学生、企业和教师进行了调查。

---

① 邓泽民，马斌，2011．职业教育课件设计[M]．北京：中国铁道出版社．

② 邓泽民，侯金柱，2006．职业教育教材设计[M]．北京：中国铁道出版社．

1. 学生的评价

项目实践是非常难得的训练技能的机会，在项目实践中我们逐渐树立了自信；明白了艺术效果是我们职业价值的体现；专业选修课的开设为我们选择自己的职业生涯提供了机会；专业教材内容的设计在动画专业的基础学习中非常重要，教材的做中学结构设计，使我们不再反感学习；项目工作室使我们身临其境，老师的情景导向教学使我们身在其中；通过参与制作一个个从简单到复杂的项目，我们提高了解决问题的能力，有了成就卓越的期盼和信心；学业考核评价与职业资格标准内容结合，使我们打消了为考职业资格证书再学一次的顾虑。

2. 企业的评价

艺术效果意识明显增强，追求艺术效果的发散性思维模式基本形成；项目团队意识明显增强，工作中更加重视沟通、协作；职业生涯发展方向感明显增强，从事动画行业成就事业的兴趣浓厚，追求卓越的创新精神明显增强。

3. 教师的评价

动画设计与制作技能型人才特质内涵的提出使我们更加深刻地认识到艺术效果的重要，对动画设计与制作专业教学有了崭新的认识。大家开始重视典型艺术效果的积累，典型艺术效果成为我们教学的重要内容。工作室取代普通教室，承接的社会项目成为教学内容的载体，使我们轻松地完成了由以教师为中心教学到以学生为中心教学的转变，教学效能有了明显提高。

六、实践结论

1）动画设计与制作技能型人才职业特质的提出是我国动画业发展、动画技术发展和实现动画产业创新理念的必然要求。

2）中等职业教育动画设计与制作专业教学要把技能型人才职业特质和职业能力的形成作为教学的重点。

3）职业特质的形成需要行动导向的教学策略，动画设计与制作技能型人才的职业特质的形成需要效果导向的行动教学策略。

4）效果导向行动教学策略的实施对教师提出了较高的要求，也需要工作室和效果导向结构的教材配合。

主要参考文献

邓泽民，陈庆合，2006．职业教育课程设计[M]．北京：中国铁道出版社．

邓泽民，陈庆合，2011．职业教育课程设计[M]．2 版．北京：中国铁道出版社．

邓泽民，韩国春，2008．职业教育实训设计[M]．北京：中国铁道出版社．

邓泽民，侯金柱，2006．职业教育教材设计[M]．北京：中国铁道出版社．

邓泽民，马斌，2011．职业教育课件设计[M]．北京：中国铁道出版社．

邓泽民，吴学敏，2009．我国职业教育课程本质观和价值观的转变[J]．中国职业技术教育（36）：56-58．

邓泽民，张扬群，2010．美、德、澳三国职业分析方法的应用分析[J]．中国职业技术教育（24）：10-12．

邓泽民，张扬群，2011．现代四大职教模式[M]．2 版．北京：中国铁道出版社．

邓泽民，张扬群，宫雪，2011．实施双学分课程计划促进现代职业教育体系形成[J]．中国职业技术教育（12）：21-24．

邓泽民，赵沛，2006．职业教育教学设计[M]．北京：中国铁道出版社．

邓泽民，赵沛，2009．职业教育教学设计[M]．2 版．北京：中国铁道出版社．

邓泽民，郑予捷，2009．现代职业分析手册[M]．北京：中国铁道出版社．

林江珠，2009．酒店服务人员胜任力特征的调查研究[J]．厦门理工学院学报，17（2）：92-96．

乔建荣，2009．中小酒店中层管理人员胜任素质模型初探[J]．沿海企业与科技（2）：65-68．

徐萍，2010．宴会摆台设计的效果导向行动教学浅探[J]．中国职业技术教育（35）：22-23．

徐萍，邓泽民，2010．酒店服务与管理技能型人才职业特质与情景导向的行动教学[J]．中国职业技术教育（17）：81-82．

姚梅林，邓泽民，王泽荣，2008．职业教育中学习心理规律的应用偏差[J]．教育研究，29（6）：59-65．

张扬群，邓泽民，2011．职业教育理实一体化教材设计与编写探析[J]．中国职业技术教育（24）：68-72．

COOK H, AUSUBEL D P, 1970. Educational psychology: A cognitive view [J]. The American journal of psychology, 83(2): 3303-3304.

ROYER J M, 1979. Theories of the transfer of learning[J]. Educational psychologist, 14(1): 53-69.